근사한
고생

# 근사한 고생

**초판 1쇄 발행** | 2022년 9월 26일

**지은이** | 길요나
**펴낸이** | 이한민
**펴낸곳** | 아르카

**등록번호** | 제307-2017-18호
**등록일자** | 2017년 3월 22일
**주  소** | 서울 성북구 숭인로2길 61 길음동부센트레빌 106-1805
**전  화** | 010-9510-7383
**이메일** | arca_pub@naver.com

**홈페이지** | www.arca.kr
**블로그** | arca_pub.blog.me
**페이스북** | fb.me/ARCApulishing

**책  값** | 뒤표지에 있습니다
**I S B N** | 979-11-89393-35-9 03230

아르카ARCA는 기독출판사이며 방주ARK의 라틴어입니다(창 6:15).
네가 만들 방주는 이러하니 … 새가 그 종류대로, 가축이 그 종류대로,
땅에 기는 모든 것이 그 종류대로 각기 둘씩 네게로 나아오리니 그 생명을 보존하게 하라 _창 6:15, 20

WONDERFUL SUFFERING

✝

철저하고 뼈저리게 하나님을 체험하는 은혜

# 근사한 고생

길요나 지음

아르카

# ☽ 차례

WONDERFUL
SUFFERING

# 고생이 어떻게
# 근사할 수 있나요?

2022년 9월초, 역대급 속도의 태풍이라고 우리를 잔뜩 긴장하게 한 태풍 '힌남노'(Hinnamnor)가 우리나라를 지나갔습니다. 우려한 만큼 전국적인 피해는 많지 않아 다행입니다. 다만 안타깝게도 포항 지역이 어려움을 겪었다고 합니다. 그 지역에서 고초를 겪고 슬픔에 잠긴 이들의 소식이 마음을 아프게 합니다. 위로와 회복이 있기를 기도합니다.

이와 달리, 해안 도시임에도 이번에는 의외로 안전했던 지역이 있었습니다. 경남 마산시가 그 예입니다. 마산은 2003년 태풍 '매미'로 인해 막대한 피해를 입은 곳입니다. 당시에 무려 18명이나 되는 마산 시민이 소중한 목숨을 잃었습니다.

피해를 입은 후에, 마산 지역의 관계 당국과 주민들이 더 이상 같은 비극이 일어나지 않도록 대비를 잘 했던 것 같습니다. 해안

**6**

가에 들이치는 파도를 막아주는 방재 언덕을 무려 1.2킬로미터에 걸쳐 쌓았습니다. 특별히 파도에 취약한 곳에는 2미터 높이의 기립식 차수판을 200미터에 걸쳐 설치했습니다. 그 결과, 이번 힌남노 태풍에는 별다른 피해가 없었다고 합니다. 단 한 명의 희생자도 생기지 않았습니다. 태풍에 취약한 해안 도시로서는 놀라운 일입니다. 이것은 과거에 겪은 고통을 그저 지나간 일로만 치부하지 않고, 고생한 일을 거울삼아 잘 대비한 결과입니다.

세상 일도 이와 같이 지나고 보면, 어려웠던 일이 오히려 교훈을 주어 미래에는 복이 되기도 합니다. 인생에서는 고생한 삶의 경험이 어떤 의미가 될 수 있을까요?

고난을 겪고 고통받는 인생을 고생(苦生)이라고 합니다. 단맛 아닌 쓴맛 나는 삶이라는 뜻이지요. 사람이 살면서 고생이 아주 없을 수는 없습니다. '인생은 다 고생'이라고 푸념하는 분도 계십니다. 하긴 인생에서 어떻게 마냥 좋은 일만 있을 수 있겠습니까?

나이 좀 드신 어르신들께 "살아오시면서 즐겁고 기쁜 일과 힘들고 슬픈 일 중에 어느쪽이 더 많으셨습니까?"라고 여쭤보십시오. 아마도 대부분의 어르신은 "기쁜 일보다 슬프고 아픈 일이 더 많았던 것 같다"라고 답하실 겁니다. 그러면 또 이렇게 여쭤보십시오. "그러면, 그 고생이 하나도 없었다면 더 좋으셨겠습니까?" 어떤 답을 하실까요? "고생이 힘들긴 했지만, 그래도 아무 의미가 없진 않았지." 이런 말씀을 역시 거의 다 하실 겁니다.

사람에 따라 과거의 고통과 고생스런 경험이 오히려 축복이 될 수도 있습니다. 인생에는 그런 일이 종종 일어납니다. 성경의 인물들도 그것을 보여주곤 합니다. 그 대표적인 이가 야곱입니다.

야곱은 우리 모두의 자화상입니다. 야비하고 약삭빠르고 남의 뒷다리를 걸어서라도 앞서고 성공하기 위해 안달이 난 모습이었습니다. 심지어 그는 형과 아버지를 속인 사람입니다. 도저히 인생에서 승리할 수 없는 자였습니다. 하나님은 이런 야곱을 오직 은혜로 구원하십니다. 또한 은혜로 그의 평생을 이끄십니다. 그리하여 결국 승리한 인생이 되게 하셨습니다. 하나님은 우리에게도 같은 은혜를 베풀어 주십니다.

이런 야곱의 일생에서 빼놓을 수 없는 키워드가 있습니다. 바로 '고생'이라는 요소입니다. 그가 평생 어찌나 많은 고생을 했던지, 애굽 왕 바로에게 섰을 때 자신이 "험악한 세월을 보내었노라"고 감히 말했을 정도입니다(창 47:9).

유의할 점은 그의 고생 대부분이 그 자신의 꾀와 잘못이 자초한 결과라는 사실입니다. 어떻게 해서든 자기보다 조건이 월등한 형을 이겨보려고 했습니다. 태어날 때부터 형 발꿈치를 붙잡고 있었지요. 어머니 뱃속에서부터 자기가 세상에 먼저 나가겠다고 한 것입니다. 자라서는 급기야 아버지를 속여 형이 받을 축복을 가로챘습니다. 이 과정에서 형의 살해 위험에 직면합니다. 사랑하는 어머니와 정든 고향을 등지고 도망가는 신세가 됩니다. 이것이 그가 겪은 모든 고생의 출발점입니다. 이후에도 인생에 끊임없이 닥쳐온 많은 고생이 그를 힘겹게 했습니다.

이런 야곱의 모습에서, 우리는 우리 자신을 보는 듯한 기분을 느낍니다. 고생길 같은 인생길을 하루하루 힘겹게 가는 것이 우리가 아니던가요? 때로는 넘어지고 쓰러지면서 말입니다. 억울한 고생을 할 때도 많지만, 솔직히 말하면 야곱처럼 종종 자신의 욕심이나 잘못 때문에 고생하기도 하지 않습니까?

우리 인생은 고생이지만, 여기에는 놀라운 은혜가 숨어 있습니다. 하나님께서 고생을 다루시는 방법입니다. 마치 도자기 장인의 틀처럼 우리의 고생을 사용하셔서 우리를 빚어가십니다. 진흙덩이같이 울퉁불퉁한 우리를 고생으로 다듬어 결국에는 멋진 작품으로 만들어내시는 것입니다. 야곱을 통해, 우리에게 그것을 보여주셨습니다.

야곱의 삶은 하나님과 씨름하여 뼈를 다칠 정도로 처절했습니다. 험악한 인생을 살았지만, 하나님은 그 과정을 통해 그를 야곱(속이는 자)에서 이스라엘(위대한 승리자)로 변화시켜 주셨습니다. 또한 선택받은 민족을 이룰 열두 아들의 아버지가 되게 하셨습니다. 노년의 그는 요셉도 알지 못하던 하나님의 신비한 계획을 깨닫는 영성의 소유자가 됩니다. 이렇듯, 알고 보니 야곱에게 고생은 변화와 축복을 가져오는 놀라운 은혜의 통로였습니다. 야곱의 고생은 철저하고 뼈저리게 하나님을 체험한 은혜였던 것입니다.

그렇기에 우리에게도 고생은 결국 근사할 것입니다. 고생이 힘겹고 험악하나, 그 안에 우리를 향한 하나님의 크신 계획과 은혜와 축복이 담겨 있기 때문입니다.

이 책을 손에 든 분들 중에 누군가는 어쩌면, 지금 말도 못할 고생을 하고 계실지 모릅니다. 아니, 어차피 인생은 야곱처럼 고생과 함께 하는 시간의 연속입니다. 누구도 예외일 수 없습니다. 하지만 하나님이 함께하시면, 우리가 하나님을 삶의 중심으로 삼은 말년의 야곱처럼 살아간다면, 우리의 고생도 언젠가는 근사할 것입니다.

이제부터 저와 함께, 야곱이 체험한 근사한 고생을 살펴보지 않으시겠습니까? 그러면 우리의 고생도 나름의 의미가 있는 것을 알 수 있을 것입니다. 하나님의 은혜가 우리의 고생 속에 있는 것을 볼 것이기 때문입니다. 그리하여 우리 모두, 하나님의 은혜 안에서 힘을 내면 좋겠습니다.

길요나

# PART 1

# 영적 실력이
# 있는가?

# 간사한 인간이 잘 풀린 비결

● 창세기 25:19-34 ●

### 결혼식과 결혼생활의 차이

결혼에 대해 많은 청년들이 착각하는 게 있습니다. '결혼식'과 '결혼생활'을 혼동하는 것입니다. 결혼식은 길어야 30~40분입니다. 반면에 결혼생활은 최소한 30~40년이 걸리는 삶입니다. 평생인 겁니다. 그런데 대부분은 결혼을 앞두고 결혼식에만 초점을 맞추고서 거기에 목을 맵니다. 그러고 나서는 결혼 준비 다 했다고 생각합니다.

요즘 결혼 준비에서는 소위 '스드메'라는 것이 있다고 하지요. 스, 스튜디오에서 사진을 찍어야 되고, 드, 드레스는 어디 걸 입어야 되고, 메, 메이크업은 얼마짜리를 해야 된다, 그래서 스드메랍니다. 이런 것에 돈을 쓰면서, 나중에 돈 때문에 '앞으로 어떻게 사냐?' 하면서 옥신각신하는 모습도 없지 않아 있습니다. 그래서 정작 '결혼생활에 대한 준비는 안 돼 있었구나' 하는 건 결혼식이 끝나는 시점부터 깨닫습니다. 지혜롭게 준비했다면 피하거나 최소화할 수 있는 결혼생활의 갈등과 고통을 온몸으로 겪으며 힘들게 살게 되는 것이지요.

그러면 우리의 결혼생활은 어떻게 되어야 할까요? 일단, 우리는 먼저 믿음 안에서 가정을 이루어야만 합니다.

창세기 6장 2절에서 3절을 봅니다.

> ²하나님의 아들들이 사람의 딸들의 아름다움을 보고 자기들이 좋아하는 모든 여자를 아내로 삼는지라 ³여호와께서 이르시되 나의 영이 영원히 사람과 함께 하지 아니하리니 이는 그들이 육신이 됨이라 그러나 그들의 날은 백이십 년이 되리라 하시니라 _창 6:2-3

성도가 불신자와 결혼하면, 그는 그저 하나의 육체로서 불신자와 다를 바 없이 육신적인 삶을 살아가는 존재가 된다는 말씀입니다. 결혼은 둘이 하나가 되어가는 과정이기 때문입니다.

성도가 불신 배우자와 결혼하면 그 한 사람을 변화시키느라 모든 영적 에너지를 그 배우자에게 쏟아야 합니다. 그래도 사실은 어렵습니다. 대개의 불신 배우자는 평생 교회에 한 번 올까 말까

합니다. 그러다 보니 정작 성도 본인은 주님이 맡기신 사명을 감당하는 일엔 손을 대기 어렵습니다. 그 배우자를 사랑하는 것만큼은 하나님을 사랑하기 어렵기 때문입니다. 그러는 건 결코 믿음 좋은 사람의 모습이 아닙니다.

그러나 교회 안에서 배우자를 만나 믿음 안에서 가정을 일구었다 해도 사실은 별 차이가 없을 수 있습니다. 믿는 가정도 주일에 교회 나오는 것 외에는 불신 가정과 별반 다를 것이 없는 경우가 종종 있습니다. 돈을 어떻게 버느냐, 어떻게 성공하느냐, 뭘 먹고 사느냐, 노후는 어떻게 준비하느냐 같은 것에는 세상 사람과 똑같습니다. 신경이 온통 먹고 사는 데 다 가 있습니다. 그래서 남편이라 해도 영적 제사장 역할을 감당하는 일에는 별 관심이 없습니다. 아내도 믿음으로 가정을 일구어 나가는 것에는 관심이 없습니다. 이런 부부는 교회는 다닐지언정 가정을 통해 하나님의 뜻이 이루어지는 것에는 별 관심이 없습니다. 역시 안타까운 모습입니다.

## 냄비와 뚝배기의 차이

창세기 25장에는 성도의 가정이 어떻게 달라야 하는지를 보여주는 모델이 등장합니다. 바로 이삭과 리브가의 가정입니다. 25장 5절을 보면 아버지 아브라함이 이삭에게 자기의 모든 소유를 주었다고 말씀합니다. 아브라함은 그 당시에 웬만한 왕들이 부럽지 않을 만큼 어마어마한 재물의 소유자였습니다. 그걸 아들 이삭이

다 물려받은 겁니다. 거기에다 이삭에겐 블레셋 왕이 부러워할 정도로 미모의 아내가 있습니다. 사실상 다 가진 사람이에요. 그러나 이삭에게 딱 한 가지 없는 것이 있습니다. 자기의 대를 이을 자식입니다. 아버지 아브라함도 어렵사리 자식을 가졌는데, 그 또한 그 어려움을 겪은 겁니다.

지금이야 인공수정을 할 수 있지요. 시험관 아기로 임신이 가능한 시대가 됐지만, 고대사회에서 불임이라는 것은 도무지 해결이 불가능한 인생 최고의 문제입니다. 게다가 이삭에게 자식이 없다는 것은 다른 사람에게 자식이 없다는 것과 질적으로 차원이 다른 문제입니다. 왜요? 하나님께서는 그의 아버지 아브라함으로부터 시작하여 거대한 믿음의 조상이 될 가문을 이루겠다고 하셨는데, 이런 축복의 가문에 대가 끊기는, 그야말로 초유의 비상사태인 것입니다.

그러나 당시의 관습과 문화에서 이삭이 조금만 마음을 다르게 먹으면 그 문제를 얼마든지 해결할 수 있었습니다. 첩을 두는 겁니다. 이삭은 그런 일에 대해 얼마든지 변명할 수도 있었습니다. 아버지 역시 그렇게 해서 배다른 형 이스마엘을 낳았거든요. 하지만 이삭은 그런 인간적인 방법에는 손을 대지 않았습니다. 대신에, 그는 하나님의 방법을 택합니다.

이삭이 그의 아내가 임신하지 못하므로 그를 위하여 여호와께 간

구하매 여호와께서 그의 간구를 들으셨으므로 그의 아내 리브가
가 임신하였더니 _창 25:21

기도했더니 응답하셨다, 간단해 보이잖아요. 그러나 그 과정은
결코 간단하지 않았습니다. 26절 하반절을 보니 리브가가 그들을
낳을 때 이삭이 몇 세였다고요? 60세였습니다! 이삭은 나이 40에
결혼했던 겁니다. 그러니 무려 20년 동안, 하나님 앞에서 줄기차
고 끈질기게 아들을 달라고 기도했다는 것이지요. 이때 아버지가
첩을 통해 낳았던 배다른 형 이스마엘은 번성을 잘해서 벌써 열두
형제와 열두 방백을 거느리고 있었습니다. 그러니 이삭이 그걸 보
면서 느꼈을 심리적인 압박감과 상대적인 박탈감은 심각했을 겁
니다.

우리가 믿음의 조상이라고 부르는 아버지 아브라함은 어떻습
니까? 믿음이 너무 많았던 사람이잖아요. 갈 바를 알지 못하고도
고향을 떠났던 사람입니다. 그럼에도 불구하고 그 역시 자식이 바
로 생기지 않았습니다. 하나님께서 "지금은 자식이 없지만 언젠가
는 자식을 줄 것이다"라는 언약을 주신 지 10년이 채 지나지 않았
는데도, 그는 더 이상 못 견디고서 인간적인 수단과 방법으로, 즉
첩을 통하여 아들을 생산했습니다. 하지만 그 아들 이삭은 끈질
기게 20년을 기도하며 기다려 결국 자식을 품에 안더라는 것입니
다. 이삭은 눈에 보이는 현실에 휘둘리지 않고 끝까지 하나님 앞

에서 기도하며 기다림으로 앞을 향해 나갔던 사람이지요. 한마디로 대단한 믿음의 소유자였던 겁니다.

우리 주변을 보면 "성령 충만 받았어, 할렐루야" 하면서 순간 온수기처럼 확 끓어 올라가 이러쿵저러쿵 떠들썩하게 난리법석을 치다가도, 그만 환란이 오면 그 끓어 올랐던 것이 확 식어버리는, 소위 '냄비 믿음'이 있습니다. 그에 비해 이삭은 조용합니다. 목소리를 높이지 않습니다. 하지만 은근합니다. 흔들리지 않습니다. 묵직한 기도로 하나님이 주신 승리를 얻어내고야 마는 이삭의 믿음은 '뚝배기 믿음'입니다. 제가 바라는 것은, 저와 우리 성도들의 믿음이 끓어 올랐다 식기를 반복하는 냄비 믿음이 아니라, 묵직하고 우직하게, 끝까지 밀고 나가며 하나님과 동행하는 뚝배기 믿음을 가질 수 있기를 축원드립니다. 갑자기 된장찌개가 생각나네요.

## 삶의 문제를 푸는 세 개의 방법

살다 보면 저마다 크고 작은 문제가 있습니다. 때로는 내 힘으로 도저히 어떻게 할 수 없는 절박하고 불가능한 문제를 만나기도 합니다. 그런데 그럴 때 그것을 어떻게 풀어나가느냐가 신앙의 색깔과 믿음, 즉 그의 인생의 본질과 가치관을 증명해주는 것입니다.

당신에게 이 질문을 드립니다. 지금까지 살면서 인생에 문제가 생길 때마다 어떻게 해오셨습니까? 하나님의 방법을 붙드셨습니까? 사람의 방법에 손을 내미셨습니까?

하나님의 백성이 삶의 문제를 푸는 세 가지 공식이 있습니다. 이삭과 리브가를 통해 그것을 살펴봅니다.

### 1. 기도로 인생 문제를 푼다

20년간의 이삭의 기도로 아내 리브가가 임신합니다. 그런데 문제가 또 생기지요. 22절을 봅니다.

> 그 아들들이 그의 태 속에서 서로 싸우는지라 그가 이르되 이럴 경우에는 내가 어찌할꼬 하고 가서 여호와께 묻자온대 _창 25:22

여기서 '그'는 이삭이 아닌 리브가입니다. 남자가 임신할 리는 없잖아요? 리브가가 여호와께 기도한 겁니다. 여자들이 임신하면 예민해지지 않습니까? 드러내지는 않아도 마음의 걱정이 은근히 있습니다. '이 아이가 정상일까', '혹시나 손가락이 하나씩 더 달린 아이는 아닐까', '뭔가 병약한 건 아닐까', 아이가 태어나 자랄 동안엔 '이 아이가 제대로 잘 자라고 있는 것일까', 모든 것이 두렵고 걱정되지 않겠습니까? 그런데 리브가의 뱃속에서는 아이들이 태어나기 전부터 전쟁이 벌어졌습니다. 요동치고 난리가 난 겁니다. 요즘같이 초음파 기계가 없는 시절이었으니, 그러는 이유를 출산 경험이 많은 여자 또는 산파를 수소문해서 물어볼 수도 있었겠죠. 그런데 리브가는 그렇게 하지 않았습니다. "여호와께 묻자온데."

하나님께 기도해요. 이처럼 이삭과 리브가 부부는 큰 문제든 작은 문제든, 기도로 인생 문제를 풀어갔던 겁니다.

우리도 삶에서 다가오는 인생의 문제들, 부딪히는 삶의 모든 어려운 문제들을 기도로 풀어가는 하나님의 사람이 될 수 있기를 주님의 이름으로 축원드립니다. 주님이 리브가의 기도에 응답하신 것처럼 당신에게 응답하실 것입니다.

### 2. 하나님의 주권을 인정한다

그런데 가만히 따져보면 리브가가 응답받은 내용이 그녀에게 충격으로 다가왔을 것 같습니다. 왜 그렇습니까? 23절을 봅니다.

> 여호와께서 그에게 이르시되 두 국민이 네 태중에 있구나 두 민족이 네 복중에서부터 나누이리라 이 족속이 저 족속보다 강하겠고 큰 자가 어린 자를 섬기리라 하셨더라 _창 25:23

보통 부모는 자녀를 낳으면 형제가 우애있게 서로를 보듬어주며 사이좋게 사는 걸 원하지 않습니까? 형은 동생을 챙겨주고, 동생은 형에게 '형님, 형님' 하고 따라다니며 좋은 관계 맺기를 소망합니다. 하지만 이 아이들은 어머니 뱃속에서부터 갈등하고 나뉜다고 합니다. 게다가 장자(큰 자)와 차남(작은 자)의 서열이 바뀐다고 합니다.

당시는 관습상 장자가 부모의 유산 대부분을 계승합니다. 그래서 아무리 못나도 장자는 장자예요. 이렇게 분명한 관습이 있음에도 불구하고 하나님은 정반대의 말씀을 주십니다. "뱃속에 쌍둥이가 있는데, 태어나면서부터 이 아이들은 둘로 갈라져 반목하게 될 것이다. 나아가 둘째가 장자를 섬기는 것이 아니라 장자가 차자, 즉 어린 자를 섬기게 될 것이다"라는 겁니다. 이것은 당시의 관습과 사고방식에 어긋나는 것입니다. 그런데 하나님이 어머니의 뱃속에서부터 그걸 결정하셨다는 말씀입니다. 무슨 말입니까? 이렇게 되는 이유가 바로 하나님의 주권(主權)이라는 것입니다. 세상 모든 일은 주권이 주님께 있습니다. 우리는 하나님의 주권을 인정해야 합니다.

### 3. 은혜와 축복을 능가하는 것은 없다

하나님은 야곱이 이삭의 섬김을 받을 것이라고 말씀하셨지만, 야곱은 이삭에 비해 불리하게 태어났고 불행하게 산 것 같습니다. 24절에서 27절을 보십시오.

> [24]그 해산 기한이 찬즉 태에 쌍둥이가 있었는데 [25]먼저 나온 자는 붉고 전신이 털옷 같아서 이름을 에서라 하였고 [26]후에 나온 아우는 손으로 에서의 발꿈치를 잡았으므로 그 이름을 야곱이라 하였으며 리브가가 그들을 낳을 때에 이삭이 육십 세였더라 [27]그 아이

형 에서는 신생아 때부터 건강이 독보적입니다. 혈액순환도 너무 잘 되어서 볼이 불그스름한 데다 어려서부터 털북숭이입니다. 남성미가 얼마나 철철 흘러넘쳤겠습니까? 아이일 때부터 들판을 쏘다니면서 들사람이 되고, 결국에는 익숙한 사냥꾼이 되었습니다. 당시는 문명과 도구가 발전하지 않았기 때문에 육체의 힘이 너무나 중요한 시대가 아니었습니까? 그런 시대에 나갔다 하면 사냥감을 척척 잡아오는 에서입니다. 건장하고 건강한 에서는 그야말로 남자 중에서도 상남자입니다. 아마도 당시 모든 여자들이 에서를 앙모했을 거예요. 매력덩어리인데다 부잣집의 장자로서 후계자입니다. 모든 걸 갖췄어요. 마치 드라마에 주인공으로 자주 나오는 꽃미남 배우처럼 잘 생기고 옷 잘 입고 몸 좋고, 거기에 돈까지 많은 재벌 2세, 이게 에서입니다.

반면에 야곱은 결국 약자가 되고 맙니다. 형과 아버지를 속였다가 오랜 세월 집을 떠나 살아야 했지요. 하지만 하나님은 실패라고 할 수밖에 없게 된 야곱의 인생을 승리의 인생이 되게 하셨습니다. 은혜와 축복을 능가하는 것은 없는 겁니다. 그래서 성도는 믿습니다. 야곱에게 은혜를 베푸신 하나님께서 지금도 얼마든지 실패한 사람에게, 희망이 없고 절망적인 회색지대에 떨어져 있는 인생이라 할지라도 역전의 은혜를 베풀어 주실 수 있다는 것을! 그러므로 성도는 하나님의 주권에 순복하며 믿음의 반응을 하는 것입니다.

세상의 방식이 커 보이십니까? 아무리 커 보여도 세상 방식 쫓지 마십시오. 대신에 하나님의 주권을 인정하며 살아갈 수 있기를 부탁드립니다. 하나님은 얼마든지 그의 뜻을 따라서 큰 자가 어린 자를 섬기게 하실 것입니다. 우리 하나님은 그런 하나님이십니다. 우리가 하나님의 주권을 인정하며 그 말씀을 따라 살아간다면, 하나님은 반드시 우리에게 최후의 승리를 주실 줄 믿습니다.

## 그냥 먹고 마시고 일어나 가버리면

에서는 익숙한 사냥꾼입니다. 매일 들판을 뛰어다닙니다. 짐승 잡는 재미에 시간 가는 줄을 모릅니다. 그런데 '그날'은 집에 돌아올 때 아무것도 못 잡았어요. 너무 허기가 져서 배가 허리에 가 닿을 정도입니다. 그 고픈 배를 움켜쥐고 집에 들어오는데, 어디선가 구수하고 달콤한 냄새가 나서 찾아가 보니 동생 야곱이 팥죽을 끓이고 있습니다. 저는 이 말씀을 보면서 '그렇구나! 인류 최초의 남자 셰프는 야곱이었구나' 하는 생각을 했습니다. 배고파 죽겠다는 에서에게 야곱이 말합니다.

"형, 그렇게 먹고 싶으면 나한테 장자의 명분을 넘겨."

가만히 보니 야곱은 엄마 뱃속에서부터 쟁탈전을 벌이던 장자의 명분을 빼앗기 위해 철저히 계산하고서 죽을 끓였던 것입니다. 그의 이름이 속이는 자라고 하는 것이 맞는 겁니다. 그러나 에서는 어리석어요. 32절에서 34절을 봅니다.

> ³²에서가 이르되 내가 죽게 되었으니 이 장자의 명분이 내게 무엇이 유익하리요 ³³야곱이 이르되 오늘 내게 맹세하라 에서가 맹세하고 장자의 명분을 야곱에게 판지라 ³⁴야곱이 떡과 팥죽을 에서에게 주매 에서가 먹으며 마시고 일어나 갔으니 에서가 장자의 명분을 가볍게 여김이었더라 _창 25:32-34

고대사회에서 장자권은 어마어마한 것입니다. 첫째 권리는 다른 형제들보다 아버지의 유산을 두 몫이나 더 받는 것입니다. 그러니까 거의 대부분을 받는 거예요. 남은 얼마를 다른 자식들이 나눠 갖는 겁니다. 둘째 권리는 아버지 사후에 영적인 후계자가 되어 하나님의 축복을 계승하는 존재가 되는 겁니다. 셋째 권리는 가문의 제사장으로서의 권세를 행사할 수 있는 겁니다. 쉽게 말해 제사장 역할을 하는 것입니다. 그러니 장자권은 사람이 받을 수 있는 모든 복의 근원이라고 말할 수 있습니다.

그런데 에서는 너무도 자신감이 꽉 차 있습니다. 돌을 씹어 먹어도 될 만큼 튼튼한 건강이 그에게 있습니다. 익숙한 사냥 기술이 있습니다. 매력적인 인간미가 있습니다. 준비된 미래가 있습니다. 거기에다 아버지 이삭의 든든한 사랑과 후원이 있습니다.

28절을 봅니다.

> 이삭은 에서가 사냥한 고기를 좋아하므로 그를 사랑하고 리브가
> 는 야곱을 사랑하였더라 _창 25:28

그러니 에서는 '물려받는 장자권쯤이야 약해빠지고 별볼일없
어 보이는 야곱 녀석에게 넘겨줘봤자 얼마든지 잘 살 수 있어. 내
겐 성공의 능력도 있고 재능도 있어. 나는 다 갖췄어!' 하며 가볍게
여긴 겁니다.

### 망령된 자가 되지 않기를

팥죽 한 그릇에 장자권을 팔아넘긴 에서의 모습을 보세요. 34절
을 보면 4개의 동사로 에서의 모습을 묘사합니다.

"먹으며 마시고 일어나 갔으니."

이걸 영어 성경(NIV)으로 보십시오.

"He ate and drank, and then got up and left."

말 그대로 아주 동물적인 모습입니다. "아 배불러" 하면서 그냥
일어나서 가버리는 겁니다. 아무 생각도 한 것 같지 않습니다. 자
기가 지금 무슨 짓을 하는 건지, 이 일로 인하여 평생에 얼마나 땅
치고 후회할 일이 생길지 심사숙고가 없습니다. 그저 동물적인 본

능, 배고픔을 면하기 위하여 먹고 마시고 일어나고 가버리는 경솔한 에서의 모습입니다. 그래서 히브리서 12장 16절은 그를 이렇게 고발합니다.

> 음행하는 자와 혹 한 그릇 음식을 위하여 장자의 명분을 판 에서와 같이 망령된 자가 없도록 살피라 _히 12:16

이삭처럼 "나는 자신 있어. 다 갖췄어. 남들보다 탁월한 사람이야"라고 자신하십니까? 순식간에 물거품이 될 수도 있습니다. 반면에 야곱은 형과 아버지를 속였음에도 불구하고 은혜를 입어 언약의 자손으로서 믿음의 대를 잇는 이스라엘 가문의 족장이 됩니다. 사람에게 가장 귀한 건 하나님의 은혜와 축복입니다.

야곱 이야기를 시작하면서, 우리는 은혜와 축복이야말로 가장 귀한 선물이라는 것을 새삼 배우게 됩니다. 지금 마음과 삶이 무너져 있는 분 계십니까? 인생이 깜깜한 분이 계십니까? 주님의 은혜와 축복이 있으면 회복될 수 있습니다. 이 사실을 인정하면서, 은혜와 축복을 간절히 사모하십시오.

# 야곱을 닮아가는 기도

이삭과 리브가는 기도로 인생의 문제를 풀었습니다. 큰 문제든 사소한
문제이든, 그게 무엇이든 기도가 그들의 해답의 통로였습니다. 특히
하나님은 이삭의 오랜 믿음의 기도에 응답하셨습니다.
혹시 지금 기도를 놓치고 있지 않습니까? 범사에, 나의 가정과 자녀와
나의 모든 일을 주님 앞에 기도로 올려드리며, 기도 안에서 해답을 구하고
변화가 있게 해달라고 기도하십시오.

세상만사는 하나님의 주권 하에 움직입니다. 큰 자가 어린 자를 섬긴다고
하신 말씀이 야곱의 인생에 이루어졌습니다. 하나님의 주권을 인정하는
자는 말씀을 따라갑니다. "나도 말씀 따라 살게 하여 주시옵소서"라고
기도하십시오

은혜와 축복을 능가하는 것은 없습니다. 자신만만한 에서 대신, 부족하고
문제도 많았지만 은혜와 축복을 사모한 야곱이 승리한 이유가 바로
그것입니다. 그러므로 내게 주신 구원과 믿음, 교회와 가정과 인생에 주신
은혜와 축복에 감사하십시오. 또한 받은 것을 잘 가꾸고 지키며 살아가면서
은혜와 축복을 더욱 사모하는 믿음의 사람이 될 수 있기를 기도하십시오.

# 자연스럽고 순탄한 인생의 길

● 창세기 26:34-27:23 ●

IS, 전세계를 대상으로 끔찍한 테러를 자행해온 급진적인 이슬람 국가 단체입니다. 초등학생 미만이거나 10살도 채 되지 않은 아이들을 쇠뇌해 포로들을 죽이게끔 만들기도 했습니다. 극악무도한 짓을 한 것이지요. 이런 끔찍하고 무서운 IS를 대상으로 사기를 친 사람들이 있습니다. 체첸의 여성들이에요. 2015년 어느 날, 체첸 여성 3명이 IS의 모집책에게 SNS로 연락을 했습니다.

"우리가 IS 대원과 결혼하기 위해 시리아로 가고자 하는데, 문제는 여비가 없습니다. 그러니 여비 좀 보내주세요."

IS 측에서는 이게 웬 '굴러 들어오는 떡'입니까. 요구대로 3300불을 송금해주었습니다. 그 여성들이 그 돈을 꿀꺽하고는 잠적해

버렸습니다. 이를 두고 누군가 "뛰는 놈 위에 나는 놈이 있고, 나는 놈 위에 붙어가는 놈이 있고, 붙어가는 놈 위에 여자가 있다"라고 했다는군요. 하여간 대단합니다. "여자는 위대하다"라는 감탄이 새삼 나옵니다. 이건 진짜 목숨 걸고 사기를 친 경우입니다.

그런데 역사상 가장 유명한 사기꾼이 있습니다. 동서고금을 막론하고 성경을 아는 사람이라면 이 사람을 모를 수 없습니다. 그 역시 사기 치는 대가로 목숨을 걸어야만 했습니다. 이 사람이 더 특별한 것은 사기를 친 대상이 남이 아니었다는 사실입니다. 혈육을 나눈 자기 형이요 아버지입니다. 그가 누구죠? 바로 야곱입니다. 혈육을 상대로 두 번이나 사기를 칩니다. 첫 번째는 형의 장자권을 팥죽 한 그릇으로 뺏은 겁니다. 두 번째는 눈먼 아버지를 속여서 형이 받아야 될 축복을 받아낸 것입니다. 창세기 27장은 그 두 번째 사건을 다루고 있습니다.

아버지 이삭이 137세쯤 됐습니다. 눈이 어두워서 앞이 보이지 않습니다. 익숙한 사냥꾼인 맏아들 에서를 부릅니다. 사냥을 해오라는 거예요. 그 이유가 27장 4절에 나옵니다.

> 내가 즐기는 별미를 만들어 내게로 가져와서 먹게 하여 내가 죽기 전에 내 마음껏 네게 축복하게 하라 _창 27:4

〈카일 & 델리취〉 주석을 보면, 이때 에서가 주로 사냥해온 고

기는 사슴고기였을 거라고 합니다. 사슴고기는 잘만 요리하면 맛이 매우 좋다고 합니다. 사슴고기를 육회로 먹으면 소고기 육회와 비교할 수 없을 정도로 천상의 맛이랍니다. 이삭은 여기에 완전히 빠져 있었습니다. 이때 이삭의 가장 큰 목적은 가문의 족장이요 또한 하나님의 대리인으로서 죽기 전에 에서를 축복하는 것이었습니다. 문제는 아내인 리브가가 쌍둥이를 가졌을 때 하나님이 해주신 이 말씀입니다.

큰 자(에서)가 어린 자(야곱)를 섬기리라 _창 25:23

이것은 아브라함에게 주신 축복이 이삭을 거쳐서, 에서가 아니라 야곱에게로 이어져 갈 것을 의미합니다. 리브가가 그 특별한 예언을 남편에게 말하지 않았을 리가 없습니다. 그러나 이삭은 에서가 어렸을 때부터 그를 편애했습니다.

야곱은 태어날 때부터 경쟁에 뒤처져서 형의 뒷발꿈치를 잡고 태어났습니다. 비리비리한 데다 성격도 내성적이고 장막에 거하면서 엄마 꽁무니나 졸졸 따라다니는, 못나 보이는 야곱입니다. 하지만 상대적으로 에서는 건장합니다. 남성미 넘칩니다. 성격도 화끈합니다. 타고난 사냥 솜씨가 있어서 야곱이 입이 궁금할 때쯤 되면 맛있는 사슴 고기를 별미로 대접해주는 에서야말로 축복을 부어주고 싶은 자랑스러운 맏아들이었죠. 그러나 하나님의 예언이 걸림돌이었습니다.

이삭은 평생 하나님을 섬겼고 하나님의 망극하신 은혜를 누렸습니다. 그러므로 말씀대로 야곱을 축복해주어야 합니다. 하지만 가문의 미래를 결정하는 일에서 사랑하는 맏아들 에서 대신 둘째인 야곱에게 축복의 손을 얹는 건 그에게 끔찍한 일입니다. 이삭이 하나님의 예언을 몰라서가 아니었습니다.

우리도 하나님의 말씀을 모르는 것이 아닙니다. 알아요. "그렇지만 이것만은 내가 순종하고 싶지 않습니다" 하는 것이 있습니다. 저도 있을 수 있고 여러분도 있습니다. 그럴 때 우리가 육체의 정욕, 이생의 자랑, 안목의 정욕을 끊어버리고, 눈을 질끈 감고 순종의 발걸음을 내디딜 수 있기를 주님의 이름으로 축원드립니다. 그게 축복의 길입니다. 이삭은 거기서 실패했습니다.

한편, 이삭이 아무리 에서를 좋아한들 무턱대고 "이리 와" 하고 머리에 손을 대고 축복해줄 수 있는 것도 아니었습니다. 당시엔 족장이자 제사장이요 영적 축복의 통로인 아버지가 축복 기도를 해줄 권한이 있었어도, 사실은 자기 마음대로 못합니다. 성령이 강권적으로 임하셔서 이삭을 사로잡아 축복받아야 될 대상에게 축복을 쏟아 부어주도록 해주셔야 하는 겁니다.

결국 이삭이 쓴 방법이 무엇입니까? 에서에게 사냥을 해서 별미를 만들어 오라고 시킨 것입니다. 그리고 27장 4절에서 "내 마음껏 내게 축복하게 하라"고 말합니다. 여기서 '마음껏'은 히브리어로 '네페쉬'라는 단어에 해당합니다. 이것은 의지의 표현입니다. 무언가를 의지적으로 결단해서 하겠다는 소망의 표현입니다. 그러니까 이삭은 별미를 먹을 때 생기는 기분 좋은 포만감과 맛있는 것을 준 아들에 대한 뿌듯한 마음이 충만해지면, 그 감정을 품고서 에서에게 자기 뜻대로 축복을 부어주려고 했다는 것입니다. 이것은 성령의 감동과 상관없는 것입니다.

사실 에서는 축복의 대를 이을 수 없는 사람이라는 것을 그가 결혼할 때 이미 자기 스스로 증명을 해보인 사람입니다. 26장 34절에서 35절을 보면 에서가 40세에 결혼합니다. 그런데 누구와 하느냐?

> ³⁴에서가 사십 세에 헷 족속 브에리의 딸 유딧과 헷 족속 엘론의 딸 바스맛을 아내로 맞이하였더니 ³⁵그들이 이삭과 리브가의 마음에 근심이 되었더라 _창 26:34-35

과거 이삭의 아버지 아브라함은 아들의 결혼을 앞두고서 가나안 땅에 수많은 여자가 있었지만 다 안 된다고 했습니다. 저 멀리 밧단아람에 종을 보내서 친족 리브가를 데려오게 합니다. 왜요? 가나안 땅에 사는 이방 민족들은 하나님을 모릅니다. 우상숭배에 찌들어 있습니다. 그들의 우상숭배는 필연적으로 음란한 성행위로 결말지어집니다. 가나안의 우상 숭배자들은 노인이나 젊은이나 다 음란하고 방탕합니다. 소돔과 고모라의 멸망에서 보듯 타락이 생활화되어 있었습니다. 에서는 하나님과 부모의 뜻을 저버리고 그런 가나안 여인을, 그것도 둘씩이나 아내로 취했습니다. 그렇게 해서 이삭과 리브가는 두 며느리의 난잡한 생활과 어리석은 에서의 모습을 바라보며 날마다 나오는 것이 한탄이고 눈물이고 탄식이었을 것입니다. 이렇게 타락하고 영적으로 둔감한 에서가 어떻게 거룩한 계보를 이어갈 수 있겠습니까? 그런데도 이삭은 육신의 정을 극복하지 못하고, 어떻게든 에서를 축복해보고자 나름대로 몸부림을 치고 있는 겁니다.

잘 보세요. 이삭이 하나님의 말씀을 따르지 않고 자기의 뜻대로 억지로 하려고 하니까 순리대로 이루어지지 않습니다. 모든 것이 엉켜지고 복잡해지고 얽히는 모습이 나타나지 않습니까?

## 말씀이 평안 인생의 길이다

우리가 주님의 뜻을 따르지 않고 내 뜻대로 한다는 건 단기적으로는 뭔가 될 수 있을지 모르고, 되는 것처럼 보일지도 모릅니다. 그러나 시간이 가면 갈수록 점점 우리 인생의 실타래가 얽히고 여기저기서 문제가 터집니다. 하나 막으면 이쪽에서 터지고 저쪽에서도 터지고, 도저히 감당이 안 되는 때가 우리에게 다가온다는 사실입니다. 그러니 모든 게 부자연스럽고 억지스러워집니다. 이 문제는 영적으로도 그렇습니다.

하나님 말씀을 따르는 것은 우리의 인생을 자연스럽게 순탄의 길로 걸어갈 수 있도록 이끌어주심을 믿으시기를 바랍니다. 한마디로 말씀을 따르는 것이 평안 인생의 길인 것입니다. 잠시 잠깐 환경이나 상황이 어려울 수도 있겠죠. 문제가 생길 수도 있습니다. 그러나 시간이 가면 모든 것이 하나님의 전능하신 능력과 그분의 지혜를 따라 제자리를 찾아가고, 우리 인생이 결국에는 톱니바퀴 맞물려가듯 순탄한 발걸음으로 나아가게 되는 것을 보게 될 것입니다. 이것이 승리하는 것이지요. 그런데 이삭이 이걸 뒤집으려 하니 그 가정이 얼마나 힘들고 어려워집니까?

야곱이 훗날 바로 앞에서 뭐라고 고백합니까?

"내가 험악한 세월을 보냈습니다."

이삭의 억지스러운 행동에 반응한 야곱의 모습에서 그 부작용이 터져 나온 것입니다.

어떤 분이 평생 처음으로 한강 둔치에 가야 되는 일이 있었는데 길이 너무 막히는 거예요. 그래서 아는 사람에게 연락해서 오토바이 가져오게 하고, 그 뒷자리에 앉아 오토바이 운전사의 허리를 끌어안고 평생 처음 오토바이를 탔다는 겁니다. 그런데 100킬로미터의 속도로 달리니까 자기가 지금 몸 안에 있는지 몸 밖에 있는지 모를 정도로 속도감이 짜릿하면서 심장이 벌렁벌렁하고 피가 끓는 것 같습니다. 바람의 저항도 어마어마하더라는 것입니다. 그날 저녁에는 이분이 공교롭게도 해외에 나갈 일이 있어서 비행기를 탔습니다. 기상 상태가 좋고 기류 변화가 적으니까 비행기가 날아가는 건지 멈춘 건지, 자기가 공중에 떠 있는 건지 땅에 있는 건지 모를 지경입니다. 그런데 기내 모니터를 보니까 비행기가 시속 900킬로미터로 날고 있어요.

우리가 우리 뜻과 생각으로 살아가려고 하면 인생이 꼬이고 또 꼬입니다. 좋을 줄 알았는데 오토바이 탈 때 느끼는 맞바람 같은 문제들이 우리 인생에 끊임없이 부딪혀오면서 삶을 아주 험악하게 만들어 버립니다. 반면에 우리가 하나님의 말씀대로 살아가면 하나님이 우리의 울타리가 되어 주셔서, 아무리 빨리 날아갈지라도 비행기 안처럼 우리를 보호해주실 줄 믿으시기 바랍니다. 하나님 말씀 안이 평안하니까, 환경과 상황이 조금 어려워도 삶이 평안해지는 것입니다. 하나님의 은혜를 누리며 찬송하면서 살아가는 것이지요.

또한 하나님이 인생길을 인도해주시니, 처음엔 느린 것 같았지만 나중에 보니 그게 지름길이에요. 하나님을 따르는 것이 빠르고 낭비 없는 길인 겁니다. 그리고 '사명 완수의 길을 걸어왔구나' 하는 걸 깨달으며 감사하게 됩니다.

그리스도인은 말씀 따라 사는 것이 자연스럽고 순탄합니다. 말씀에 역행하면 모든 것이 꼬이고 꼬입니다. 말씀을 따라 살아감으로써 평안 인생의 길을 걸어갈 수 있기를 축원드립니다.

## 하나님의 주권을 인정하라

이삭의 아내 리브가는 보통 여자가 아닙니다. 남자로 태어났으면 장수감이에요. 아브라함이 자기 며느리 삼으려고 종인 엘리에셀을 밧단아람이라는 그 먼 곳에 보내 데려온 여자입니다. 가족들이 자초지종을 듣고서 "리브가야, 너 어떻게 할래?" 하는 질문도 안 했습니다. 리브가가 엘리에셀의 이야기를 듣고는 '이건 하나님이 인도하셨구나' 생각하고, 믿음 안에서 따라가겠다고 스스로 단호한 결단을 한 것입니다. 그런 리브가는 여장부입니다. 그런데 이삭이 에서에게 하는 말이 장막 너머로 흘러나와 리브가에게 들렸습니다. 에서가 들로 나가자마자 리브가가 야곱을 불러 말합니다.

"야곱아, 큰일 났다! 네 아버지가 지금 형 에서를 들로 보내 사냥하고 별미를 만들어서 그거 먹고 축복해주려고 한다. 그러니 너는 어서 빨리 밖에 나가서 염소 새끼 두 마리를 잡아와라. 그럼 내가 에서가 만드는 별미를 만들어서, 그걸 네가 아버지한테 갖고 가서 드리고 네가 축복을 대신 받아라."

참 그렇잖아요. 둘 다 내 배 아파서 낳은 아들입니다. 그런데 어떻게 이럴 수 있습니까? 아마도 그런 것도 어머니의 마음이겠지요. 둘째는 상대적으로 비실비실합니다. '제대로 살아갈 수나 있을까? 못나고 약한 아들은 내가 책임져야지' 하는 겁니다.

사실 그보다 중요한 것은 과거 하나님께서 주셨던 "큰 자가 어린 자를 섬기리라"는 예언의 말씀 때문입니다. 이것이 수십 년 지난 지금도 리브가의 마음에 자리잡고 있는 겁니다. 후계자는 야곱이라고. 리브가는 사랑하는 야곱에게 그 말씀이 이루어져야 하는데, 아무리 기다려도 상황은 좋아지는 것 같지 않고, 게다가 남편 이삭은 정신이 나갔는지 하나님 말씀 다 팽개치고 자기 의지를 따라 편애하는 에서에게 축복하려 합니다. 그걸 보니 '이거 도저히 안 되겠다. 속여서라도 야곱이 축복받게 해야지. 이게 하나님의 뜻이 이루어지는 길 아니겠는가?' 하고 계략을 짰던 것입니다.

우리도 종종 이런 실수를 합니다. 하나님 말씀을 응답으로 들었습니다. 설교를 통해서나 성경을 읽다가, 때로는 기도하면서 응답을 받습니다. 문제는 시간이 가는데도 응답이 현실화가 안 됩니다. 그럴 때 기다리지 못하고 내가 나섭니다. 여기저기에 손을 댑니다. 그러고는 이렇게 생각합니다.

'이게 하나님의 뜻을 이루는 방법이 아닐까?'

아닙니다. 우리가 보기에는 제아무리 급해 보이고, 그 기회가 지금 아니면 지나갈 것처럼 보인다 할지라도, 주권자 되시는 하나님께서는 하나님의 방법과 뜻과 계획을 갖고 계시다는 사실을 기억해야만 합니다. 아브라함이 하나님의 약속을 기다리지 못하고 하갈을 취해 이스마엘을 낳았지만, 결국 하나님은 사라를 통하여 아브라함에게 약속의 자녀를 100세에 주시지 않습니까? 이게 진짜인 거죠.

> 만군의 여호와께서 맹세하여 이르시되 내가 생각한 것이 반드시 되며 내가 경영한 것을 반드시 이루리라 _사 14:24

이 말씀은 원래 옛날에 목사님들께서 축도하실 때 쓰셨던 참 은혜로운 약속의 말씀입니다. 또한 이사야서 55장 11절 말씀도 하나님의 약속입니다.

> 내 입에서 나가는 말도 이와 같이 헛되이 내게로 되돌아오지 아니하고 나의 기뻐하는 뜻을 이루며 내가 보낸 일에 형통함이니라 _사 55:11

"주님의 말씀은 반드시 주님의 때에 주님의 방법으로 이루어진다!"

이것이 우리의 고백인 줄 믿습니다. 그런데 세상은 이렇게 말합니다. "하늘은 스스로 돕는 자를 돕는다"라고. 멋져 보입니다. 그럴 듯해 보여요. 그러나 이 말은 세상적인 인본주의를 따르는 것입니다. 사람의 철학입니다.

하나님은 그 뜻을 이루시는 데 있어서 절대적인 주권을 가지고 계십니다. 그러므로 우리가 할 일은 그분의 뜻을 구하고 기다리면서, 그분이 이끌어가시는 대로 최선을 다해 믿음으로 순종하고 믿음으로 반응하며, 주님의 뜻이 하늘에서 이루어진 것과 같이 땅에서 이루어지기를 기대하는 것입니다. 그래서 우리가 기도회나 예배 때마다 부르는 이 찬양(말씀하시면, 김영범 곡)이 바로 그런 이유 때문에 지어진 것입니다.

> 주님 말씀하시면 내가 나아가리다
> 주님 뜻이 아니면 내가 멈춰서리다
> 나의 가고 서는 것 주님 뜻에 있으니
> 오 주여 나를 이끄소서

하나님의 뜻이 우리 삶에 이루어지는 데에 어쩌면 가장 크다고 할 장애물이 무엇일까요? 바로 리브가가 가졌던 것과 같은 조급함입니다. 조급함이 우리를 세상적 방법과 인간적인 수단으로 이끌어가는 것이지요. 하나님을 인정해드리고 끝까지 참고 기다렸으면, 하나님은 야곱에게 주신 예언이 이루어질 수 있도록, 그것도 부작용 없이 이루어질 수 있도록 역사하셨을 겁니다. 그러나 조급하므로 속임수라는 인간적 수단과 방법을 동원하니, 당장은 뭔가를 이룬 것 같지만, 여기서 비극이 시작되는 것입니다. 인생이 꼬이는 겁니다. 형과 아우가 원수가 되고 그 후손끼리도 영원한 원수가 됩니다. 야곱이 목숨을 건지기 위하여 밧단아람으로 20년이나 도피 생활을 하는 부작용도 생깁니다.

만약에 리브가가 야곱을 만났을 때 이렇게 말했다고 해보세요.

"야곱아, 너 지금 답답하지? 너희 아버지는 왜 저러시니? 하지만 우리는 믿자. 아무리 너희 아버지가 저렇게 인간적인 수단과 방법으로 에서를 축복하려고 한다 할지라도 우리 하나님은 너에게 주리라 약속하신 예언을 반드시 하나님의 뜻을 따라 이루어 주실 거야. 용기를 내. 실망하지 마. 우리 더 기도하자. 우리는 하나님을 바라보자. 하나님을 더 잘 섬기도록 하자."

이랬다면 얼마나 좋았을까요. 그렇다면 리브가와 야곱의 만남은 진정 하나님이 기뻐하시는 복된 만남이 되었을 겁니다. 그러나 기름과 불이 만나는 것처럼 리브가와 야곱은 눈 먼 아버지 이삭을 속이고자 계획합니다. 그들의 조급성과 계략에 가속도가 붙어서 그 일이 일사천리로 진행됩니다.

## 영적으로 둔감해지면

아내와 자식이 작당하고 달려드니 눈 멀고 연로한 이삭이 속아 넘어가지 않을 재간이 없습니다. 음식 만드는 데 이골이 난 리브가의 음식은 투박한 에서의 별미보다 이삭의 목구멍 깊숙이 술술 넘어갑니다. 거기에다 27장 25절을 보면 야곱이 아버지에게 포도주까지 마시게 합니다. 이삭은 포만감과 몽롱함에 깊이 빠져듭니다.

한 가지 이상한 것은 에서의 목소리라고 하는데 이삭의 목소리 같은 겁니다. '이게 어떻게 된 거야?'라고 의심하지만, 이미 똑똑하기로 소문난 리브가가 야곱의 목과 손에 염소 가죽을 둘러씌워

털북숭이 에서의 모습처럼 만들어 놓았습니다. 또 에서의 체취가 나도록 에서의 옷을 입혀놓았습니다. 그 결과, 어떻게 됩니까?

> ²¹이삭이 야곱에게 이르되 내 아들아 가까이 오라 네가 과연 내 아들 에서인지 아닌지 내가 너를 만져보려 하노라 ²²야곱이 그 아버지 이삭에게 가까이 가니 이삭이 만지며 이르되 음성은 야곱의 음성이나 손은 에서의 손이로다 하며 ²³그의 손이 형 에서의 손과 같이 털이 있으므로 분별하지 못하고 축복하였더라 _창 27:21-23

홀딱 넘어가 버리더라는 것입니다. 이삭은 뭐가 문제였을까요? 물론 로마서 8장 28절의 말씀과 같이 모든 걸 합력하여 선을 이루시는 하나님이시기에, 이삭의 실수마저 하나님이 사용하셔서 예언을 이루사 야곱을 축복하는 결과를 만드셨지만, 이삭은 왜 그렇게 영적으로 둔감해졌을까요. 그것은 이삭이 더 이상 기도할 필요가 없었기 때문입니다. 20년 동안 자녀를 위해서 기도했어요. 그러나 쌍둥이 낳은 것으로 한 방에 해결돼 버렸습니다. 갑부가 되었습니다. 사랑하는 아내가 있습니다. 남부럽지 않은 인생이 펼쳐져 있었습니다. 그래서 기도 줄을 놓아버린 것입니다. 그런 점에서 이 말을 따라 해주시면 좋겠습니다.

"문제없는 것이 축복이 아니다."

그렇습니다. 문제없는 것이 꼭 축복은 아닙니다. 아무래도 이삭이 기도 안 했으니 성령의 감동이 떨어지고, 성령의 감동이 떨어지니 영적으로 무뎌진 것입니다. 그리고 별미 먹는 것에나 신경 쓰다 이 사단이 난 것입니다. 만약에 이삭이 육체의 눈은 어두웠어도 영안이 밝았다면, 아내와 자식이 이삭을 속이려는 계략을 언감생심 짤 수나 있었을까요?

## 몸은 약해질지라도 영은 성숙하기를

이 시대의 그리스도인들은 두 명의 영적 거인을 볼 수 있는 축복을 하나님으로부터 받았습니다. 한 분은 빌리 그래함(Billy Graham)이요 다른 한 분은 어와나(AWANA)의 설립자인 아트 로하임(Art Roheim)입니다. 두 분은 공교롭게도 모두 1918년생입니다.

100년을 살다 가신 빌리 그래함은 평생 22억 명의 사람들에게 복음을 전한, 말 그대로 세계적인 복음 전도자입니다. 미국의 기독교인들은 빌리 그래함의 말 한마디에 자신들의 삶을 돌아보았고 그의 말에 귀를 기울였습니다. 역대 미국 대통령들은 무언가 어렵고 기준이 필요한 일이 생길 때는 빌리 그래함을 초청하거나 찾아가곤 했습니다. 그의 영적 민감함은 연로해질수록 오히려 풍성해졌습니다.

아트 로하임도 마찬가지입니다. 한국 어와나의 이사로 동역하는 저는 지난 2016년 5월 그분이 지내시는 양로원을 방문했습니다. 그때 우리 일행은 그 분이 백수를 바라보시는 초고령에도 불구하고 양로원의 모든 동료들에게 복음을 전하고자 애쓰며, 그것을 삶의 마지막 목표로 삼은 감동스러운 모습을 볼 수 있었습니다. 함께 찬송을 부르는데, 눈물을 뚝뚝 흘리시더니 찬송을 더 크게 해달라고 부탁하셨습니다. "왜 그러십니까" 하고 여쭈니, "그래야 이 양로원의 동료들이 그 찬송의 가사를 듣고 예수님을 향해 마음이 열려지지 않겠느냐"라고 말하시는 겁니다.

우리는 나이가 먹으면 먹을수록 빌리 그래함과 아트 로하임처럼 더 깊은 영성의 사람, 더 넓은 영혼의 소유자가 될까요? 아니면 이삭과 같이 무뎌지는 사람이 될까요?

나이가 들면 육신의 힘은 쇠약해집니다. 건강이 무너집니다. 모든 것이 약해집니다. 그러나 한 가지, 더 강해지고 깊어지고 풍성해질 수 있는 것이 있습니다. 바로 영적인 성숙입니다. 저는 그런 사람이 될 수 있기를 소망합니다. 여러분 역시 그렇게 되실 수 있기를 축원드립니다. 그래서 우리의 자녀들이, 또 그 자녀의 자녀들이 "우리 아버지는, 우리 어머니는, 우리 할아버지는, 우리 할머니는 우리가 영적으로 의지할 분이야. 그 분들이 우리를 위하여 기도해주시기에 우리는 정말 복된 사람들이야"라고 말할 수 있는, 그런 믿음의 사람들이 다 될 수 있기를 주님의 이름으로 축원드립니다.

# 야곱을 닮아가는 기도

말씀을 따라 사는 게 자연스럽고 순탄한 인생입니다.

말씀과 역행하면 모든 게 꼬입니다. 이렇게 기도하십시오.

"주여, 말씀 따라 살아감으로 평안 인생의 길로 나아가게 하소서."

당신은 어떤 사람을 만나고 계십니까?

믿음을 강화하고 하나님을 기쁘시게 하는 덕스러운 만남입니까?

아니면 하나님의 덕을 허물고 하나님을 슬프게 하는 만남인가요?

좋은 만남을 위해 기도하십시오.

날마다 예수님과 만나고 동행하기를 위해 기도하십시오.

이삭과 같이 갈수록 영적으로 무뎌질 것입니까?

아니면 야곱과 같이 점점 더 영적으로 성숙해질 것입니까?

"주여, 야곱과 같이 부족하고 허물 많은 저를 도우셔서,

갈수록 영적으로 성숙해지는 믿음의 사람이 되게 하소서!"

# 당신의 영적 실력은 어떻습니까?

● 창 27:41-28:9 ●

**복수심에 불타는 남자**

한 남편이 있었습니다. 아내에게 늘 잔소리를 해요. "뚱뚱하다, 하는 짓이 굼뜨다." 이런 막말도 서슴지 않고 쏟아내는 남편에게 아내는 복수의 칼날을 갈았습니다. '언젠가 갚아주리라'고 다짐했지요. 어느 날 이 남편이 무단횡단을 하다가 그만 택시에 치일 뻔했습니다. 남편도 놀랐지만, 택시기사도 깜짝 놀라 급정거를 했으니 화가 나지 않겠습니까?

"이 사람이 왜 무단횡단을 해서 나를 범법자 만들려고 하나?"

기사가 화가 나서 창문을 열고 소리를 지릅니다.

"야 이 얼빠진 놈아! 죽으려고 환장했냐? 이 멍청한 놈아!"

하여튼 '놈'자 들어가는 욕은 다 퍼붓고 가버렸습니다. 남편이 멍하니 서 있는데, 저쪽에서 그걸 보던 아내가 달려와 묻습니다.

"여보, 당신이 아는 사람이에요.?"

"아니, 알긴 뭘 알아? 몰라."

그러자 아내가 말합니다.

"그런데 어떻게 당신을 그렇게 잘 알아요?"

이 아내가 아주 깨소금 같은 복수를 한 것이죠.

이 본문에는 복수심에 불탄 한 남자가 등장합니다. 에서입니다. 팥죽 한 그릇에 장자의 권리를 동생에게 뺏겨버렸습니다. 그것만이 아닙니다. 조금 있다가 어머니와 동생 야곱이 눈먼 아버지를 속이고 자기가 받을 축복의 기도를 냉큼 빼앗아갑니다. 그때부터 복수심이 불일 듯 끓어오릅니다. 그런데 그 복수심이 너무 극단적입니다.

> 그의 아버지가 야곱에게 축복한 그 축복으로 말미암아 에서가 야곱을 미워하여 심중에 이르기를 아버지를 곡할 때가 가까웠은즉 내가 내 아우 야곱을 죽이리라 하였더니 _창 27:41

에서가 야곱을 향해 이를 갈 정도로 한이 맺혔다는 것입니다. 인간적인 시각으로 보면 이건 백 퍼센트 야곱의 잘못입니다. 야곱이 가해자이고 에서는 피해자입니다. 그러나 영적인 시각에서 보면 다릅니다. 에서의 문제가 무엇입니까? 애당초 이런 일이 왜 생겼습니까? 그 이유를 깊이 헤아려보지 않은 것이 바로 에서의 문제입니다. 예수님이 말씀하셨죠. "거룩한 것을 개에게 주지 말며 너희 진주를 돼지 앞에 던지지 말라"(마 7:6). 개와 돼지는 귀한 걸 던져줘도 귀한 줄 모릅니다. 에서가 그와 같다는 것입니다. 장자의 축복이 얼마나 대단한 것인지, 하나님이 아버지를 통해서 주시는, 가문에 흘러가는 그 축복이 얼마나 귀중한 건지를 몰랐어요. 그래서 우습게 여겼습니다. 복을 복으로 여기지 않았던 것이지요. 그러면서도 그는 익숙한 사냥꾼답게 모든 비난의 화살을 야곱에게 연방 쏘아댔던 것입니다.

만약에 에서가 '진짜 문제의 원인은 나에게 있구나'라는 걸 깨달았다면 얼마나 좋았을까요. 회개했겠죠. 하나님 앞에서 돌이켰을 겁니다. 지금까지 육체적으로, 정욕적으로 자기 멋대로 살았던 삶의 방식을 이제는 접고, 하나님께 가까이 나아가면서 그의 영혼에 새로운 지평이 열렸을 것입니다. 그러나 에서는 그저 복수심에 사로잡혀서 이 천금 같은 기회를 놓쳐버린 겁니다. 그가 자기 자신을 먼저 볼 줄 알았다면, 회개할 줄 알았다면, 오히려 야곱이 자기를 속인 것이 축복의 통로가 되었을 거예요. 그걸 놓친 것이니 얼마나 안타깝습니까?

## 상황을 통해 자신을 돌아보기

다윗을 보십시오. 아들 압살롬의 반역으로 말미암아 측근들과 왕궁에서 도망을 칩니다. 가던 길에 그 모습을 바라보던 시므이가 돌을 집어던지면서 다윗과 측근들에게 비난과 저주를 쏟아붓습니다. "피를 흘린 자여 사악한 자여 가거라 가거라"(삼하 16:7). '네가 옛날에 못된 짓 하더니 그게 다 그대로 너한테 돌아오는구나' 하는 겁니다. 그걸 보다 못한 아비새가 다윗에게 말합니다. "이 죽은 개가 어찌 내 주 왕을 저주하리이까 청하건대 내가 건너가서 그의 머리를 베게 하소서"(삼하 16:9). 하지만 다윗이 금합니다. "그가 저주하는 것은 여호와께서 그에게 다윗을 저주하라 하심이니 네가 어찌 그리하였느냐 할 자가 누구겠느냐"(삼하 16:10).

시므이가 다윗을 비난하고 저주하고 욕하는 것은 하나님이 그에게 하라고 시킨 일이라고 말합니다. 무슨 말입니까? 다윗은 시므이를 바라본 것이 아닙니다. 그는 그 순간에 과거에 자기가 밧세바와 간음했던 일의 결과로 자신의 아들이 반역을 저지른 것이고, 자기는 쫓겨나고 있다는 사실을 본 것입니다. 그 일의 결과로 시므이가 자기를 비난하고 저주하고 있다는 것, 그리고 그것이 하나님으로부터 나온 일이라는 사실을 받아들이는 겁니다. 그리고 회개하는 거예요. 아울러 '내가 앞으로는 어떻게 살아야 될까?' 하면서 하나님의 저울 앞에서 자신을 바라보는 진지한 시간을 가지고 있었던 겁니다. 하나님은 이러한 다윗을 기뻐하시고, 잃어버리고 놓쳤던 모든 것을 회복해주시는 은혜를 베풀어주십니다.

　우리가 살다 보면 괴로운 일이 많습니다. 그중에서도 가장 힘든 건 역시 사람입니다. 사람에게 억울한 일을 당할 때가 있고 배신을 당할 때도 있습니다. 주변을 맴맴 돌면서 가시처럼 콕콕 찔러대는 가시 노릇을 하는 사람입니다. 그런 사람 때문에 죽고 싶은 마음이 들 때도 있습니다. 그럴 때 에서처럼 그 사람에게 분노하고 원수 갚을 생각일랑 하지 마십시오. 그러면 영혼이 피폐해집니다. 가뜩이나 모든 것이 무너지고 힘든데 영혼마저 무너지면 방법이 없기 때문입니다. 에서의 실패를 반복해서는 안 되는 것이지요. 고린도전서 10장 6절에서 하나님은 우리에게 경고하십니다.

　　이러한 일은 우리의 본보기가 되어 우리로 하여금 그들이 악을
　　즐겨 한 것 같이 즐겨 하는 자가 되지 않게 하려 함이니 _고전 10:6

　분노하는 대신, 우리가 할 일이 무엇입니까? 다윗과 같이 먼저 그 상황을 통해서 자기 자신을 돌아보는 겁니다. 기도 가운데, '하나님께서 혹시 그 사람을 통하여, 혹은 그 일을 통하여 나에게 회개하라고 하시는 건 없는가? 혹시 이 상황 안에 주님의 말씀이 메시지로 담겨져 있는 것은 아닐까?' 하면서 돌아보는 것이죠. 그래서 회개할 것이 있으면 회개하고 돌이킬 것이 있으면 돌이키는 겁니다. 하나님의 백성다운 모습과 성품으로 조금 더 변화돼야 하는

것입니다. 그럴 때 하나님께서는 우리를 불쌍히 여기시고, 우리에게 주님의 은혜와 복을 주실 줄 믿으시기 바랍니다.

어떤 사람 때문에 억울하고 괴로웠지만, 시간이 지나고 나면 어떨까요? 그 사람이 우리에게는 진정한 하나님의 축복의 문이 열리는 기회였다는 것을 고백하게 될 것입니다. 문제를 만날 때 하나님 앞에 돌이키면, 그 문제는 우리에게 축복의 통로가 되는 것입니다.

## 말이 통해야 살지

동생을 죽이겠다는 에서의 말이 리브가에게 들어갑니다. 리브가는 부뚜막에 앉아서 세상 정보를 다 접하는 정보통입니다. 에서의 불같은 성격을 잘 아는 리브가가 야곱을 불러 말합니다.

"엄마 친정인 하란에 가면 네 외삼촌 라반이 있다. 거기에서 얼마 동안만 에서의 칼을 피해서 숨죽이고 살아라. 에서의 화가 풀리면 내가 사람 보내서 다시 불러들일게."

하란은 밧단아람 지역의 한 동네입니다. 가나안 지역에서 하란까지는 약 800킬로미터인데, 차가 없는 그 시대에는 몇 달이 걸리는 먼 거리입니다. '거기 보내면 내 아들 야곱이 안전하겠지'라고 생각했겠지요. 그리고 남편에게 말합니다.

리브가가 이삭에게 이르되 내가 헷 사람의 딸들로 말미암아 내 삶이 싫어졌거늘 야곱이 만일 이 땅의 딸들 곧 그들과 같은 헷 사람의 딸들 중에서 아내를 맞이하면 내 삶이 내게 무슨 재미가 있으리이까 _창 27:46

"신앙이라고는 조금도 없는 가나안의 두 며느리, 에서의 두 아내 같은 여인을 야곱의 아내로 맞이할 순 없어요"라고 말한 것이지요.

제가 결혼생활을 하면서 보니까, 예전에 저희 어머님께서 살아계실 때, 며느리인 제 아내와 어머니 사이가 참 좋아보였습니다. 둘이 함께 기도원을 갈 때도 재미있게 지냅니다. "이랬고저랬고, 어쩌고저쩌고" 하면서 오순도순 이야기를 나누다가 웃음보가 터지곤 했습니다. 또한 둘 다 목회자 사모가 아닙니까? 시모인 사모님이 며느리 사모에게 "교회에선 이럴 땐 이렇게, 저럴 땐 저렇게 해야 한다. 그렇게 해야 지혜로운 거다" 하고 이르시면, 제 아내는 "어머님, 알겠습니다" 하고 대답하는 모습을 볼 수 있었습니다. 신앙의 한 울타리 안에서 말이 통하니까, 늘 즐겁게 대화의 꽃을 피우는 시어머니와 며느리의 관계였습니다.

그런데 리브가는 그것이 안 되는 겁니다. 우상숭배하는 며느리들이죠. 그러다 보니 음란하고 방탕했습니다. 신앙이 다르고 도덕성이 다르니까 공통분노가 없어요. 이야기가 안 통하고 재미가 하나도 없습니다. 그 며느리들을 보면 속이 뒤집어집니다. '저 우상숭배자들을 어떻게 해야 할까? 내 아들도 우상숭배자가 되어가는 건 아닌가?' 에서를 바라보며 탄식이 쏟아져 나옵니다. 그래서 남편을 붙잡고선 "에서는 저 모양 저 꼴인데, 사랑하는 둘째 야곱마저 가나안 여자를 아내로 얻으면 나는 못 살아요. 그러니 대책을 강구하세요!" 하고 하소연한 것입니다. 그러자 이삭이 마지못해 나섭니다.

> ¹이삭이 야곱을 불러 그에게 축복하고 또 당부하여 이르되 너는 가나안 사람의 딸들 중에서 아내를 맞이하지 말고 ²일어나 밧단아람으로 가서 네 외조부 브두엘의 집에 이르러 거기서 네 외삼촌 라반의 딸 중에서 아내를 맞이하라 _창 28:1-2

보십시오. 이삭은 얼마 전까지만 해도 아들인 장남 에서를 편애했습니다. 야곱은 안중에도 없었어요. 거기다 야곱이 누굽니까? 눈먼 아버지의 뒤통수를 치면서 속이고 형 대신 몰래 축복을 받아낸 사기꾼입니다. 좀 더 강하게 말하자면, 야곱은 패륜아(悖倫兒)입니다. 그런데 이런 아들에게 축복의 기도를 해주는 이삭의 말에 악감정이 없습니다. 부드럽고 좋은 감정이 느껴지고, 아버지가 해줄 수 있는 최고의 축복입니다. 이게 어떻게 된 걸까요?

## 말년 병장의 특징

야곱에게 속아서 축복 기도를 해준 직후에, 타이밍도 절묘하게 에서가 곧이어서 별미를 만들어 들어옵니다. 야곱이 나가고 에서가 바로 들어온 겁니다. 그때 이삭이 보인 반응에서 우리는 그 해답을 얻을 수 있습니다.

> 이삭이 심히 크게 떨며 이르되 그러면 사냥한 고기를 내게 가져온 자가 누구냐 네가 오기 전에 내가 다 먹고 그를 위하여 축복하였은즉 그가 반드시 복을 받을 것이니라 _창 27:33

이삭이 와들와들 떨었다는 거예요. 이삭은 오래전부터 축복의 진정한 계승자는 둘째인 야곱이라는 사실을 알았습니다. 그럼에도 자기의 인간적인 소욕과 장남 에서를 향한 사랑 때문에 그걸 인정하지 못했던 것입니다. 그래서 자기 생각대로 에서를 축복하려고 계획을 짰지만, 이게 어찌 된 일입니까? 그냥 얽히고설켜, 방법이야 상관없이 결국 야곱이 자기의 축복 기도를 받는 결과를 바라보면서, 그는 그 속에서 역사하시고 자신의 예언을 반드시 이루시는 하나님의 경륜과 놀라운 섭리를 목도한 것입니다. 그러니 하나님에 대한 경외심에 두려워 떨 수밖에 없었던 겁니다. 그가 일단 그 체험을 하니까, 이후로는 하나님이 뜻하신 대로 야곱의 정통성을 인정하였습니다. 그리고 야곱에게 축복한 것입니다.

³전능하신 하나님이 네게 복을 주시어 네가 생육하고 번성하게 하여 네가 여러 족속을 이루게 하시고 ⁴아브라함에게 허락하신 복을 네게 주시되 너와 너와 함께 네 자손에게도 주사 하나님이 아브라함에게 주신 땅 곧 네가 거류하는 땅을 네가 차지하게 하시기를 원하노라 _창 28:3-4

그런데 이삭은 뒤늦게 왜 이런 걸까요?

군대의 말년 병장들을 보면 '저 사람은 도대체 군대에 왜 있나?' 싶은 생각이 듭니다. 군대를 다녀온 분들은 저와 비슷한 생각을 하실 것 같아요. 다 바쁜데 혼자 노란색 깔깔이를 입고 내무반에 누워 하루 종일 하는 생각이 '뭐 먹어야 되나?' 하는 겁니다. 신병이라도 들어오면 그 신병 끼고서 "귀엽다"고 장난이나 치며 시간을 보내기도 합니다. 그렇게 널럴한 병장들을 보면 군대에는 아무 쓸모없는 것 같아 보여요.

그런데 이게 웬일입니까? 부대에 갑자기 비상이 걸리면 달라지는 겁니다. 종일 눈 풀어진 채 누워 있던 병장들이 갑자기 눈이 또렷해지고, 그 순간부터 몸에 각이 딱 서게 됩니다. 반면, 하급 병사들은 정신이 없고 뭘 해야 할지 혼란스럽습니다. 하지만 병장들은 비상시에 해야 할 일이 무엇인지 정확하게 알고 있고, 하급 병사들에겐 뭘 해야 할지 지시를 탁탁 내려요. "너는 뭐 하고, 너는 여기 있고" 그러면서 막사가 돌아가기 시작합니다. 이걸 보면 대한

민국 병장은 세계 8대 불가사의 중 하나예요. 병장은 역시 병장입니다. 병장 계급장은 그냥 있는 게 아닙니다.

이삭이 바로 그와 같습니다. 한때는 영적으로 느슨해져 있었지만, 그러나 일단 비상 상황이 발생하고 주님의 뜻이 무엇인지를 파악하니까, 그의 모든 영적 시선은 오직 하나님에게만 초점을 맞추게 되었다는 것입니다. 이삭은 과연 하나님의 사람이었던 것이지요.

이런 이삭의 모습을 보면서 우리가 깨닫는 것이 있습니다. 성도의 영적 실력은 '잘못했어도 얼마나 빨리 하나님의 뜻으로 돌이키느냐'입니다. 그걸 통하여 그의 영적 수준을 알 수 있는 것입니다. 그러므로 영적 수준, 다른 말로 영적인 실력이란 이런 것입니다.

"하나님의 뜻으로 돌이키는 속도가 영적 실력이다."

## 성도의 민감성

요즘에야 측정 기계를 사용하겠지만, 과거에는 광부들이 수백 미터 지하 탄광으로 석탄이나 광물질을 캐러 내려갈 때 반드시 들고 가는 게 있었습니다. 카나리아 한 쌍이 든 새장입니다. 지하에서 작업하다가 수시로 카나리아를 보는 거예요. 카나리아가 산소와 가스에 가장 민감한 동물입니다. 카나리아가 쓰러지기라도 하면 일하던 거 다 던져버리고, 죽을둥살둥 달려서 지상으로 대피해야 합니다. 그래야만 유독가스 사고를 피할 수 있기 때문입니다.

구원받은 성도는 갱도 안의 카나리아처럼 죄라는 유독가스에 민감합니다. 성도가 믿음을 갖는 순간부터 성령께서 성도의 심령 가운데에 거하시면서, 성도는 죄에 대해 민감한 심령을 갖게 되는 것입니다. 그럼에도 불구하고 우리는 불완전한 존재요 죄성을 가진 존재이기에 또 죄를 지을 수 있고 다시 쓰러지기도 합니다. 그러나, 그럴 때마다 하나님이 깨닫게 해주시면 속히 회개의 무릎을 꿇어야 합니다. 그래서 주님 앞에 돌이키는 것이 그 사람의 영적 실력입니다.

다윗을 보십시오. 밧세바와 간음했습니다. 아이까지 낳고 평탄하게 잘살고 있었습니다. 괜찮은 줄 알았어요. 그런데 나단 선지자가 찾아와 죄를 지적합니다. 그러자 다윗은 오래 버티지 않습니다. 바로 엎드려 두 말 않고 주님 앞에 회개합니다. 시편 51편이 다윗이 그때 회개했던 시가 아닙니까? 그중에서 17절을 보십시오.

하나님께서 구하시는 제사는 상한 심령이라 하나님이여 상하고 통회하는 마음을 주께서 멸시하지 아니하시리이다 _시 51:17

"주여, 제가 잘못했습니다. 죽을죄를 지었습니다. 그러나 하나님께서 사유하심이 주께 있사오니(시 130:4) 나를 용서하시고 새롭게 하여 주시옵소서." 이렇게 하나님께 초점을 맞추어 회개하고 은혜를 구할 때, 하나님께서 이런 다윗을 사랑하신 줄 믿습니다.

훗날, 일 년쯤 지나서 솔로몬을 낳을 때 보십시오. 하나님이 솔로몬의 별명을 '여디디야'라고 붙여주십니다. '하나님의 사랑을 입은 자'라는 뜻이지요. 솔로몬의 이 별명에서 죄인이 되었던 그 아버지, 다윗을 용서하시는 하나님의 은혜가 담겨 있다는 사실을 발견할 수 있습니다. 다윗이 완전해서가 아닙니다. 다윗은 비록 죄짓고 못된 짓 하고 무너진 심령에도 불구하고, 하나님께 시선을 맞추고 주님의 뜻 가운데 나아갔습니다. 그런 그를 하나님이 용서하시고 사용해주신 것입니다.

하나님이 귀하게 쓰신 사람들은 다 마찬가지입니다. 죄 없는 사람을 사용하신 것이 아닙니다. 넘어진 사람, 죄의 고통 속에서 뒹굴던 사람이 은혜를 알기 때문에, 그 사람에게 하나님을 바라보는 마음의 갈망이 생깁니다. 하나님께서 그런 사람을 일으켜 세우시고, 회개하는 그를 다시 사용해주심을 믿으시길 바랍니다.

범죄하셨습니까? 실수하셨습니까? 쓰러지셨습니까? 마귀가 참소하면서 "너는 끝났어"라고 비웃어도 포기하지 마세요. 주님께 나아가십시오. 주님께 돌이키십시오. 그럴 때 하나님은 다시 한 번 주의 권능의 손으로 우리를 붙잡아 사용해주실 줄 믿습니다.

### 말씀의 기준이 있는가?

영국의 청교도들은 배우자를 고를 때 로맨스의 대상으로 고르지 않았습니다. 대신에 평생 철이 철을 날카롭게 하는 것과 같이 믿음의 동역자가 될 수 있는 사람을 배우자로 골랐습니다. 하물며 야곱의 아내는 어떤 여인이 되어야 할까요? 앞으로 온 열방을 복되게 할 축복의 가문을 함께 이어갈 여자가 아닙니까? 우상숭배 가운데에서 음란하고 방탕하고 도덕성이 없는 가나안 여인을 어찌 야곱의 아내로 삼을 수 있겠습니까? 그럴 순 없는 겁니다. 그래서 이삭은 야곱에게 영적으로 윤리적으로 혼탁한 가나안 땅을 떠나, 아주 멀리 떨어져 있는 밧단아람까지 가서 친족 중에서 아내를 얻으라고 말한 겁니다.

그렇지만 사실 이 야곱도 형 에서가 그리하였듯, 얼마든지 자기 눈에 예쁘고 매력적인 가나안 여인을 아내로 얻을 수 있었습니다. 그 아버지를 보세요. 이미 137세가 넘어서 눈이 다 멀어버려 아무 힘이 없습니다. 팔팔한 야곱은 그런 아버지를 얼마든지 자기 뜻대로 할 수 있었습니다. 그러나 그렇게 하지 않았습니다. 밧단아람으로 가는 거예요. 왜 그랬습니까? 그것이 하나님의 뜻임을 알기 때문입니다. 그 과정을 에서가 봅니다. 아버지가 웬일로 야곱을 축복합니다. 그리고 가나안 땅 여자 말고 밧단아람에서 아내를 취하라고 명령합니다. 28장 8절에 나오듯, 가나안 사람의 딸들, 즉 자기의 두 아내가 아버지를 기쁘게 못한다는 걸 에서가 본 것입니다. 그때 에서가 한 행동이 무엇입니까?

이에 에서가 이스마엘에게 가서 그 본처들 외에 아브라함의 아들

이스마엘의 딸이요 느바욧의 누이인 마할랏을 아내로 맞이하였
더라 _ 창 28:9

안 될 인간은 꼭 안 될 짓을 합니다. 아니, 야곱에게 축복하며 했
던 말을 들었으면 자기도 그대로 해야 할 텐데, 에서가 한다는 짓
이, 자기 할아버지인 아브라함이 하나님의 말씀대로가 아닌 인간
적인 방법으로 하갈이라는 첩을 취하여 낳았던 아들, 이스마엘의
딸을 아내로 취하더라는 것입니다.

잘 보세요. 야곱은 지금까지 보았듯 사기꾼입니다. 속이는 사람
입니다. 아마 우리가 야곱의 마음을 까뒤집어 볼 수 있다면 그 안
에 우글우글하던 욕망과 욕심과 계략과 못된 품성을 확인하면서
진저리를 쳤을 겁니다. 그럼에도 불구하고 야곱은 하나님께 순종
하는 발걸음이 있었습니다. 왜 그렇습니까? 야곱에게는 주님의
말씀이 중요한 순간에 기준이 됐기 때문입니다. 반면에 에서는 다
비슷해 보였습니다. 똑같은 부모, 똑같은 가정에서 자란 쌍둥이였
습니다. 그렇지만 말씀의 기준이 없으니 결정적인 순간에 엉뚱한
길로 나가버린 것입니다. 그러므로 이렇게 정리할 수 있습니다.

"말씀의 기준을 가졌느냐가 결정적인 순간에 우리 인생의 성패
를 좌우한다."

말씀은 헬라어로 카논(kanon)입니다. 이게 영어로 발전해서 캐
논(canon)이라는 단어가 됐습니다. 정경, 규범, 잣대, 기준이라고

하는 뜻을 가지고 있습니다. 성도는 이 말씀이 기준입니다. 말씀 기준에서 아니면 '이건 아니지' 해야 하는 것입니다.

우리가 인생을 살아가면서 얼마나 복잡다단합니까? 여러모로 기준이 혼미하고 '뭐가 맞나' 헷갈리는 순간이 얼마나 많이 다가옵니까. 세상의 기준은 들쭉날쭉해요. 이랬다저랬다 합니다. 늘 변합니다. 그렇기에 우리는 영원하신 하나님의 말씀을 기준으로 살아야 할 줄 믿습니다. 그럴 때 우리는 하나님을 기쁘시게 해드릴 수 있습니다. 하나님을 기쁘시게 해드리는 그 사람에게 신실하신 하나님은 반드시 복을 주실 것입니다.

히브리서 말씀을 읽어볼까요.

믿음이 없이는 하나님을 기쁘시게 하지 못하나니 하나님께 나아가는 자는 반드시 그가 계신 것과 또한 그가 자기를 찾는 자들에게 상 주시는 이심을 믿어야 할지니라_히 11:6

그렇습니다. 말씀을 기준으로 붙잡고, 혼탁한 시대 속에서 어찌하든지 그 말씀으로 살아가며, 하나님의 마음에 기쁨을 드리는 자에게는 주님이 반드시 상 주시고, 그 사람을 간증의 주인공으로 삼아주실 줄 믿습니다. 그렇게 멋진 인생이 될 수 있기를 주님의 이름으로 축원드립니다.

# 야곱을 닮아가는 기도

에서가 야곱에게 속임을 당했을 때, '왜 나에게 이런 일이 일어났는가?'
생각하고서 자신의 잘못을 먼저 회개하고 하나님께 나아갔더라면
그가 당한 일이 오히려 축복이 되었을 것입니다. 그런데 그걸 놓쳐버렸어요.
혹시 누군가에게 속아서 어려움을 겪고 계십니까? 복수심이나 원한의
마음을 접으십시오. 기도로 하나님께 나아가세요. 회개할 것이 있다면
회개하십시오. 그럴 때 문제는 축복의 통로가 될 것입니다.

이삭은 야곱을 축복하시는 하나님의 뜻을 깨달았을 때 즉시 자신의
인간적인 마음을 접고 주님의 뜻으로 돌이켰습니다. 그것이 이삭의 영적인
실력이었습니다. 당신의 영적 실력은 어떻습니까? 하나님의 뜻을 알면서도
여전히 내 생각과 방식대로 고집하는 부분은 없습니까?
이 부분이 정리되어야만 합니다.

야곱과 에서의 결정적인 차이는 '말씀의 기준이 있느냐 없느냐'입니다.
이것이 인생의 성패를 좌우했습니다. 우리도 들은 바 말씀의 기준대로
살아가는 성도가 되어, 하나님이 기뻐하시고 복 주시는 승리의 사람이
될 수 있도록 도와달라고, 말씀 붙잡고 기도하십시오.

# 축복의 본질을 붙잡은 사람

● 창 28:10-22 ●

### 노숙자 야곱이 복된 이유

미국의 45대 대통령 선거가 한창일 때 이야기입니다. 미국의 가치는 자유, 평등, 박애인데, 이때는 이런 정신은 온데간데없이 미국인의 기득권과 편협한 자국보호주의를 내세우고 상식 밖의 막말을 쏟아낸 후보에게 의외로 많은 미국인들, 특히 백인들이 열광했습니다. 그걸 보면서 든 생각은 '아, 이제 미국도 저물어가는구나' 하는 것이었습니다. 그때 인터넷에서 재미있는 기사를 보았습니다. 한 노숙자가 그 대선을 활용해 짭짤한(?) 수입을 올린다는 내용이었습니다. 그 방법이 뭐냐 하면, 바로 그 막말 후보를 거론하면서 구걸을 하는 겁니다. 영어로 쓴 걸 해석하면 이렇습니다.

"1달러만 주세요. 안 그러면 트럼프한테 확 투표해버릴 거예요."

아주 위트와 유머가 있는 노숙자입니다.

이 본문에도 노숙자의 이야기가 담겨 있습니다. 바로 야곱입니다. 그는 지금 800킬로미터가 넘는 먼 길을, 그것도 초행길을 가고 있습니다. 언제 어디서 강도가 튀어나올지 모릅니다. 도적떼가 목숨을 앗아갈지도 모를 위험천만한 길입니다. 팔레스타인은 낮밤의 기온 차가 40도가 넘습니다. 이게 그를 괴롭힙니다. 앞에 뭐가 있을지 아무것도 모르는, 보장되지 않은 길을 그는 걸어가고 있습니다.

3일째쯤 됐을 때 야곱은 노숙을 합니다. 집을 떠나 홀로 여행하니 외로움이 밀려왔을 겁니다. 밤엔 춥고 불안해서 깊은 잠을 못 잤을 겁니다. 추위에 덜덜 떨다가 아마도 겨우 잠이 들었겠지요. 그는 그렇게 처량한 시간을 보내고 있었습니다.

그런데 참 이상합니다. 야곱은 언약과 축복의 백성이 아닙니까? 그가 이 고달픈 잠을 자는 순간에도 언약 밖에 있는 그의 형에서는 자기 장막에서 포근한 이불을 뒤집어쓰고 따뜻하고 편안하게 잠자고 있었을 겁니다. 이것은 세상에서 우리 성도가 겪는 혼란스러운 상황을 보여주는 모습이 아닐 수 없습니다.

하나님 없는 불신자는 잘 먹고 잘삽니다. 그런데 성도는 하나님을 믿겠다고 발버둥을 침에도 불구하고 어려운 삶을 살아갑니다.

그렇지만 성경은 성도가 복되다고 말씀하십니다. 왜 그렇습니까? 계속되는 야곱의 이야기가 그 이유를 우리에게 보여줍니다.

## 사다리 꿈의 해석과 약속

노숙하던 야곱이 그 유명한 꿈을 꿉니다. 구약시대에 꿈이라는 것은 종종 하나님의 계시를 보여주는 통로였습니다. 야곱의 꿈이 바로 그랬습니다. 그 유명한 꿈의 내용이 본문 12절에 나옵니다.

> 꿈에 본즉 사닥다리가 땅 위에 서 있는데 그 꼭대기가 하늘에 닿았고 또 본즉 하나님의 사자들이 그 위에서 오르락내리락 하고
> _창 28:12

하늘과 땅을 이어주는 사다리가 놓여 있다는 것입니다. 그 위로 천사들이, 하나님의 사자가 오르락내리라 하더라는 것입니다. 이 사다리는 도대체 무엇일까요? 요한복음 1장 51절 말씀을 봅니다. "또 이르시되 진실로 진실로 너희에게 이르노니 하늘이 열리고 하나님의 사자들이 인자 위에 오르락 내리락 하는 것을 보리라 하시니라"(요 1:51).

예수님께서 1800년 전에 야곱이 꾸었던 꿈의 내용을 그대로 인용하셨습니다. 그런데 천사들이 무엇 위에 오르락내리락하는 걸 보겠다고 말씀하셨습니까? '인자 위'에. 인자는 예수 그리스도를

이야기하는 것입니다. 예수님이 하늘과 땅을 이어주는 중보자, 즉 구원의 길이라는 사실을 우리에게 말씀하신 것입니다. 그래서 요한복음 14장 6절에서도 이렇게 말씀하셨습니다. 유명한 구절이지요. "예수께서 이르시되 내가 곧 길이요 진리요 생명이니 나로 말미암지 않고는 아버지께로 올 자가 없느니라"(요 14:6).

그렇기에 야곱은 그의 꿈에서 아브라함과 이삭과 자기 자신, 즉 야곱의 혈통을 따라서 오실 메시아 예수 그리스도를 통하여 하나님 앞에 나아가는 구원의 길이 활짝 열리는 것을 본 것입니다. 그야말로 어마어마한 계시의 내용이 담긴 꿈을 꾼 것입니다.

계속해서 13절에서 14절 말씀을 보십시오.

> ¹³또 본즉 여호와께서 그 위에 서서 이르시되 나는 여호와니 너의 조부 아브라함의 하나님이요 이삭의 하나님이라 네가 누워 있는 땅을 내가 너와 네 자손에게 주리니 ¹⁴네 자손이 땅의 티끌 같이 되어 네가 서쪽과 동쪽과 북쪽과 남쪽으로 퍼져나갈지며 땅의 모든 족속이 너와 네 자손으로 말미암아 복을 받으리라 _창 28:13-14

기억나십니까? 하나님은 창세기 12장에서 아브라함을 부르셨습니다. 그러고는 "내가 너한테 지시하는 땅으로 가라"고 하시면서 먼저 땅을 약속으로 주셨습니다. 그리고 '자손이 퍼져나갈 것'이라고 자손의 약속을 주셨지요. "하늘의 별과 같고 바닷가의 모래와 같은 어마어마한 수의 자손을 주리라"고요. 그리고 마지막 언약이 무엇입니까? "너로 하여금 열방과 만민을 향한 복의 근원 되게 해주겠다"라는 것입니다. 그런데 야곱에게도 똑같은 약속을 주심을 통해서 야곱이야말로 아브라함과 이삭을 잇는, 언약과 축복의 가문의 정통성 있는 계승자임을 다시 한 번 확인해주시는 겁니다. 그리고 사다리의 해석을 통해 보았듯이, 하나님은 야곱과 그 자손으로 오실 예수 그리스도를 통하여 이스라엘뿐 아니라 열방과 민족과 족속, 모든 믿는 자에게 구원의 복을 누리게 하겠다고 약속하셨습니다. 하나님께서 야곱의 꿈에 나타나 그것을 말씀하신 것입니다.

또 한 가지는 '함께하심'과 '귀향'에 대한 약속입니다. 15절을 보십시오

> 내가 너와 함께 있어 네가 어디로 가든지 너를 지키며 너를 이끌어 이 땅으로 돌아오게 할지라 내가 네게 허락한 것을 다 이루기까지 너를 떠나지 아니하리라 하신지라 _창 28:15

하나님은 야곱이 밧단아람으로 가는 800킬로미터의 길에서, 몇 달이 걸릴 외롭고 위험천만한 그 길에서 "내가 너와 함께 해줄게. 또한 반드시 너를 다시 고향 땅 가나안으로, 아버지가 계신 이 땅으로 돌아오도록 해줄 거야"라고 분명하게 약속해 주십니다. 이

런 꿈으로 인해서 야곱은 말로 표현못할 용기와 위로를 얻었을 것입니다. 여기서 우리는 앞에서 한 질문, 즉 "왜 에서가 아니라 야곱이 복된 자인지"에 대한 답을 얻습니다.

에서는 잘 먹고 잘삽니다. 모든 게 편안합니다. 남들이 부러워할 조건이란 조건은 그 한 몸에 다 갖추고 있어요. 그러나 가장 중요한 것이 빠졌습니다. 무엇입니까? 그에게 하나님이 함께하지 않는 것입니다. 거기에다 자신의 빈곤한 영적 상태를 돌아볼 마음조차 없습니다.

가끔 산악 등반 영화를 보면 에베레스트와 같은 설산을 등반하는 원정대의 모습이 나옵니다. 높이 올라갔는데 거기에서 고립됩니다. 추위에 떱니다. 그러다 그 중 한 사람이 스르르 눈이 감기고 졸기 시작합니다. 그러면 친구가 옆에서 그를 '탁' 치면서 "자면 안 돼! 자면 죽어! 일어나야 돼!" 그렇게 계속 깨웁니다. 그러나 어느 순간이 되면 더 이상 춥지도 고통스럽지도 않습니다. 자는 것이 편안한 단계가 되는 것입니다.

과학 상식을 들춰봤더니 사람이 극심한 추위에 빠지면 몸의 신진대사 활동이 저하돼 마치 동면 상태와 비슷한 지경이 된다고 합니다. 또한 몸이 추우면 덜덜 떨지 않습니까? 왜 떠느냐 하면, 떠는 걸 통해서 우리 몸에 열을 발생시킨다는 겁니다. 그러면 에너지가 많이 소모됩니다. 에너지가 많이 소모되니 피곤해집니다. 이 두 가지로 인해 추위 속에서 잠에 빠지고 결국 동사하는 겁니다.

에서가 영적으로 바로 그런 상태입니다. 잠에 취하듯 이 땅의 것들에 취해 살다가, 그렇게 서서히 멸망해가는 것입니다.

반면에 야곱을 보십시오. 그는 노숙자입니다. 아무것도 없어요. 상거지입니다. 그러나 철저히 외롭고 고통스러운 시련의 순간에 자신을 찾아와주신 하나님을 만납니다. 그렇게 해서 그는 에서와 비교할 수 없이 복된 사람이 되는 것입니다. 에서가 축복의 현상을 붙잡은 사람이라면, 야곱은 축복의 본질을 붙잡은 사람입니다.

우리도 마찬가지입니다. 사는 게 고달픕니다. 힘듭니다. 고난이 많아요. 이상하게도 불신자는 부족한 것 없이 승승장구하는 것 같습니다. 그냥 일들이 척척 맞춰지는 것 같아요. 잘사는 것 같습니다. 그래도 성도가 복되다는 사실을 믿으시기 바랍니다. 왜요? "하나님이 계시기에!" 다 없어도 복의 근원 되시는 그분으로 말미암아 우리는 복된 사람들인 줄 믿으시기 바랍니다.

우리에게 가장 중요한 분, 야곱에게 함께하셨던 하나님이 우리와 함께하십니다. 하나님이 함께하시기에, 성도는 어떤 상황에서도 복된 존재라는 사실을 반드시 기억하십시오.

## 전환과 변화의 모티브

그런데 우리가 여기에서 생각해봐야 할 또 한 가지 중요한 사실이 있습니다.

한 곳에 이르러는 해가 진지라 거기서 유숙하려고 그 곳의 한 돌
을 가져다가 베개로 삼고 거기 누워 자더니 _창 28:11

야곱이 노숙한 곳은 그가 고르고 뽑은 곳이 아닙니다. 가다가
보니까 해가 졌어요. 그래서 거기서 그냥 노숙을 한 것입니다. 우
연히 만난 곳이에요. 그러니 그곳은 그야말로 '한 곳'입니다. 그가
돌베개 삼았던 돌 역시 많은 돌 중에 그의 목에 딱 맞는, 그냥 넓고
평평한 돌입니다. 그 돌 하나를 그가 우연히 만난 것입니다. 그래
서 '한 돌'입니다. 그 장소도 그렇고, 그 돌도 특별할 것이 아무것
도 없습니다. 그런데 야곱이 꿈에서 하나님을 만나자 그 한 곳과
한 돌에 변화가 일어납니다. 19절을 보십시오. "그곳 이름을 벧엘
이라 하였더라." 별 볼 일 없던 그 한 곳이 특별히 이름 붙인 곳, 벧
엘이 됩니다.

사사 시대를 보면 이 벧엘에서 하나님의 언약궤를 모시고 그곳
에서 하나님을 섬깁니다. 또한 사무엘 시대에는 벧엘을 성소, 즉
거룩한 장소로 삼습니다. 18절 말씀도 보십시오.

야곱이 아침에 일찍이 일어나 베개로 삼았던 돌을 가져다가 기둥
으로 세우고 그 위에 기름을 붓고 _창 28:18

그저 '한 돌'일 뿐이었습니다. 그러나 그저 베개로 삼았던 돌베

개가 하나님과 야곱 간의 언약을 보증하는 서약의 돌이요, 보증의 돌이요, 구별의 돌이요, 예배의 돌이 되더라는 것입니다. 이 전환과 변화에서 가장 중요한 모티브가 뭡니까? 하나님을 만나는 것입니다. 야곱이 하나님을 만나자 가치와 의미가 완전히 뒤바뀌는 일이 일어난 겁니다. 무가치하던 것이 가치 있는 것으로, 무의미하던 것이 유의미하던 것으로 변화되는 이 전환을 보십시오

## 가치가 임하니 가치가 있어진다

초콜릿을 좋아하세요? 저는 좋아합니다. 그런데 상상외로 비싼 초콜릿이 있습니다. 덴마크의 크닙실트(Knipschildt)라고 하는 회사에서 만든 초콜릿은 무게는 1파운드(450그램 정도)밖에 안 되지만 가격은 무려 270만 원이라고 합니다. 왜 이렇게 비싸냐 하면, 프랑스산 트러플 버섯이 들어 있기 때문입니다.

세계 3대 진미가 있지 않습니까? 첫째는 캐비어, 철갑상어 알입니다. 둘째가 푸아그라, 거위 목에 억지로 먹이를 쑤셔넣고 간을 붓게 만든 것입니다. 그리고 셋째가 땅 속의 다이아몬드라는 별명이 붙은 송로버섯, 다른 말로 트러플 버섯입니다. 크닙실트의 초콜릿은 그 송로버섯을 카카오 원액으로 감싼 고급 초콜릿입니다. 그게 그래서 비싼 겁니다.

송로버섯이 그 초콜릿 속에 있어서 그렇게까지 비싸다면, 우리는 누구입니까? 우리는 주님을 믿고 존귀하신 성령께서 우리 안

에 계시는 사람입니다. 그렇기에 우리는 무엇보다 존귀한 자요, 누구보다 가치 있는 자요, 무한한 가능성을 가졌음을 믿으시기 바랍니다. 그게 우리입니다. 과거에 내가 어떠한 삶을 살았건 어떤 실패를 했건, 얼마나 무능하고 무가치하고 패배자였든, 세상이 나를 어떻게 손가락질하건, 나 자신도 나를 바라보면 재기의 기회가 있을 수 없는 사람이라고밖에 말할 수 없는 자라 할지라도 상관없습니다. 이제 우리는 하나님이 인정하시는 새로운 피조물이 되었음을 믿으셔야 합니다. 왜요? 우리 안에 성령께서 함께하시기에, 주님이 나를 만나주셨기 때문입니다.

고린도후서 5장 17절을 봅니다. "그런즉 누구든지 그리스도 안에 있으면 새로운 피조물이라 이전 것은 지나갔으니 보라 새 것이 되었도다"(고후 5:17). 하나님 때문에 "나는 이제 새로운 피조물이야! 이전의 내가 아니야"라고 고백할 수 있습니다. 그때부터 우리는 가치 있고 의미 있는 인생을 살아갈 수 있는 것입니다. 그러므로 이제는 자신감과 자부심을 가지고 살 수 있기를 주님의 이름으로 축원드립니다. 야곱처럼 하나님을 만나고, 진정으로 새로운 가치와 의미가 부여된 인생을 살아가야 될 줄 믿습니다.

### 눈이 열리면 새로워진다

야곱은 하나님을 만났습니다. 그러자 야곱에게 새로운 영안(靈眼), 영적인 시야가 열립니다.

<sup>16</sup>야곱이 잠이 깨어 이르되 여호와께서 과연 여기 계시거늘 내가 알지 못하였도다 <sup>17</sup>이에 두려워하여 이르되 두렵도다 이 곳이여 이것은 다름 아닌 하나님의 집이요 이는 하늘의 문이로다 하고 <sup>18</sup>야곱이 아침에 일찍이 일어나 베개로 삼았던 돌을 가져다가 기둥으로 세우고 그 위에 기름을 붓고 <sup>19</sup>그 곳 이름을 벧엘이라 하였더라 이 성의 옛 이름은 루스더라 _창 28:16-19

야곱의 시대에는 가나안의 우상 종교들, 즉 이방 종교들은 지역신(teritorial gods) 개념을 가지고 있었습니다. 그 지역에 소속된 신인 것입니다. 경기도에 경기도 신이 있고 서울에 서울 신이 있고 충청도에 충청도 신이 있고 전라도에 전라도 신이 있다는 식입니다. 그래서 그 시절을 산 사람들은 지역신 개념을 벗어나지 못했습니다. 사는 곳을 옮겨 다닐 때마다 새로운 신을 받아들이고 섬겨야 했습니다.

야곱이 가나안 우상을 섬기지는 않았겠지만, 그 역시 그 시대의 사람이 아닙니까? 그도 이슬비에 옷 젖는 식으로 가나안의 문화와 관습에 영향을 받지 않았을까 싶습니다. 은연중에 하나님도 지역신 비슷한 개념으로 알고 있었을 것입니다. 그런데 그가 평생 거하던 곳을 떠나 벧엘에 왔을 때 하나님을 만납니다. 그래서 깨닫습니다. '아하, 하나님은 저쪽만이 아니라 어디나 계시는 무소부재의 하나님이시구나!' 영적 시야가 확 열린 겁니다. 그래서 그는 그곳의 이름을 벧엘, 하나님의 집이라고 붙였던 것입니다. 이렇게 야곱이 영적 시야가 열리니, 또 행한 일이 있습니다.

> ²⁰야곱이 서원하여 이르되 하나님이 나와 함께 계셔서 내가 가는 이 길에서 나를 지키시고 먹을 떡과 입을 옷을 주시어 ²¹내가 평안히 아버지 집으로 돌아가게 하시오면 여호와께서 나의 하나님이 되실 것이요 ²²내가 기둥으로 세운 이 돌이 하나님의 집이 될 것이요 하나님께서 내게 주신 모든 것에서 십분의 일을 내가 반드시 하나님께 드리겠나이다 하였더라 _창 28:20-22

첫째로 하나님을 내 하나님으로 섬기겠다, 둘째로 돌기둥을 세운 그 언약의 장소를 하나님의 집이 되게 하겠다, 셋째로 십일조를 드리겠다는 것입니다. 이 모두가 무엇입니까? 이제는 하나님 중심의 삶을 살겠다고 야곱이 서원한 것입니다.

오늘도 마찬가지입니다. 당신은 하나님을 만나셨습니까? 영적인 시야가 영원히 살아나도록 열리셨습니까? 이 세상 것이 전부가 아니라는 것을 아십니까? 그렇다면 더 지체하지 마시고 하나님 중심의 삶을 시작하시기를 주님의 이름으로 축원드립니다.

돈에 대해선 어떻습니까? 전에는 그저 잘 먹고 잘살기 위해, 나와 내 자식을 위해 돈을 버는 재미로 살았습니다. 미래를 보장해 줄 것으로 생각한 것이 돈입니다. 그러나 이제는 달라집니다. 하나님을 만나면 돈이라는 것도 하나님이 원하시고 기뻐하시는 일을 하는 도구, 주님의 선한 사업을 이루는 도구가 되는 것입니다. 건강도 그렇습니다. 예전에는 '즐겁게 살아야지. 100세 시대인데 골골하고 시름시름 앓으며 사는 건 저주야'라고 생각했어요. 건강 자체를 위해 건강을 추구하고 운동도 했습니다. 그러나 이제는 주님을 섬기기 위하여 건강해야 합니다. 그래서 운동하는 겁니다. 직장도 예전에는 그저 돈 버는 곳이니까 불만이 있어도 꾹 참고 다녔습니다. 누군가에게는 조금 고차원적으로 자아실현의 현장이었겠죠. 그러나 이제 직장은 하나님의 뜻을 이루는 장소입니다.

꿈에 하나님을 만난 야곱은 이제 하나님 중심으로 살겠다고 결단합니다. 하나님은 그와 신실하게 동행해 주십니다. 밧단아람까지 800여 킬로미터의 길을 안전하게 지켜주시고 무사히 도착하게 해주십니다. 그리고 언약을 주셨듯이, 야곱의 인생 가운데 늘 함께하셔서 그의 삶에 형통의 은혜를 공급해주십니다.

고향을 떠난 야곱처럼 고달픈 인생길을 걸어가는 우리가 아닌가요? 우리에게도 야곱에게 임한 것과 같은 은혜가 임할 줄 믿으시기 바랍니다. 아브라함의 하나님, 이삭의 하나님, 야곱의 하나님은 바로 저와 여러분의 하나님이십니다.

# 야곱을 닮아가는 기도

고향 떠나 노숙하는 야곱은 우리의 자화상입니다. 우리는 다 고달프고
외로운 인생길을 걸어가고 있습니다. 그러나 하나님이 함께하시기에
성도는 그 어떤 상황에서도 복된 존재입니다. 에서는 편안하고 안락하지만
하나님과 관계가 없었습니다. 그건 절대 축복 아닙니다. 진정한 축복은
만복의 근원 되시는 하나님께서 함께해주시는 것입니다.
이걸 놓치지 말고 살아가야 합니다.

하나님을 만나면 우리 인생의 가치와 의미가 바뀝니다. 야곱이 하나님을
만날 때 그 '한 곳'이 벧엘이 되었습니다. '한 돌'이 하나님과의 언약을
세우는 기념 기둥이 됐습니다. 실패하고 좌절을 맞본 인생입니까? 무의미한
인생이라 여기십니까? 아닙니다. 하나님을 만나면 살아갈 가치가 있는
인생이 됩니다. 새로운 피조물이 됩니다. 하나님이 도와주실 것입니다.

성도는 이제 하나님 중심의 삶을 살아야 합니다. 야곱이 하나님을 만나고
영적인 시야가 열렸을 때 그러했듯, 이제는 하나님을 위해 살아가겠노라고
결단하지 않겠습니까? "주여, 나를 만나주시옵소서. 하나님이 진정한 복의
근원 되심을 깨닫게 하시고, 내가 새로운 가치와 의미를 지니고 새로운
비전을 가진 사람인 것을 깨닫게 하소서. 그리하여 하나님 중심의 삶을
살아갈 수 있도록 도와주옵소서!"

# 누구 편에
# 서 있는가?

# 심은 대로 거두는 법칙을
# 증명하는 인생

● 창 29:15-30 ●

## 사기 결혼

결혼 2개월이 된 어떤 새색시가 인터넷에 상담을 요청하려고 올린 글의 내용입니다. 어느 날 퇴근하고 집에 가니까 그날따라 신랑이 먼저 귀가해 샤워를 하고 있더라는 겁니다. 화장실은 잠겨 있는데, 화장실 앞을 보니 새색시 눈에 무슨 털뭉치 같은 게 떨어져 있는 겁니다. 이게 뭘까 해서 집어 보니 가발이었습니다. 마음속에 불안한 느낌이 들면서 심장이 두근두근했습니다. 그때 남편이 화장실 문을 열고 나오는데, 보니까 대머리더라는 거예요. 신랑은 새색시가 문 앞에 서 있는 걸 보고 깜짝 놀라고, 새색시도 너무 놀라서 주저앉을 뻔했습니다. 충격받은 겁니다. 배신감을 느꼈습니다.

'연애할 때도, 신혼여행 가서도 말해주지 않았고, 결혼해서 2개월이 지났는데도, 그때까지 대머리라는 사실을 고백하지 않은 이 사람을 어떻게 믿을 수 있을까?'

신뢰에 타격을 받았습니다. "나는 당신과 못 살겠다"고 했더니 신랑이 새색시의 다리를 붙잡고 울면서 "용서해달라"고 사정했답니다. 그래도 용서 못하겠다고, 새색시가 "나 사기 결혼 당했다"고, 인터넷에 조언을 구한다고 글을 올린 겁니다. 그 밑에 댓글들이 달렸습니다. 댓글을 보니까 이런 말이 대부분입니다. "방송에서 보니까 그거 이혼 사유감이더라. 이혼해도 된다. 좋은 변호사 구해라." 어떤 사람은 이렇게 써놨습니다. "남자들도 아내와 결혼하고 보니 아내의 옛날 사진과 지금 얼굴이 다르더라. 그래서 이혼했다더라. 마찬가지 아니냐?" 그런 댓글 중에 감동이 되는 글이 있어서, 그 댓글을 여러분에게 소개해드립니다.

"배신감이 크겠지만 남편의 사람 됨됨이 보고 결혼한 거 아닌 가요? 용서해주시고 머리카락 심어주세요. 머리카락 자라게 하는 식품으로 식단을 꾸며서 남편이 장애를 극복하게 해주시는 게 좋을 것 같네요. 이혼을 그렇게 쉽게 결정하지 마시고 잘 고민해보세요. 단지 머리카락 숫자 모자란다고 이혼하면 그건 너무 가혹하잖아요. 남편을 봐주세요. 당신을 사랑해서 그렇게 해서라도 결혼하고 싶었던 그 남편을."

여러분께 묻습니다. 이 결혼, 정말 새색시 말대로 사기 결혼인 가요? 어떻게 생각하십니까? 그런데 성경에는 진짜로 사기 결혼을 당한 한 남자의 이야기가 등장합니다. 바로 야곱입니다. 우리가 읽은 본문이 꼭 이 사연과 비슷한 상황이라는 겁니다.

### 야곱의 뜨거운 사랑

야곱이 외삼촌 라반의 집에서 지낸 지 한 달이 지났을 때, 라반이 제안합니다. 15절을 보십시오.

> 라반이 야곱에게 이르되 네가 비록 내 생질이나 어찌 그저 내 일을 하겠느냐 네 품삯을 어떻게 할지 내게 말하라 _창 29:15

처음 한 달 동안 야곱이 얼마나 일을 잘했고 부지런하게 땀을 흘렸는지 삼촌도 알지 않았겠습니까? 더구나 삼촌과 조카 사이가 아닙니까? 야곱이 자기 집에 얹혀사는 동안, 그냥 일만 시킬 수도 있어요. 그러나 비록 조카라 할지라도 너무 일을 잘 하니까 야곱에게 품삯을 정하라고 말할 수밖에 없는 것입니다. 품삯을 정하라는 외삼촌의 말에 야곱이 대답합니다.

> 야곱이 라헬을 더 사랑하므로 대답하되 내가 외삼촌의 작은 딸 라헬을 위하여 외삼촌에게 칠 년을 섬기리이다 _창 29:18

라반에게는 딸이 둘 있었습니다. 17절을 보면 첫째 딸 레아는 시력이 약하고 라헬은 곱고 아리따웠다고 합니다. 레아의 시력이 약했다는 것은 문자 그대로 눈이 나빴다고 볼 수 있습니다. 어떤 학자들은 눈에 총기가 없었을 것이라고 말합니다. 생각해보십시오. 안경이나 렌즈가 없던 고대사회에서 시력이 약하다는 건 여자에게 약점입니다. 남편 돕고 자식들 키워야죠, 일상생활에 최선을 다해야 하는 여인이 큰 장애가 있는 겁니다.

반면에 라헬을 보십시오. 예쁩니다. 성격도 아버지의 양을 칠 정도로 활동적이고 발랄한 아가씨입니다. 이런 라헬에게 푹 빠진 야곱이 말한 겁니다.

"7년을 무보수로 삼촌을 섬기겠습니다. 나에게 아내로 주세요."

고대사회에서 아내는 노동력입니다. 빨래하지요, 양도 치지요. 자녀 키우고 가정을 돌보아야 합니다. 가문의 모든 일을 감당해야 하는 큰 노동력입니다. 그러니 아내로 데려가기 위해서는 그 집에 마땅한 지참금을 주어야 합니다. 하지만 야곱은 아무것도 없었습니다. 그래서 자기가 일을 해서 지참금을 갚겠다고 한 것입니다.

특별히 여기서 '섬기다'는 히브리어 '아바드'라는 단어에서 나왔습니다. '종'이라는 뜻이에요. 종처럼 7년을 섬기겠다는 말입니다. 그리고 7은 히브리인의 관념에서 완전수입니다. 그러므로 "종처럼 죽도록 일하겠습니다. 완전한 헌신을 삼촌에게 제공하겠습니다"라는 말입니다. 이 말을 들으니 라반은 속으로 쾌재를 불렀을 겁니다. 야곱은 일을 너무너무 잘합니다. 워낙 부지런합니다. 이런 야곱을 7년 동안 공짜로 부려먹는다니, 이걸 주판알을 튕겨보니까 어마어마하게 남는 장사입니다. 또한 '이런 녀석이라면 앞으로 내 딸 걱정 안 해도 되겠다' 싶었겠죠. '꿩 먹고 알 먹고'입니다. 그러니 냉큼 거래에 도장을 찍고자 합니다.

라반이 이르되 그를 네게 주는 것이 타인에게 주는 것보다 나으니 나와 함께 있으라 _창 29:19

그 후의 야곱의 모습이 20절에 나옵니다. 굉장히 중요한 구절입니다.

야곱이 라헬을 위하여 칠 년 동안 라반을 섬겼으나 그를 사랑하는 까닭에 칠 년을 며칠 같이 여겼더라 _창 29:20

과학자들에 의하면 남녀가 사랑에 빠지는 순간부터 화학 작용이 일어난다고 합니다. 케미(chemi)가 형성된다는 겁니다. 특별히 도파민과 노르에피네프린과 페닐에틸아민 같은 호르몬들이 나와서 사람을 화학 작용으로 감싼다고 합니다. 심장이 뛰고 얼굴이 빨개지고, 열정이 솟고 장애물도 뛰어넘습니다. 소위 콩깍지가 껴버리는 겁니다. 뭘 해도 예뻐 보이고 멋있어 보입니다. 그러나 한 2-3년쯤 지나보십시오. 그 호르몬이 이제는 바닥을 칩니다. 그 때부터는 느슨하게 되고, 감정이 식고 뜨거웠던 열정도 풀어지고, '좋은 게 좋은 거지' 하게 됩니다. 오래 사귄 연인들을 보십시오. 제3자가 곁에서 보면 참신함이 없습니다. 신선하지가 않아요. 하품을 하는데 입도 안 가립니다. 심지어 남자가 좀 급하면 앞에서 방귀도 뀝니다. 새로울 것이 없어서입니다. 결혼도 안 했는데 권태기라는 말을 해요.

그런데 야곱은 다릅니다. 라헬을 사랑하는 마음이 얼마나 강렬했던지 7년의 세월이 며칠 지나는 것과 같았다고 성경은 기록합니다. 놀랍지 않습니까? 마치 이런 겁니다. 서울에서 부산까지 가장 빠르게 가는 방법이 뭘까요. KTX입니까? 여객기입니까? 아니에요. 사랑하는 두 연인이 함께 가는 겁니다. 그러면 부산이 뭐가 멉니까? 그냥 물 건너 다른 나라까지도 가고 싶습니다. 너무너무 좋은 것이지요. 7년의 세월이 그렇게 흘렀다는 겁니다. 그렇다고 해서 그 7년 동안 야곱이 연애나 하면서 설렁설렁, 그냥 대충 일했다는 게 아닙니다. 나중에 31장 40절을 보면 야곱이 자기를 추격하여 쫓아온 라반에게 이렇게 하소연합니다.

내가 이와 같이 낮에는 더위와 밤에는 추위를 무릅쓰고 눈 붙일 겨를도 없이 지냈나이다 _창 31:40

정말 뼈 빠져라 일했다는 겁니다. 이유는 한 가지, 사랑하는 라헬을 얻기 위해서. 결혼을 앞두고 있는 청년들은 정말 이렇게 열정적인 사랑을 했으면 좋겠습니다. 배우자를 그냥 결혼 시장을 통해 어떻게 만나거나, 돈과 학벌과 조건 같은 거 따져서 맞으면 만난다 하는 거래 비슷한 것이 아니라, 정말 야곱처럼 뜨겁게 믿음 안에서 열정적으로 사랑하기 바랍니다.

라헬을 향해 순수하고 열정적으로 쏟아부은 야곱의 사랑은 얼마나 귀합니까? 라헬을 얻고자 고향 땅에, 부모에게 돌아가는 것도 포기했습니다. 스스로를 자발적 종의 상태로 묶어놓았던 겁니다. 대단한 사랑이죠. 이런 야곱을 볼 때마다 그 사랑을 받는 라헬의 심정이 어떻겠습니까? 미치는 겁니다. 다른 남자가 안 보여요. 나를 위하여 자유를 구속하고, 고향에 돌아가는 것도 포기하고 스스로 7년 동안 종노릇하고 있는 야곱입니다. "나에게 있어서 유일한 이름은 야곱이어라." 이게 시인이 아니어도 라헬의 입술에서 매일 터져나왔을 노래인 겁니다. 사랑할 수밖에 없는 것이지요. 이러한 야곱의 사랑은 훗날 그의 후손으로 오실 예수 그리스도의 사랑의 예표입니다. 빌립보서 2장 5절에서 8절을 봅니다.

⁵너희 안에 이 마음을 품으라 곧 그리스도 예수의 마음이니 ⁶그는 근본 하나님의 본체시나 하나님과 동등됨을 취할 것으로 여기지 아니하시고 ⁷오히려 자기를 비워 종의 형체를 가지사 사람들과

같이 되셨고 ⁸사람의 모양으로 나타나사 자기를 낮추시고 죽기까지 복종하셨으니 곧 십자가에 죽으심이라 _빌 2:5-8

하나님이신 예수님이십니다. 그런데 그 높고 높은 보좌를 떠나서 낮고 낮은 육신을 입고 종처럼 자신을 비하하여 세상에 오셨습니다. 또한 죄악 때문에 멸망할 수밖에 없는 우리 때문에, 스스로 십자가를 지시고 결박되사 자유를 구속하시고 대신 죽어주신 예수님의 은혜입니다.

자발적으로 종노릇하며 칠 년을 며칠처럼 여기는, 바보 같은 야곱의 사랑을 보십시오. 그 사랑 때문에 라헬이 세상에서 가장 행복하다고 고백하는 여인이 되었듯, 예수님의 끝없는 사랑, 한없는 그 사랑 때문에 오늘 저와 여러분은 세상에서 가장 복된 존재인 줄 믿으시기 바랍니다.


### 헌신할 수 있는 이유

사랑 때문에 칠년을 며칠 같이 여기며 자청해서 종노릇한 야곱을 보며, 우리는 헌신에 대한 분명한 규정을 내릴 수 있습니다. 헌신의 능력은 사랑에서 온다는 사실입니다.

우리가 교회를 섬기고 주일을 섬기고 이웃을 섬기고, 주변을 섬기고 헌신하는 것은 사실 쉽지 않습니다. 그 안에 갈등이 있습니다. '내가 이것밖에 대접을 못 받나?' 하는 섭섭함도 있을 수 있습니다. 그래서 어느 정도 적당하게 거리를 두면서 교회는 설렁설렁 다니고, 그냥 '주일 신자'로만 살면 그만이라고 생각할 수도 있습니다. 하지만 교회를 섬기고 헌신하다 보면 겪지 않아도 될 모멸감을 겪을 때가 있고, 손가락질받을 때도 있습니다. 불필요한 갈등에 휩싸일 때도 있습니다. 그럼에도 불구하고 분명한 것은, 주님을 사랑하면 그 와중에도 즐겁게 일할 수 있다는 것입니다.

혹시 당신의 헌신이 의무적인 것이 돼버렸습니까? 하기 싫은데 어쩔 수 없이 직분의 고리 때문에, 매달린 듯 일할 수밖에 없는 모습입니까? 그렇다면 십자가의 사랑을 회복하셔야 합니다. 주님이 어떤 사랑을 베풀어주셨는지 기억하고, 그 사랑으로 돌아오셔야만 합니다. 그러면 능히 기쁘게 감당할 수 있습니다.

가정에서도 마찬가지입니다. 지금 일본의 중년 부부부터 노년 부부들 사이에 이런 유행이 돌고 있습니다. 일본어로 '소츠콘'(そつこん)이라고 하는 졸혼(卒婚)입니다. 이혼은 하지 않습니다. 그러나 부부가 각자 따로 살다가 한 달에 한 번 정도 정한 날에 만나서 밥 먹고 "다음 달에 봐" 하고 빠이빠이 하는 겁니다. 이렇게 결혼 생활을 졸업하는 사람들이 늘어나고 있다는 거예요. 이게 뭡니까? 더 이상 아내에게 헌신하고 남편에게 헌신하는 것이 의미가 없습니다. 의무감뿐입니다.

'결혼 생활이 너무 힘들다, 어쩔 수 없구나.' 이런 마음이신 분 계십니까? 그렇다면 처음에 신부와 신랑이 단상에 함께 서서 주례 목사님에게 '예'라고 사랑을 고백했던 그 선언의 현장으로 다시 돌아가보십시오. '그때 내가 하나님 앞에서 이런 마음이었지,' 그러면 다시 사랑이 회복되고 가정이 회복될 줄 믿습니다.

## 어처구니없는 일의 원인

야곱의 7년이 찼습니다. 드디어 결혼식 잔치가 시작됩니다. 그런데 어처구니없는 일이 생깁니다.

> <sup>22</sup>라반이 그 곳 사람을 다 모아 잔치하고 <sup>23</sup>저녁에 그의 딸 레아를 야곱에게로 데려가매 야곱이 그에게로 들어가니라 <sup>24</sup>라반이 또 그의 여종 실바를 그의 딸 레아에게 시녀로 주었더라 <sup>25</sup>야곱이 아침에 보니 레아라 라반에게 이르되 외삼촌이 어찌하여 내게 이같이 행하셨나이까 내가 라헬을 위하여 외삼촌을 섬기지 아니하였나이까 외삼촌이 나를 속이심은 어찌됨이니이까 _창 29:22-25

제가 눈을 감고, 상상으로 이 현장에 심방을 가봤습니다. 시끌벅적한 결혼식이 막 끝났어요. 동네 사람들이 다 모이고, 풍악을 울리며 피로연이 시작됐습니다. 야곱은 사랑하는 라헬이 있는 신방으로 빨리 들어가고 싶은데, 자꾸 외삼촌 라반이 야곱의 손을 잡습니다. "이리 와 조카. 아니지, 이제는 사위야! 그러니 장인과 사위가 함께 축배의 잔을 들자꾸나" 하면서 포도주를 먹이는 겁니다. 그걸 마시고 약간 취해 있으니까, 이제는 라반의 친구들이 "나는 라반의 친구인데, 너 나하고 술 한 잔 하자" 하면서 큰 컵에 포도주를 담아옵니다. 이런 식으로 계속 마시다 보니 야곱이 신방에 들어갈 때는 인사불성이 돼버려서 주변 사람들이 부축해 들어갑니다. 까맣게 불 하나 없는 어두운 신방에 들어가 눕는 순간, 야곱은 첫날 밤이고 뭐고 할 것 없이 코를 골며 잠에 떨어졌습니다.

다음 날 아침, 해가 중천에 뜨고 머리가 지끈지끈 아픈 상황에서 야곱이 잠에서 깨었을 때 화들짝 놀랍니다. 자기 옆에 사랑하는 라헬이 아니라 첫째 레아가 있는 겁니다. 레아에게 자초지종을 들은 야곱이 화가 나서 삼촌에게 뛰어갑니다.

"아니 삼촌, 아니 장인어른, 이럴 수가 있습니까? 내가 칠 년 동안 죽어라 일한 것이 누구 때문인데, 레아가 내 옆에 누워 있는 게 말이 됩니까? 이건 사기 결혼입니다. 외삼촌이 나를 이렇게 속여도 되는 겁니까?"

라반이 누굽니까? 유들유들한 사람입니다. 그가 눈 하나 깜짝하지 않고 이렇게 말합니다.

> ²⁶라반이 이르되 언니보다 아우를 먼저 주는 것은 우리 지방에서 하지 아니하는 바이라 ²⁷이를 위하여 칠 일을 채우라 우리가 그도 네게 주리니 네가 또 나를 칠 년 동안 섬길지니라 _창 29:26-27

이런 풍습이 있다는 건 지난 7년 동안 누가 말해준 적도 들은 적도 없습니다. 한마디로 라반은 하자 많은 딸 레아를 어떻게 해서든지 믿을 만하고 성실하고 일 잘해서 밥 굶기지 않을 야곱에게 '번들'로 넘기려 했던 것입니다. 그리고 라헬과 신방을 차리려면 레아와도 의무적으로 7일간의 신방을 채우라고 요구합니다. 그러면 라헬을 주고, 이후에 7년을 또 종으로 섬겨야 한다는 겁니다.

야곱은 압니다. 지난 7년 동안 라반을 겪어봤습니다. 이 인간은 찔러도 피가 안 나는, 한마디로 사기꾼 뒤통수치는 사람입니다. 방법이 없어요. 울며 겨자 먹기로 그렇게 합니다. 레아와 더불어 7일을 채우고 드디어 라헬과 신방을 차립니다. 이렇게 해서 야곱의 14년 종살이가 계속되었던 겁니다.

삼촌에게 속아서 보낸 그 황망한 7일 동안, 과연 야곱이 무슨 생각을 했겠습니까?

'아, 내가 옛날에 눈먼 아버지에게 음식 배불리 먹이고 포도주로 거나하게 취하게 만들어 속였더니, 나 역시 음식과 포도주에 취하고 앞이 하나도 안 보이는 깜깜한 신방에서 제대로 속았구나. 또 어머니 리브가가 아버지를 속이자고 했을 때 거부하지 않고 그 말을 따랐더니, 레아 역시 자기 아버지 말을 따라 그대로 한 것이로구나. 이게 다 내 죄 때문이구나.'

자기 죄를 생각했을 겁니다. 여기서 우리는 성경의 중요한 원리를 떠올리게 됩니다. 심는 대로 거두는 법칙입니다.

스스로 속이지 말라 하나님은 업신여김을 받지 아니하시나니 사람이 무엇으로 심든지 그대로 거두리라 _갈 6:7

생각해 보십시오. 이름부터 속이는 자라고 하는 야곱이 남도 아닌 자기의 외삼촌이요 장인인 라반에게 그렇게 속을 줄 꿈에라도 생각했겠습니까? 그런데 당한 거예요.

왜 하나님은 야곱에게 하고많은 방법 중에서 자기가 썼던 방법 그대로 속게 하셨을까요? 또, 왜 하고많은 사람 중에서도 혈육에게 속게 하셨을까요? 만약에 야곱이 외삼촌 라반이 아니라 다른 사람에게 속았다면 어땠겠습니까? 야곱이 라반에게 이렇게 허를 찔리고 속지 않았다면, 그는 결코 과거에 형과 아버지를 속였던 죄를 회개할 기회를 얻지 못했을 겁니다.

야곱은 라반에게 속임당하기까지는 들판에서 자기에게 나타나 "축복하리라"고 하신 벧엘의 하나님만 알았습니다. 아브라함과 이삭과 야곱의 혈통을 따라서 온 열방을 축복하게 될 거룩한 민족 이스라엘을 세우기 위해서는 거룩한 조상이 필요하기에, 지금까지는 야곱을 성화시키고자 회개를 요청하시는 하나님을 알지 못했던 겁니다.

그러나 이제 야곱은 속고 무너지는 인생에서 돌이켜 조금씩 회개의 발걸음으로 하나님 앞에 나아가고 있습니다. 그가 성화되는 만큼, 하나님께서 이스라엘이라는 거룩한 민족을 이루는 일이 가까워지는 겁니다. 이걸 위해 야곱에게 꼭 필요한 것이 심는 대로 거두는 이 사건이었던 것입니다.

우리도 마찬가지입니다. 혹 우리가 성도답지 못한 세상적인 삶을 살고 있고, 뭔가 믿음의 길과 다른 모습으로 살아가고 있다면, 분명합니다. 하나님은 우리에게도, 회사에서, 가정에서, 그리고 모든 인간관계에서 '우리의 라반'을 붙여주실 겁니다. 그래서 우리를 훈련시키려 하실 겁니다. 그 목적은 한 가지입니다. 우리를 회개로 이끌어 거룩한 성도가 되게 하고자 하심입니다. 그러므로 억울하게 여기지 마십시오. 라반 같은 그 사람은 우리를 훈련시켜 변화시키려 하는 하나님의 도구요 손길인 것입니다.

그러므로 라반 같은 사람을 내 인생에서 없애는 유일한 비결은 한 가지입니다. 내가 하나님의 사람답게 변화되는 겁니다. 그러면 하나님이 그 사람을 내 인생에서 치워주시든지, 아니면 그 사람이 문제가 되지 않도록 느끼게 해주실 겁니다. 이제는 내가 그 사람을 넉넉히 품을 수 있도록 넓혀 주실 것입니다. 따라서 문제는 내가 변화되는 겁니다.

야곱 역시 "외삼촌이 나를 속이심이 어찌 됨이니까?"라고 하는 항변이 아니라 "하나님, 그렇습니다. 내가 바로 야곱입니다. 내가 속이는 자요 악한 자요 죄인입니다. 그럼에도 불구하고 하나님께서 나를 이렇게 살살 다뤄주시니 감사합니다. 제가 회개하겠습니다"라고 말해야 했습니다. 이것이 신앙의 사람의 모습입니다.

## 심은 대로 거두는 법칙의 희망

한편, 심는 대로 거두는 법칙은 우리에게 희망을 안겨줍니다.

2016년에 국제올림픽위원회가 러시아의 조직적인 약물 사용을 검사했습니다. 그리고 그 선수들을 처리했습니다. 그 결과 놀라운 일이 일어났잖아요. 2008년 베이징 올림픽에서 4위를 했던 역도의 임정화 선수는 러시아 선수가 메달을 박탈당하면서 3위로 올라서서 9년 만에 동메달을 받았습니다. 2012년 런던에서 8위를 했던 역도의 김민재 선수는 은메달을 땄습니다. 런던 올림픽에서 4위를 했던 역도의 장미란 선수는 동메달리스트가 되었습니다. 정직한 땀방울은 기쁨의 열매를 가져오게 하시는 것이 하나님의 법칙임을 믿으시기 바랍니다.

이런 말이 있습니다. "하나님의 연자맷돌은 천천히 돌지만 아주 부드럽게 갈아버린다."

우리는 '하나님이 과연 역사하시는가, 하나님이 정말 계신가? 하나님이 정말 정의의 하나님이시라면 왜 놔두시는가?' 하는 의문을 가지지만, 아닙니다. 때가 되면 하나님께서 심은 대로 거두는 법칙을 행하십니다. 우리에게도 마찬가지입니다.

이는 우리가 다 반드시 그리스도의 심판대 앞에 나타나게 되어 각각 선악간에 그 몸으로 행한 것을 따라 받으려 함이라 _고후 5:10

이 말씀과 같이 우리가 살아생전에 어려움과 고난과 눈물이 있어도 주님을 사랑하고 주님과 교회를 위하여 충성하고 헌신하며, 믿음을 지키고 말씀 따라 행하며, 가난하고 힘든 이웃에게 손을 뻗어 베풀고 구제하면, 하나님은 말로 못할 하늘의 상급과 축복을 우리에게 반드시, 심은 대로 거두도록 베풀어주실 것입니다. 또한 "내가 어려서부터 늙기까지 의인이 버림을 당하거나 그의 자손이 걸식함을 보지 못하였도다"라고 한 시편 37편 25절 말씀과 같이, 하나님은 당대뿐 아니라 그 자손에 이르기까지 은혜와 축복으로 갚아주시는 줄 믿으시기 바랍니다.

야곱은 바로 우리 자신입니다. 그렇게 야곱의 일생 가운데 나타나는 하나님은 우리 삶에서도 나타나실 겁니다. 그의 손길을 내밀어 우리를 다듬어가시는 하나님 앞에 순종과 감사함으로 나아갈 수 있기를 주님의 이름으로 축원드립니다.

# 야곱을 닮아가는 기도

야곱이 사랑에 빠졌습니다. 그 사랑 때문에 고향도 잊고 삶의 유불리도
따지지 않고, 7년 동안 자신을 스스로 종노릇에 묶었습니다. 사랑 때문에
위대한 헌신을 한 모습입니다. 이런 야곱의 모습은 우리를 사랑하사 스스로
종의 모습으로 낮아지신 예수님의 예표입니다.
"주여, 나도 한없는 사랑을 베푸신 주님을 사랑하게 하시고,
주님을 위하여, 몸 된 교회를 위하여, 가정을 위하여,
그리고 이웃을 위하여 헌신하는 자가 되게 하여 주시옵소서!"

속이는 자 야곱이 속임수의 달인인 외삼촌 라반에게 당합니다. 심은 대로
거두는 것입니다. 그러므로 이렇게 기도하십시오.
"하나님, 이제 나도 성도답게 살겠습니다. 힘들고 어려워도 말씀 따라
믿음으로 살겠습니다. 도와주시옵소서. 선의 열매를 맺게 하시고,
나뿐 아니라 내 자녀에게도 주님의 은혜가 임하게 하는 축복의 통로로서
나를 세워 주옵소서. 하나님의 심은 대로 거두는 법칙을 믿음으로
증명해드리는 간증의 주인공이 되게 해주옵소서!"

# 결핍인생을 채우는 하나님 중심성

● 창 29:31-30:8 ●

### 결혼한 남자의 로망

찰리 채플린은 아마도 역사상 가장 유명한 코미디언일 것입니다. 작은 콧수염을 달고서 머리에는 중절모를 쓰고, 꼭 끼는 웃옷과 헐렁한 바지차림으로 지팡이를 돌리며 보여주는 우스꽝스러운 몸짓과 표정에 전 세계가 배꼽을 잡았습니다. 그렇게 해서 세상을 웃게 만든 채플린의 명언이 있습니다.

"인생은 멀리서 보면 희극이지만 가까이서 보면 비극이다."

그렇습니다. 누군가는 너무 행복해 보입니다. 아무 문제 없어 보입니다. 그러나 모든 인생에는 눈물과 한숨이 있고 아픔이 깃들어 있습니다. 성경에 나오는 야곱의 가정 역시 그러합니다. 부지런하고 능력 있는 남편, 그리고 두 아내 레아와 라헬이 있습니다. 겉으로는 남부러울 것 없어 보입니다. 그러나 안으로 들어가 보면 이 가정은 문제투성이입니다. 먼저 레아를 보십시오.

> 여호와께서 레아가 사랑 받지 못함을 보시고 그의 태를 여셨으나 라헬은 자녀가 없었더라 _창 29:31

결혼한 남자들에게는 로망이 있습니다. 그것은 자기를 쏙 빼닮은 아들과 함께 목욕탕에 가는 것입니다. 아들이 아빠 등을 밀어 준다고 하면서 고사리 같은 손으로 문지르는 것이 너무너무 좋은 겁니다. 딸이야 가만히만 있어도 예쁘지만, 아들은 그런 재미가 또 있습니다. 좌우간 가부장적인 고대 사회는 아들을 더 귀하게 여겼을 것입니다. 그렇기 때문에 레아는 '아들을 낳아주면 냉담한 내 남편이 나를 사랑해주지 않을까?' 생각했습니다.

> 레아가 임신하여 아들을 낳고 그 이름을 르우벤이라 하여 이르되 여호와께서 나의 괴로움을 돌보셨으니 이제는 내 남편이 나를 사랑하리로다 하였더라 _창 29:32

하지만 애당초 야곱은 레아에게 마음이 없었습니다. 앞에서 살펴본 것과 같이, 야곱이 아침에 신방에서 눈을 떴을 때 라헬이 아닌 레아가 있는 걸 보고 화를 냈습니다. 아들 하나가 아니라 여섯을 낳아줘도 레아를 향한 야곱의 마음을 열지는 못했습니다. 이 다음 구절을 보면 레아의 비참한 마음을 알 수 있습니다.

> 그가 다시 임신하여 아들을 낳고 이르되 여호와께서 내가 사랑 받지 못함을 들으셨으므로 내게 이 아들도 주셨도다 하고 그의 이름을 시므온이라 하였으며 _창 29:33

레아에게는 사랑의 결핍이 그 인생에 있었습니다. 반면에 동생 라헬은 어떻습니까? 야곱의 사랑을 듬뿍 받았습니다. 심지어 야곱은 라헬을 얻기 위해 7년 동안 스스로를 종살이에 던져 놓았습니다. 그만큼 열렬히 라헬을 사랑했지요. 언니 레아가 그렇게도 간구하던 것을 라헬은 너무나 손쉽게 얻을 수 있었습니다. 야곱의 '라헬 사랑'은 레아에게는 너무나도 편파적이고 불공평한 것이었습니다. 하지만 동생 라헬에게도 큰 결핍이 있었습니다. 그것은 반대로 자식이 없는 것이었습니다. 29장 31절을 다시 보십시오.

> 여호와께서 레아가 사랑 받지 못함을 보시고 그의 태를 여셨으나 라헬은 자녀가 없었더라 _창 29:31

그래서 30장 1절을 보면 라헬이 자식을 얼마나 갈망했는지 읽을 수 있습니다.

> 라헬이 자기가 야곱에게서 아들을 낳지 못함을 보고 그의 언니를
> 시기하여 야곱에게 이르되 내게 자식을 낳게 하라 그렇지 아니하
> 면 내가 죽겠노라 _창 30:1

이처럼 레아는 레아대로 라헬은 라헬대로, 다들 결핍이 있었던 것입니다. 우리도 마찬가지입니다. 사람은 나름대로 결핍이 있습니다. 어떤 분은 가정이 행복합니다. 자녀들 속 안 썩입니다. 문제는 돈이 없습니다. 물질의 결핍입니다. 건강이 무너져서 고통받는 분도 계십니다. 레아처럼 사랑이 너무나 갈급한 사람이 있을지 모릅니다. 화목하고 따뜻한 가정이 부러운 분도 계실 것입니다.

청년들은 어떻습니까? 일은 하고 싶은데 취업을 못합니다. 앞날에 대한 꿈과 비전 없이 하루하루 무기력하게 살아가기도 합니다. 그 외에도 여러 결핍의 모습이 우리 주변에 있습니다. 중요한 것은, 바로 이런 결핍의 문제에 직면했을 때 어떤 태도와 방법을 취하느냐 하는 것입니다. 이것이 바로 신자와 불신자를 나누는 것입니다.

신자는 결핍 인생의 해결책을 하나님께 둡니다. 그러나 불신자는 결핍을 사람을 통해서나 인간적인 방법으로 어떻게든 해결해보려고 몸부림을 칩니다.

레아와 라헬를 보세요. 결핍에 직면했을 때 서로 아옹다옹합니다. 개와 고양이 같습니다. 물고 뜯고 흘기고 끌어내리고, 친자매가 천하의 원수가 됐습니다. 그러니 가정이 평안할 수가 없습니다. 평지풍파가 일어나는 겁니다. 야곱이 죽을 지경입니다. 밖에서 하루 종일 일하고 들어와도 집에서는 쉼이 없습니다.

그럼에도 불구하고 레아와 라헬의 말을 가만히 살펴보면 그들 안에 하나님이 있습니다. 그래서 하나님께 기도합니다. 우선 레아의 말을 보십시오.

> [32]레아가 임신하여 아들을 낳고 그 이름을 르우벤이라 하여 이르되 여호와께서 나의 괴로움을 돌보셨으니 이제는 내 남편이 나를 사랑하리로다 하였더라 [33]그가 다시 임신하여 아들을 낳고 이르되 여호와께서 내가 사랑 받지 못함을 들으셨으므로 내게 이 아들도 주셨도다 하고 그의 이름을 시므온이라 하였으며 … 그가 또 임신하여 아들을 낳고 이르되 내가 이제는 여호와를 찬송하리로다 하고 _창 29:32-33,35

레아는 여호와께서 주셨다고 해서 아들 이름을 '시므온'이라고 했습니다. 그리고 또 아들을 낳으면서 여호와를 찬송합니다. 라헬도 마찬가지입니다.

라헬이 이르되 하나님이 내 억울함을 푸시려고 내 호소를 들으사 내게 아들을 주셨다 하고 이로 말미암아 그의 이름을 단이라 하였으며 _창 30:6

그들은 하나님 앞에 호소했습니다. 오랜 기간 아들을 달라고 간절히 기도한 것입니다. 이것은 마치 오뚝이가 이리저리 넘어져도 결국에는 다시 균형을 잡고 일어나 바로 서는 것처럼, 그들에게는 '하나님 중심성'이 있었다는 뜻입니다.

야곱도 그렇지 않습니까? 얼마나 야비한 인간입니까? 그가 형에서와 눈 먼 아버지 이삭에게 했던 일들을 생각해보세요. 어떻게 그렇게 혈육을 속이고 축복을 가로챌 수 있습니까? 야곱을 생각하면 '하나님이 어떻게 저런 인간을 귀하게 쓸 수 있었을까' 싶습니다. 그러나 야곱과 에서의 차이가 무엇입니까. 바로 '하나님 중심성'입니다. 반면에 에서를 보십시오. 단 한 번도 에서의 말과 생각과 행동에는 하나님이 없습니다. 하나님을 의식하는 흔적도 없습니다. 반면에 야곱은 야비합니다. 못됐습니다. 그런데 어느 순간이 되면 하나님 앞에 돌아옵니다. 이게 차이입니다.

## 두 종류의 죄인

살아보니까 인간이 어떻던가요. 어차피 오십보백보 아니던가요? 그게 그겁니다. 의인은 없나니 하나도 없습니다. 세상에는 두 종류의 죄인이 있습니다. 들통난 죄인과 들통 안 난 죄인. 우린 다 아직 들통 안 난 죄인입니다. 우리를 털고 두들기면 결국 먼지만 쌓일 겁니다. 여기 목사로 서 있는 저 역시도 까뒤집어서 털고 털면 아마 먼지가 수북할 거예요. 예수님께서 죄 없는 자가 돌로 치라 하면 우리도 슬금슬금 다 사라져버릴 겁니다.

하지만 중요한 건 무엇입니까? 하나님 중심성이 있느냐 없느냐, 이 차이입니다. 이 차이가 우리의 운명을 좌우하는 것입니다. 이것이 야곱의 인생이고 레아와 라헬의 모습입니다. 그들에게는 하나님께 돌아가는 하나님 중심성이 있었습니다.

그렇다면 하나님이 우리에게 기대하시는 것이 무엇일까요? 완전무결, 무결점일까요? 아닙니다. 하나님은 우리에게 하나님 중심성을 가지고서 넘어진 그 자리에서, 눈물 흘린 그 자리에서, 실수한 그 자리에서, 죄를 범한 그 자리에서 다시 하나님 앞에 나아가기를 바라시는 줄 믿습니다.

아이를 키워보셨습니까? 집에 어린아이가 있는데, 너무 일찍 애늙은이가 돼버렸다면 어떻겠습니까? 아이가 너무 어른스러워 실수도 하지 않고 결점이 없다면 진짜 징그러울 겁니다. 사랑하기 정말 어려울 거예요. 이런 아이에겐 부모도 별 필요없을 겁니다.

하나님은 우리가 불완전하고 좌충우돌하면서도 하나님 중심성을 가지고 살아갈 때 우리를 용납해주시고 인도해주실 줄 믿습니다. 우리의 아버지이시기 때문입니다. 그래서 우리는 하나님을 부를 때 '하나님'이라고만 부르는 것이 아니라 '하나님 아버지'라고 부르는 것입니다. 이렇게 불러보시겠습니까? "하나님 아버지, 하나님 아버지, 하나님 아버지." 그러니 아버지이신 하나님 앞에서 완전무결하려고 애쓰지 마세요. 되지도 않고, 할 수도 없고, 해서도 안 됩니다. 그렇게 하려고 몸부림친다면 우린 율법주의자가 될 것이요, 비교의식에 사로잡힐 것이요, 외식하는 죄를 또 범할 수밖에 없을 겁니다. 대신에 하나님 아버지 앞에 자녀로서, 하나님께 철석 붙어 있기를 주의 이름으로 축원드립니다.

## 인생의 흉터가 별이 되는 법

저는 제 아내와 그 형제들을 볼 때마다 기분이 좋습니다. 아내의 남매는 1남 3녀예요. 딸이 세 명이라는 게 뭘 의미하는 겁니까? 쉽지 않은 겁니다. 우선 경쟁이 있지 않겠습니까? 시기 질투도 있을 수 있겠지요. 은연중에 남편들에 대해서, 자식들에 대해서, '공부를 누가 더 잘하느냐, 누가 돈을 더 많이 벌어오느냐' 하면서 배앓이를 할 수도 있을 것입니다. 그런데 제 아내의 남매 사이가 너무 좋습니다. 늘 서로 돕고 위하고, 또 때가 되면 함께 부모님 모시고 여행을 다녀오기도 합니다. 그럴 때면 저는 독수공방하며 집에서 계란 프라이 부쳐 먹습니다.

아마도 야곱이라는 남자가 레아와 라헬의 인생에 들어오지 않았다면 훨씬 사이가 좋았을 겁니다. 그런데 하필이면 못된 아버지

라반이 야곱을 속이고 이 두 자매를 동시에 아내로 주었습니다. 그때부터 이 두 여인은 각각의 결핍 때문에 서로 원망하며 평생 경쟁하는 불행한 인생을 살게 된 것입니다.

라헬은 자식을 낳지 못하자 그 결핍을 채우기 위해 아주 특별한 방법을 동원합니다. 성경을 보면 기가 막힙니다. 자기의 여종 빌하를 남편에게 줘서 아기를 낳게 하고, 그 아기를 자기 품에 안습니다. 과거에 우리나라에도 있었던 대리모, 씨받이 제도를 활용한 것입니다. 그리고 이렇게 말합니다.

> 라헬이 이르되 내가 언니와 크게 경쟁하여 이겼다 하고 그의 이름을 납달리라 하였더라 _창 30:8

이 모습을 본 언니 레아도 자극을 받습니다. 이미 여섯 아들을 낳았지만 출산 기능이 멈춰버린 상태였기 때문에, 역시 자기의 몸종인 실바를 야곱에게 주고 그 또한 아기를 안습니다. 이게 말이 됩니까? 이 가정이 어떤 가정입니까? 아브라함과 이삭과 야곱 3대를 통하여 이스라엘 민족이 이루어지고, 여기서 훗날 다윗이 나오고 메시아 예수 그리스도가 나올 고귀한 혈통입니다. 그런데 엉망진창이 됐습니다. 얼마나 비극입니까? 이 비극이 그들의 인생에 지울 수 없는 흉터(스카: scar)가 됩니다.

그런데 놀라운 것은 하나님이 이러한 두 자매의 인생에 개입하신 겁니다. 그리고 이들의 출산 경쟁을 통해 태어난 열두 아들을 통해서 결국 이스라엘 민족을 형성하는 열두 지파를 세우는 주님의 놀랍고 위대한 섭리를 이루시는 것입니다. 하나님은 레아와 라헬의 인생의 '스카(흉터)'를 변화시켜서 '스타(별)'처럼 빛나는 훈장으로 바꿔주셨습니다.

우리 인생도 마찬가지입니다. 문제와 아픔이 있습니다. 갈등과 괴로움이 있습니다. 우리는 이런 걸 직면하면 못 살겠다 합니다. 죽겠다고 그래요. 그러나 한번 정직하게 생각해보십시오. 정말 이런 문제가 하나도 없으면 살기가 너무너무 좋을까요? 그렇지 않습니다. 예를 들어 무균실에서 아기를 키우면 좋을까요? 균 하나 없이 모든 걸 공급하고, 완전히 밀폐되고 100퍼센트 정화된 공기만 넣어주는 방에서 살면 걱정이 없을까요? 절대 그렇지 않습니다. 초등학생까지라면 몰라도(그래도 안 되지만) 적어도 이 아이가 중학생이 되고 고등학생이 됐을 때는 세상에 내보내야죠. 보호하기만 하면 아이는 무방비 상태가 되는 겁니다.

반면에 그냥 놀이터에서 땅강아지 되도록 흙 묻히면서 뒹굴고 어린이집 가서는 친구한테 감기도 옮아 "콜록 콜록" 하면서, 엄마한테 안겨 울면서 밤새 자지러지듯이 땡깡 부리고 엄마 아빠 애태우는 과정을 통하여 면역체계가 강해지는 겁니다. 나중에 보면 이런 아이가 더 건강합니다.

문제 하나 없는 인생이 좋을까요? 아닙니다. 오히려 문제와 어려움을 통해서 인격이 성장합니다. 나 혼자 사는 것이 아니라는 것을 깨닫습니다. 주변의 사람들과 더불어 사는 법을 배웁니다. 무엇보다도 내 힘으로 안 되는 문제들을 직면할 때, 전능하신 하나님께 도움을 구하며, 부르짖어 기도하는 법을 배우는 것입니다. 그러면 주님께서 그 문제들을 통하여 합력하여 선을 이루실 것입니다. 이걸 통해서 우리는 하나님의 능력과 역사와 은혜와 사랑과 자비를 뼈저리게 체험하면서 신앙이 성숙해집니다. 그렇기에 시련을 통과해본 적이 없는 사람의 신앙은 믿을 수 없습니다. 언제 어떻게 뒤집어질지 몰라요.

인생에 문제와 혼란과 갈등과 어려움이 있다고 해서 놀라거나 좌절하거나 낙심하지 마십시오. 오히려 하나님께서는 그걸 재료 삼으셔서 우리의 인생 가운데 주님의 위대한 뜻을 얼마든지 이루어 나가실 수 있는 것입니다.

하나님께서 저와 여러분을 위해 가장 좋은 것을 허락해주실 것을 믿으시기 바랍니다. 그렇다면 걱정할 필요가 없습니다. 절망하고 낙심할 필요가 없습니다. 대신에 우리가 해야 하는 일은 하나님을 굳게 신뢰하는 것입니다. 하나님을 의지하는 것입니다. 하나님을 구하고 찾아야 할 것입니다. 그러면 하나님께서 반드시 역사해주실 것입니다.

# 야곱을 닮아가는 기도

인생을 살다보면 나름의 결핍 상황을 직면합니다. 돈과 건강을 잃고, 취업과 결혼을 못하고, 꿈과 비전이 없을 수도 있지요. 그럴 때 우리는 사람을 의지하며 인간적인 수단과 방법에 손을 내밀기 쉽습니다. 하지만 야곱의 가정은 우리에게 하나님 중심성을 가르쳐주고 있습니다. 인간적인 방법과 사람을 의지하지 말고 하나님께 돌아가라는 것입니다. 그러면 하나님께서는 그 결핍을 통하여 우리를 간증의 주인공이 되도록 변화시켜 주실 것입니다.

이삭과 레아와 라헬은 결핍을 채우고자 온갖 방법을 다 썼습니다. 하지만 결국 그들은 하나님께 돌아가는 모습을 보여줍니다. 그럴 때 하나님은 그들의 인생에 개입하셨습니다. 언니와 동생의 고통스러운 경쟁으로 태어난 열두 아들을 열두 지파의 조상들로 만드는 놀라운 역사를 이루셨습니다.

하나님은 우리 인생의 스카(scar), 흉터를 변화시켜 스타(star), 별과 같은 훈장으로 만들어주시는 분입니다. 이 하나님이 바로 저와 여러분의 하나님 되심을 믿으시기 바랍니다. 이렇게 기도하십시오.
"주여, 나의 결핍을 주님이 아십니다. 채워주시옵소서. 내 인간적인 뜻과 생각을 내려놓고 주님 앞에 맡기오니, 주님이 역사하여 주시옵소서. 나의 결핍이 변화되어 주님의 능력을 드러낼 수 있는 통로가 되게 해주옵소서."

# 인생이 흔들릴 때 붙잡을 기준

● 창 31:1-20 ●

### 인생에 지각변동이 일어날 때

야곱은 참 대단한 사람입니다. 두 아내를 위해 라반에게 14년 동안 무급으로 일합니다. 기간이 끝나자 임금 협상을 합니다. '앞으로 얼마를 받을 것이냐' 하는 것입니다. 그 협상 이후 6년 동안 야곱은 어마어마한 갑부가 됩니다. 하지만 현실로만 보면 재산을 모을 형편이 아니었습니다. 7절을 보십시오.

> 그대들의 아버지가 나를 속여 품삯을 열 번이나 변경하였느니라
>
> 그러나 하나님이 그를 막으사 나를 해치지 못하게 하셨으며
>
> _창 31:7

"그대들의 아버지, 즉 라반이 이랬다저랬다 하면서 나를 속여 품삯을 열 번이나 변경했다"고 아내들에게 이르는 겁니다. 10이라는 숫자는 유대인들에게는 문자적인 10이 아닙니다. 만수(滿數)입니다. 라반이 품삯을 안 주고 깎았던 것처럼, 약속을 어기기가 부지기수(不知其數)였다는 것입니다. 그럼에도 불구하고 하나님이 은혜로 복을 주셔서 야곱은 거부가 될 수 있었습니다.

저는 여러분에게도 누가 어떻게 방해하든지, 환경이 얼마나 열악하든지 상관없이, 우리 하나님의 은혜로 말미암아 열어주시는 은혜, 되게 하시는 역사가 임하기를 축원드립니다. 하나님이 열어주시면 닫을 사람이 없고, 하나님이 닫아버리시면 열 사람이 없습니다. 야곱이 그걸 경험한 것입니다. 거부가 됐습니다. 그러니 다 좋아할까요? 아닙니다. 상대적으로 배 아픈 사람이 있습니다. 사촌이 땅을 사면 배가 아프다는 말 그대로 야곱의 사촌, 즉 라반의 아들들이 배가 아픈 겁니다.

> 야곱이 라반의 아들들이 하는 말을 들은즉 야곱이 우리 아버지의 소유를 다 빼앗고 우리 아버지의 소유로 말미암아 이 모든 재물을 모았다 하는지라 _창 31:1

불만이 꽉 차서 표출하는 겁니다. 상황이 이러니 라반은 또 어떻겠습니까? 그 또한 욕심 많고 비인간적인 사람이 아닙니까. 어찌하든지 야곱을 그냥 부려 먹으려고 14년을 이리 굴리고 저리 굴리고 했던 사람입니다. 그러니 거부가 된 야곱을 쳐다보는 라반의 눈빛에 냉기가 감돌고 말 한마디 하는 것이 곱지 않습니다. 못 견디겠다는 눈빛과 마음의 상태가 그대로 묻어나왔습니다.

> 야곱이 라반의 안색을 본 즉 자기에게 대하여 전과 같지 아니하더라 _창 31:2

야곱이 눈칫밥 20년입니다. 그걸 모를 리 없죠. '아 이제는 내가 어떻게 해야 하는가? 하나님, 이런 상황이라면 도대체 어떻게 해야 되겠습니까?' 기도했겠지요. 그때 하나님이 말씀하십니다.

> 여호와께서 야곱에게 이르시되 네 조상의 땅 네 족속에게로 돌아가라 내가 너와 함께 있으리라 하신지라 _창 31:3

사실 야곱은 지난 20년간 하란의 생활에 뿌리 박혀 익숙해져 있는 사람입니다. 돈 잘 벌겠다, 게다가 모든 면에서 보장된 동네 아닙니까? 그래서 만약에 어떤 외부적인 충격이 꽝 하고 야곱의 삶에 부딪혀 오지 않는 한 떠날 상황이 아닙니다. 고향 땅에 계신 어머니 리브가로부터 "아들아, 이제는 돌아와도 돼. 형 분노 풀렸어" 하는 소식이 20년 지나도 오지 않았습니다. 그러니 계속해서 하란에 몸담고 살았을 겁니다. 그러나 이제 모든 것이 달라집니다. 라반의 태도가 달라지고 라반의 아들들 또한 불만을 표출합니다. '내가 여기 있다가는 잘못하다가 무슨 일 당할지 모르겠다' 생각하니 근심이 생깁니다. 그러던 차에 하나님께서 "너의 고향 땅으로 돌아가라"고 하신 말씀은 익숙한 하란 땅에서 잘 나가던 야곱의 삶을 흔듭니다. 이러한 지각 변동은 그를 약속의 땅 가나안으로 돌아가게 하려고 하신 하나님의 총체적인 섭리였습니다.

그의 할아버지인 아브라함도 비슷한 일을 경험했습니다. 똑같은 하란 땅이었습니다. 갈대아 우르에서 하란 땅으로 이주하여 아버지 데라와 함께 살고 있던 아브라함은 모든 것이 좋았습니다. 그런데 아버지가 죽습니다. 그것을 계기로 하나님이 나타나셔서 약속을 주시고 가나안으로 가라고 하십니다. 아마도 데라가 죽지 않았다면 아브라함은 하란을 떠날 생각조차 하지 않았을 거예요.

이스라엘 백성도 마찬가지입니다. 430년간 애굽 생활을 하면서 애굽의 풍요로움과 문명사회 속에 몸담고 있으니 너무 익숙하고 편한 겁니다. 떠나기가 싫어요. 하지만 요셉을 기억하지 못하는 새로운 왕이 일어나서 요셉이 이스라엘 사람들을 위하여 만들어 놓았던 울타리를 다 흔드는 지각 변동이 일어납니다. 그 결과 약속의 땅 가나안을 향한 출애굽의 역사가 시작됐던 것입니다.

우리의 인생에도 지각 변동이 일어날 때가 있습니다. 멀쩡했어요. 그러나 어느 날 건강이 무너져 내립니다. 사업이 어려워집니다. 직장에서 어쩔 수 없이 나와야 하는 일이 생깁니다. 자녀에게 문제가 생깁니다. 이런저런 문제와 어려움이 삶을 완전히 흔들어 버립니다. 그럴 때 우리는 혼란에 빠집니다. '하나님이 나를 버리셨는가?' 하면서 하나님에 대한 의구심이 듭니다. '나는 어떻게 해야 되나? 이런 일이 왜 나에게 일어나나?' 하며 좌절합니다.

인생을 흔드는 지각 변동이 꼭 나쁜 것일까요? 그렇지 않습니다. 야곱을 생각해보십시오. 익숙하다고, 편안하다고, 돈 잘 번다고 하란에 계속 살았더라면 아브라함과 이삭을 거쳐서 야곱으로 이어지는, 약속의 땅 가나안을 주겠다고 하신 하나님의 언약은 막혀버렸을 겁니다. 또한 그렇다면, 훗날 가나안에 몰아닥치는 흉년을 피해서 요셉이 있는 애굽으로 내려가는 일도 막혀버립니다. 나아가 애굽이라는 최상의 조건에서 430년 동안 거대한 민족이 되는 일도 막혀버릴 겁니다. 결과적으로 야곱이 하란에 계속 거주한다면 아브라함에게 주셨던 언약 "너와 네 후손으로 하여금 모든 민족의 복의 근원 되게 하겠다"는 약속까지 막혀버리는 것입니다.

그런데 하란에서의 삶에 큰 문제가 찾아옵니다. 더 버틸 수가 없습니다. 결국 하나님의 말씀대로 고향 땅 가나안을 향해 나아갑니다. 그리고 그 순간 아브라함과 이삭과 야곱 그리고 이스라엘을 위해 예비하신 하나님의 놀라운 역사가, 가나안을 향한 야곱의 작은 발자국을 통하여 새롭게 시작되는 것입니다.

혹여나 지금 '내가 계획한 인생'이라는 판을 흔드는 지각 변동이 여러분의 삶에 일어나고 있습니까? 그것이 그동안 우리에게 익숙하던 삶에서 벗어나 우리를 변화시키려 하시는 하나님의 섭리의 손길이심을 믿으시기 바랍니다. 그러므로 흔들릴 때 기도로 주님 앞에 나아가야 합니다. 이렇게 기도하십시오.

"주님, 내게 과연 무엇을 원하십니까? 이제 하나님이 예비하신 어떠한 가나안으로 나를 이끌어가기를 원하십니까? 주님이 원하시는 나의 가나안은 과연 무엇입니까? 깨닫게 하여주시옵소서!"

한 가지 분명한 것은, 익숙한 것을 떠나기란 쉽지 않다는 것입니다. 어렵습니다. 두렵습니다. 혼란이 올 수 있습니다. 그러나 결국에는 우리를 복되게 하시려는 하나님 아버지의 섭리가 그 안에 있음을 믿어야 합니다. 예레미야서 29장 11절에서 하나님이 바로 그 약속을 주시는 것이 아닙니까?

> 여호와의 말씀이니라 너희를 향한 나의 생각을 내가 아나니 평안이요 재앙이 아니니라 너희에게 미래와 희망을 주는 것이니라
>
> _렘 29:11

기억하십시오. 인생의 지각 변동을 통해서 하나님은 우리를 축복의 가나안으로 이끌어 가십니다. 우리가 기도로 하나님 앞에 나아가고 말씀 가운데 순종하면, 주님은 우리를 하란과 비교할 수 없는 축복의 가나안으로 이끌어 가실 줄 믿으시기 바랍니다.

## 야곱의 이상한 요구

두 아내 레아와 라헬을 위한 14년의 무급 노동이 끝날 때 야곱은 라반과 임금 협상을 합니다. 라반이 예상했을 겁니다. '이놈이 과연 뭘 요구할까? 요걸 요구하면 요거로 딱 끊어버리고, 저걸 요구하면 저걸로 되받아쳐야지.' 이 라반, 하여튼 대단한 사람 아닙니까? 그렇게 잔머리를 굴리고 있는데, 야곱이 라반에게 뒤통수를 치는 요구를 합니다.

"양과 염소 중에 점박이, 얼룩빼기, 검은 것 같은 혼합된 것들을 다 가려서 외삼촌이 데려가세요. 저에게는 외삼촌의 양떼와 염소 중에서 완전히 순수한 순백의 양떼와 염소떼만 남겨두십시오. 그 중에서 만약에 하얀 녀석들이 교미해서 태어나는 새끼 중에 점박이와 얼룩빼기와 검은 것이 태어나면, 그걸 저에게 주십시오."

라반이 쾌재를 불렀겠지요. '이게 웬 떡이냐! 아니, 흰 놈들을 교배시키면 당연히 흰 놈이 나지, 거기서 무슨 얼룩빼기, 점박이, 검은 놈이 날 턱이 있는가?'

야곱의 마음이 혹시나 바뀔까 싶어 "오케이" 하고 도장을 딱 찍어버립니다. 그런데 그때부터 야곱이 이상한 행동을 합니다.

[37]야곱이 버드나무와 살구나무와 신풍나무의 푸른 가지를 가져다가 그것들의 껍질을 벗겨 흰 무늬를 내고 [38]그 껍질 벗긴 가지를 양 떼가 와서 먹는 개천의 물 구유에 세워 양 떼를 향하게 하매 그

떼가 물을 먹으러 올 때에 새끼를 배니 ³⁹가지 앞에서 새끼를 배므로 얼룩얼룩한 것과 점이 있고 아롱진 것을 낳은지라 _창 30:37-39

양들은 물 먹는 곳에서 교미를 합니다. 야곱이 그곳에 칼로 껍데기를 부분적으로 벗겨 흰 무늬를 내서 알록달록해진 가지들을 세워놓았다는 것입니다. 그랬더니 그 알록달록한 나뭇가지 앞에서 교미하는 양과 염소들이 새끼를 낳는데, 하나같이 점박이요 얼룩빼기요 까만 녀석들이 나오더라는 겁니다.

야곱이 한 행동을 보면 이게 무슨 주술적 행위같이 생각될 수 있습니다. 또는 "간절히 바라면 이루어진다"는 말처럼 '간절함의 결과가 아닐까'라는 생각이 들 수도 있습니다.

사실 양이라는 동물은 굉장히 예민합니다. 스트레스를 조금만 세게 받으면 죽어버립니다. 그만큼 상황의 영향을 받습니다. 그러니 양들에게 얼룩덜룩한 껍질을 벗겨 놓은 가지를 보여주면 흰 놈에게서도 얼룩빼기 새끼가 나온다는 건 목자로서 야곱의 노하우 같기도 합니다. 그러나 야곱이 아내들에게 앞서 한 말에서 정확한 이유가 설명돼 있습니다.

¹⁰그 양 떼가 새끼 밸 때에 내가 꿈에 눈을 들어 보니 양 떼를 탄 숫양은 다 얼룩무늬 있는 것과 점 있는 것과 아롱진 것이었더라 ¹¹꿈에 하나님의 사자가 내게 말씀하시기를 야곱아 하기로 내가 대답

하기를 여기 있나이다 하매 <sup>12</sup>이르시되 네 눈을 들어 보라 양 떼를 탄 숫양은 다 얼룩무늬 있는 것, 점 있는 것과 아롱진 것이니라 라반이 네게 행한 모든 것을 내가 보았노라 _창 31:10-12

야곱이 꿈에 하나님이 보여주신 것을 듣고 보았다는 겁니다. 교미하는 숫놈이 현실에서는 흰색이었습니다. 그러나 하나님은 그 숫놈을 흰색이 아니라 점박이, 얼룩빼기, 까만색으로 보여주심으로 추후에 태어날 새끼들이 다 그런 종류가 될 것임을 미리 알려주신 겁니다. 그래서 야곱이 그 하나님의 말씀을 따라서 교미하는 장소에 알록달록하게 껍질을 깐 나뭇가지를 세운 겁니다. 이처럼 야곱의 행동은 하나님의 말씀을 따라, 말씀에 근거한 믿음과 소망의 행동이었던 것입니다. 야곱의 행동을 우리의 생활에 어떻게 적용할 수 있겠습니까?

### 말씀을 따라 내려놓은 사람

국민일보에 감동을 주는 기사가 하나 실렸습니다. 문화방송에서 하는 '복면 가왕'이라는 음악 프로그램을 아실 것입니다. 연예인이 가면을 쓰고 나와서 노래를 하는 겁니다. 그런데 누군지 몰라요. 가수인지 뮤지컬 배우인지 영화배우인지 아무도 모르는 겁니다. 노래하는 걸 들으면서 알아 맞춰야 하는 프로그램이지요.

2015년 설날 특집으로 첫 번째 방송을 시작했는데, 그때 최초로 가면을 만든 분은 김유안 씨라고 합니다. 이분은 지금은 패션 업체를 운영하고 있지만, 원래는 오승환, 이특, 김수로, 붐, 크라운 제이, 조세호 등 유명 연예인들의 스타일 디렉터로 일하던 분입니다. 이분이 지인이던 붐의 소개로 첫 번째 복면가왕 프로그램에 가면 제작을 의뢰받았습니다. 그런데 너무 막막하더라는 거예요. 이게 만들기가 어렵기 때문입니다. 썼을 때 누군지 눈치채게 해선 안 됩니다. 썼다가 벗을 때 화장이 묻어나면 안 되고 헤어스타일도 건드려지면 안 됩니다. 노래할 때도 역시 불편이 전혀 없어야만 합니다. 너무 어렵고 힘들어서 포기해버릴까, 고민이 많았다고 합니다. 그러던 어느 날, 이분이 주일 예배를 드리는 중에 그 가면의 디자인과 소재가 떠올랐다고 합니다. 성령께서 아이디어를 주신 것이지요. 그리고 복면가왕 프로그램이 시작되면서 매주 세상에 없던 가면을 만들었고, 엄청난 인기 프로그램이 되었습니다.

그런데 김유안 씨는 가면 만드는 일을 7회까지만 하고 그만두었습니다. 8회째를 준비할 때, 방송국에서 뱀파이어(흡혈귀) 가면을 만들어 달라고 요청했기 때문입니다. 요구하는 대로 만들어주고 그것을 자기가 만든 것으로 발표하면 돈도 계속 벌고 유명세도 얻고 사업도 확장될 수 있지만, '이 가면을 만드는 아이디어를 하나님이 주신 건데 예수 믿는 내가 흡혈귀 가면을 만들어야 되겠는가? 나는 손해가 있어도 그런 거 못 만든다. 내 신앙이 그것을 허락하지 않는다'라고 생각했습니다. '하나를 받아들이면 물꼬가 터지기에, 이후 사업이나 인간관계에서 신앙적이지 않은 것들도 계속해서 받아들이게 될 것'을 우려했기 때문이라고 합니다.

저는 이 기사를 읽고서 같은 그리스도인으로서 정말 자랑스러웠습니다. 이 시간에, 비록 그 분한테 들리지는 않겠지만 박수로 격려해 주시면 좋겠어요. 하나님께서 그 분에게 복을 주시기를!

우리 교회 안에도 이런 멋진 그리스도인들이 많이 나오기 바랍니다. 비록 손해를 보게 될 걸 안다 할지라도 신앙을 지키고 하나님 앞에 믿음으로 서고, 어찌하든지 하나님을 기쁘시게 하는 마음을 가지고 앞을 향하여 달려나갈 수 있는 굳건한 믿음의 사람들이 우후죽순 일어나기를 주의 이름으로 축원드립니다.

성도는 사업을 하든 직장생활을 하든 자녀를 양육하든, 교회에서 어떤 사역과 봉사를 하든, 중요한 것은 내 생각과 나의 경험이 아니라 하나님의 말씀을 따라, 즉 모든 일에서 말씀을 근거로 행동하고 생활하는 것입니다. 야곱이 아내들에게 설명한 것처럼, 우리 역시 인생을 왜 이렇게 살아왔는지, 어느 시점에 왜 그렇게 행동했고 왜 그런 선택을 했는지 설명할 수 있어야 합니다. 하나님의 말씀이 이러이러하기에 그렇게 행동했고 선택했고 살아왔다고 말입니다. 그럴 때라야 신앙 기준에 비추어 후회 없고 부끄럽지 않은 인생, 나아가 하나님께서 기뻐하시고 전폭적으로 지지해 주시는 복된 인생을 살 수 있을 것입니다.

# 야곱을 닮아가는 기도

내가 하는 행동이 하나님의 기준, 즉 하나님의 말씀에 근거한 것입니까?
"주여, 하나님의 말씀에 근거한 인생을 살게 하옵소서!"

야곱이 자기의 뜻과 생각이 아니라 하나님의 말씀에 근거해 행동했을 때,
하나님은 전적인 은혜를 베풀어주셔서 흰양과 흰 염소의 새끼가 얼룩과
점박이가 되게 하셨습니다. 불가능한 일인데, 하나님이 가능하게 하신
것입니다. 이 시대를 살아가고 있는 우리도 하나님의 말씀에 근거한 삶을
살아갈 때, 하나님은 우리에게도 은혜를 베풀어 주시고 그분의 놀라운
축복을 통해 우리에게 전폭적인 지지를 해주실 줄 믿습니다.

하나님께서는 야곱에게 인생의 지각 변동을 통하여 익숙한 하란을 떠나게
하시고 그를 축복의 가난으로 이끄셨습니다.
"우리에게도 인생의 지각 변동이 일어난다면, 익숙한 내 삶의 하란이
아닌 하나님이 이끄기 원하시는 그곳, 가나안을 향하여 나아갈 수 있게
하여주옵소서."

# 하나님이 내 편이 되는 인생

● 창 31:21-42 ●

### 도망가는 사람

목사님께서 길을 가시다가 어느 집 현관 앞에 서 있는 어린아이를 보았습니다. 이 아이가 초인종을 누르기 위해 손을 뻗고 있어요. 그러나 키가 너무 작습니다. 아무리 발돋움을 해도 벨이 눌러지지 않는 겁니다. 보다 못한 목사님께서 다가가 아이를 안아서 들어주었습니다. 아이가 초인종을 누릅니다. 아이를 내려놓고 목사님이 인자한 미소로 묻습니다.

"꼬마 신사, 이제 또 뭘 해드릴까요?"

그러자 아이가 다급한 목소리로 말했습니다.

"우리 이제 빨리 도망가야 해요!"

본문에 진짜 도망가야 하는 사람이 나옵니다. 야곱입니다. 그저 그런 도망이 아니라 생사가 걸려 있는 도망입니다. 자기를 죽이려는 외삼촌 라반을 떠나서 고향 가나안으로 가는 것입니다. 자기 한 몸 고향으로 가는 것이면 누가 뭐라고 하겠습니까? 자유죠. 그러나 야곱이 레아와 라헬은 물론이고 가축까지 이끌고 고향으로 갔다는 소식을 라반이 들으면 무슨 핑계를 대서라도 해코지할 것이 분명합니다. 나중에 야곱이 말했듯이, 레아와 라헬을 억지로 뺏어가려 할지도 모르는 일입니다.

야곱이 도망갔다는 소식이 3일 만에 라반의 귀에 들어갑니다. 야곱이 양을 치던 곳으로 황급히 달려가 보니 가족과 전 재산을 챙겨갔습니다. 거기다 라반이 섬기던 가정의 신 드라빔이 사라졌습니다. 사실은 라헬이 훔쳐간 겁니다. 야곱은 꿈에도 알지 못하는 일이지요. 그런데 이게 큰일입니다.

그 당시에 드라빔을 가지고 있다는 것은 그 가문의 상속자요 가장 많은 권리를 가지고 있다는 것을 의미합니다. 유교 가정에서 장남이 제사를 모시는 것과 같습니다. 제사 모시는 장남이 집에서 최고인 겁니다. 라헬은 아마도 아버지가 돌아가실 때 그 드라빔을 내놓으면서 일가에게 유산 상속을 주장하려고 했던 것 같습니다. 어쨌거나 라반이 분노하게 됩니다. 그래서 야곱을 치려고 합니다. 당장 친척들을 긁어 모았습니다.

라반이 그의 형제를 거느리고 칠 일 길을 쫓아가 길르앗 산에서 그에게 이르렀더니 _창 31:23

하란에서 길르앗 산까지의 거리는 무려 약 480킬로미터입니다. 지금처럼 자동차가 있는 것도 아닙니다. 낙타를 타고 갑니다. 낮에는 불볕더위, 밤에는 영하로 떨어지는 사막을 낙타를 타고 7일 만에 주파했다는 건 엄청난 일입니다. 하루에 무려 70킬로미터 정도를 전력을 다해 달린 것입니다. 라반이 야곱에 대해 얼마나 분노하고 적개심이 끓어올랐는지 알 수 있는 대목입니다. 그런데 야곱을 따라잡은 그 밤에 하나님이 라반의 꿈에 나타나십니다.

밤에 하나님이 아람 사람 라반에게 현몽하여 이르시되 너는 삼가 야곱에게 선악간에 말하지 말라 하셨더라 _창 31:24

한마디로 야곱에게 시시비비 가리지 말아라, 야곱의 털끝 하나 건드릴 생각은 하지도 말라고 말씀하신 겁니다. 이 말씀이 야곱을 살립니다. 29절에서 라반이 야곱에게 한 말을 보십시오.

너를 해할 만한 능력이 내 손에 있으나 너희 아버지의 하나님이 어제 밤에 내게 말씀하시기를 너는 삼가 야곱에게 선악간에 말하지 말라 하셨느니라 _창 31:29

그러니까 실제로 라반은 야곱을 죽이려는 마음을 품었다는 것입니다. 하지만 야곱의 하나님 때문에 포기해야 했습니다. 왜 하나님이 라반에게 현몽하시면서까지, 야곱을 울타리로 두르듯이 지키고 보호해 주셨습니까? 그동안 야곱에게 저지른 라반의 악행을 하나님이 낱낱이 보셨기 때문입니다.

> 이르시되 네 눈을 들어 보라 양 떼를 탄 숫양은 다 얼룩무늬 있는 것, 점 있는 것과 아롱진 것이니라 라반이 네게 행한 모든 것을 내가 보았노라 _창 31:12

"내가 다 보았노라. 그러니까 라반 네가 뭘 잘한 게 있다고 야곱에게 시시비비를 가리려고 하느냐?" 이 말씀인 겁니다.

하나님은 지금도 우리의 일거수일투족을 불꽃 같은 눈으로 바라보고 계시는 주님이심을 믿으시기 바랍니다. 세상 사람은 모를 수 있습니다. 심지어 부모도 형제자매도 모를 수 있고, 함께 살아가고 있는 남편과 아내도 모를 수 있습니다. 그러나 우리의 깊은 마음에 있는 한숨과 한탄과 감추어진 비밀마저도 하나님은 이미 보고 계신다는 사실을 기억하기 바랍니다.

### 진짜 이유는 따로 있다

하나님께서 야곱을 보호하신 더 근본적인 이유가 있습니다. 바로

20년 전에 야곱이 형 에서를 피해 밧단아람으로 도피하던 중에 벧엘의 들판에서 하나님이 야곱과 맺으신 소위 벧엘 언약 때문입니다. 꿈에 야곱에게 나타나셔서 "네게 가나안 땅을 주겠다. 셀 수 없이 많은 자손도 주겠다. 너와 네 자손으로 열방의 복의 근원이 되게 해주겠다"라고 말씀하셨습니다. 나아가 "네가 어디로 가든지 내가 지켜줄 거야. 너를 떠나지 않을 거야. 무사히 고향에 돌아오게 해줄게"라는 약속까지 주셨습니다. 바로 이 벧엘 언약 때문에 하나님은 야곱을 보호하셨고 그의 편이 되어주셨던 것입니다.

우리가 하나님의 사랑을 이야기할 때 이 세상에서 그 사랑을 가장 닮은 것이 무엇일까요? 부모님의 사랑입니다. 세상 모두가 자식에게 돌을 던지고 욕을 해도 부모는 그 모든 비난의 화살, 그리고 모든 욕의 돌팔매를 자기 몸으로 맞으면서까지 자녀를 보호하고 자녀의 편이 되어주는 것입니다. 이게 부모 아닙니까.

오래전에 보았던 '공공의 적'이라고 하는 영화가 생각납니다. 폐륜 아들이 돈 때문에 부모를 살해합니다. 아들의 칼에 찔린 어머니가 숨이 넘어가면서도, 아들이 칼을 휘두를 때 실수로 잘린 아들의 손톱을 삼켜버립니다. 나중에 경찰이 현장을 조사할 때 아들의 손톱을 발견한다면 '우리 아들이 살인범으로 들켜서 죄를 받겠지?'라고 생각하고, 그걸 모면케 해주려고 아들의 손톱을 먹어버린 겁니다. 이게 부모의 마음이라는 겁니다.

그런데 아무리 이해한다 해도, 요즘 엄마들 중에 진짜 극성인 분들이 있습니다. 소위 '헬리콥터맘'이라는 어머니들입니다. 자식 주위를 헬리콥터 타고 도는 것처럼 맴맴 돌면서 간섭하고 보호하려 합니다. 이제는 헬리콥터맘 때문에 군대 간부들까지 어려워하는 경우가 있습니다. 이런 엄마들이 수시로 이런 문자를 보내기 때문입니다. "우리 아들 사진 좀 보내주세요. 건강한지 봐야 되겠습니다. 오늘 점심이 뭐였습니까? 우리 아들 감기 걸렸어요. 오늘 야간 경계근무 빼주세요." 이게 말이 되나요? 심지어 행군을 따라가서 치킨 돌리는 엄마도 있었다는 겁니다. 간부들이 하도 시달리니까 이런 하소연까지 합니다. "군대가 국방 유치원이 돼 버렸습니다."

어쨌든 자식 생각하는 부모 마음은 정말 각별하지 않습니까? 자녀 걱정 안 하는 부모가 어디 있겠습니까? '자식이 왕따는 당하지 않을까? 지금 죽으려는 마음을 품고 있는 건 아닐까? 무슨 문제가 있는 건 아닐까? 잘 지내고는 있을까? 이 녀석 성격이 유약한데 앞으로 잘 살아갈 수 있을까?' 생각하면 할수록 걱정거리가 태산입니다. 그러나 부모님들은 그럴 때 이렇게 외치셔야 합니다. "하나님이 우리 아들과 우리 딸의 편인 줄 믿습니다. 책임져주시고 함께해 주실 줄 믿습니다!" 찬송가 406장 아시지요?

주의 영원하신 팔 함께 하사 항상 나를 붙드시니
어느 곳에 가든지 요동하지 않음은 주의 팔을 의지함이라

할렐루야! 그렇습니다. 우리의 연약한 팔이 아닌 전능하신 하나님의 오른팔이 우리의 자녀를 붙잡아 주시고 편을 들어주시고, 지켜주시고 인도해주실 줄 믿습니다. 그렇다면 그 자녀가 폐륜아는 되지 않을 것이고, 엄마가 헬리콥터가 될 필요도 없을 것입니다.

### 하나님이 우리 편이시면

야곱은 부족한 점이 너무 많은 사람입니다. 그는 사기꾼이요 속이는 자요 교활한 사람입니다. 그럼에도 불구하고 하나님께서는 야곱을 사랑하셨고 또 언약을 맺으셨습니다. 그렇기에 꿈에서 라반을 꾸짖으면서까지 야곱을 지키시고 보호하려 하셨고 야곱의 편이 되어 주셨던 것입니다. 성도의 가장 큰 특권인 '하나님이 내 편 되어주시는 것', 야곱이 바로 이것을 체험한 것입니다.

우리 역시 마찬가지입니다. 하나님은 예수님의 십자가 사건을 통해서 우리를 구원하셨습니다. 언약의 백성이 되도록 은혜를 베풀어주셨습니다. 그러나 그보다 더 나아가십니다.

영접하는 자 곧 그 이름을 믿는 자들에게는 하나님의 자녀가 되는 권세를 주셨으니 _요 1:12

하나님은 아예 우리를 그분의 자녀로 삼아주셨습니다. 그리고 영원히 함께 있을 것이라고 약속하셨습니다.

내가 너희에게 분부한 모든 것을 가르쳐 지키게 하라 볼지어다 내가 세상 끝날까지 너희와 항상 함께 있으리라 하시니라 _마 28:20

우리가 돌아가야 할 저 하늘의 가나안, 즉 영원한 천국에 이르는 모든 과정까지 하나님이 보호하시고 우리 편이 되어주십니다. 그러니 두려워할 필요가 없습니다. 경제가 암울하고 사업이 흔들리고 건강이 무너지는 등 여러 가지 인생의 문제가 삶에 찾아올 때 이렇게 외치셔야 합니다. "걱정과 근심과 두려움아 물러가라!" 왜요? "하나님이 내 편이시다!" 이 고백이 우리 입술에서 터져나올 수 있기를 바랍니다.

라반은 하나님의 명령이 두렵습니다. 야곱에게 감히 해코지하지 못합니다. 그래도 체면은 있습니다. 어쨌든 7일 길을 쫓아왔잖아요. 야곱을 책망하려고 합니다.

이제 네가 네 아버지 집을 사모하여 돌아가려는 것은 옳거니와 어찌 내 신을 도둑질하였느냐 _창 31:30

함무라비 법전을 보면 고대 사회에서 다른 사람의 신을 도둑질한다는 것은 사형감입니다. 고대 중근동 문화에는 이러한 정서와 관습법이 깔려 있는 겁니다. 야곱이 바로 그걸 답으로 말합니다.

외삼촌의 신을 누구에게서 찾든지 그는 살지 못할 것이요 우리 형
제들 앞에서 무엇이든지 외삼촌의 것이 발견되거든 외삼촌에게
로 가져가소서 하니 야곱은 라헬이 그것을 도둑질한 줄을 알지 못
함이었더라 _창 31:32

야곱이 남편으로서 아내를 잘 몰라요.

어느 영국 남자가 하나님 앞에 간절히 기도를 하더랍니다. "하
나님, 영국에서 프랑스까지 하늘에 다리를 놓아주시면 좋겠습니
다. 그러나 저도 알아요. 그거 불가능하다는 걸요. 그러니까 가능
한 것 좀 해주세요. 제 아내의 마음을 제가 도무지 모르겠습니다.
제 아내 마음을 알 수 있는 능력을 주세요."

그러자 하나님께서 말씀하십니다. "야! 나도 여자 마음을 모르
는데 네 아내 마음을 어떻게 알겠느냐?" 그러고는 영국에서 프랑
스까지 다리를 놓아주셨다는 겁니다.

야곱이 20년을 같이 살을 부비며 살았습니다. 그러나 자기 아내
라헬의 꿍꿍이를 모르는 겁니다.

야곱의 말에 라반은 야곱의 소유물을 샅샅이 뒤지기 시작합니
다. 하지만 야곱의 장막, 레아의 장막, 두 여종의 장막을 다 뒤져도
드라빔이 나오지 않습니다. 마지막 남은 라헬의 장막에 들어갔지
만, 꾀가 많은 라헬에게 속아서 빈손으로 나오지요.

이제는 야곱이 역으로 호통을 칩니다. 그동안에 쌓였던 것, 억

울했던 것, 분통이 터졌던 것들을 조목조목 쏟아냅니다. 그리고 마지막으로 하나님의 이야기를 합니다.

> 우리 아버지의 하나님, 아브라함의 하나님 곧 이삭이 경외하는 이가 나와 함께 계시지 아니하셨더라면 외삼촌께서 이제 나를 빈손으로 돌려보내셨으리이다마는 하나님이 내 고난과 내 손의 수고를 보시고 어제 밤에 외삼촌을 책망하셨나이다 _창 31:42

라반도 사람입니다. 자기가 잘못했다는 거 다 알고 있습니다. 하나님이 야곱과 함께하시고 자신을 책망하시는 것이 두려운 것입니다.

### 화해와 평화가 임한 이유

라반이 그곳에 돌무더기로 기둥을 세우고 야곱과 평화 조약을 맺습니다.

> 54야곱이 또 산에서 제사를 드리고 형제들을 불러 떡을 먹이니 그들이 떡을 먹고 산에서 밤을 지내고 55라반이 아침에 일찍이 일어나 손자들과 딸들에게 입맞추며 그들에게 축복하고 떠나 고향으로 돌아갔더라 _창 31:54-55

누구보다도 살가워야 될 외삼촌과 조카가 아닙니까. "삼촌" 하면 "오냐" 이러면서 분위기 좋아야 함에도 불구하고, 라반과 야곱은 20년 동안 애증의 관계였습니다. 먹고 먹히는 관계, 속고 속이는 관계였습니다. 마지막에는 죽여버리겠다고 쫓아왔습니다. 그런 그들 사이에 마침내 그 무엇도 흔들 수 없는 평화가 임한 것입니다. 원인이 무엇입니까. 바로 "가나안으로 돌아가라"고 말씀하신 하나님의 명령에 야곱이 순종했기 때문입니다 그 순간, 야곱의 꼬였던 인생이 풀리기 시작하였습니다.

사람의 행위가 여호와를 기쁘시게 하면 그 사람의 원수라도 그와 더불어 화목하게 하시느니라 _잠 16:7

이 말씀이 야곱의 삶에 그대로 이루어진 것입니다. 그뿐 아닙니다. 야곱의 두 아내 레아와 라헬을 보세요. 두 사람은 자매입니다. 아빠 라반 슬하에서 소꿉놀이하면서 행복하게 살아왔습니다. 그런데 어느 날 둘이 동시에 야곱의 아내가 된 이후 그 사랑을 독차지하기 위해 개와 고양이처럼 으르렁댔습니다. 지난 20년간 그들은 원수지간이었습니다. 출산 경쟁까지 했습니다. 덕분에 집안에 평안이라고는 찾아볼 수 없었습니다. 그러나 야곱이 평생 처음으로 하나님의 말씀에 순종하여 가나안으로 돌아가겠다고 선언할 때, 레아와 라헬 역시 20년의 케케묵은 갈등과 경쟁이 사라지고 처음으로 하나가 됩니다.

> <sup>14</sup>라헬과 레아가 그에게 대답하여 이르되 우리가 우리 아버지 집
> 에서 무슨 분깃이나 유산이 있으리요 <sup>15</sup>아버지가 우리를 팔고 우
> 리의 돈을 다 먹어버렸으니 아버지가 우리를 외국인처럼 여기는
> 것이 아닌가 <sup>16</sup>하나님이 우리 아버지에게서 취하여 가신 재물은
> 우리와 우리 자식의 것이니 이제 하나님이 당신에게 이르신 일을
> 다 준행하라 _창 31:14-16

라반과의 평화, 그리고 야곱의 가정에 임한 평화, 이 모든 일의
원인이 야곱의 순종입니다. 이처럼 순종은 인생에 막힌 것을 푸는
열쇠라는 사실을 믿으시기 바랍니다.

### 세상에서 가장 복된 인생의 비결

다윗을 보십시오. 40일 내내 이스라엘을 욕하고 하나님의 이름을
땅바닥에 떨어뜨리는 거인 골리앗이 두려워서 왕으로부터 졸병
에 이르기까지 아무도 나서지 못할 때였습니다. 그럴 때 소년 다
윗이 나가서 물맷돌 하나로 골리앗을 넘어뜨리고 그의 칼을 뽑아
그 목을 쳐 나라를 구하는 영웅이 됩니다. 그런데 시간이 흘러 사
울 왕이 다윗을 죽이려 합니다. 십수년을 쫓아다닙니다. 그런 다
윗에게 사울 왕을 죽일 절호의 기회가 두 번이나 찾아옵니다. 그

럴 때도 다윗은 하나님의 말씀에 순종하여 "나는 하나님이 기름 부은 자는 손대지 않는다" 하면서 사울을 죽이지 않았습니다.

질문을 드리겠습니다. 골리앗을 죽이는 것이 어려웠을까요? 아니면 사울을 죽이지 않는 것이 더 어려웠을까요? 답은 바로 사울을 죽이지 않는 것입니다. 왜요? 골리앗을 죽이는 것은 다윗이 할 수 있는 일을 하면 되는 것입니다. 그러나 사울을 죽이지 않는 것은 다윗이 얼마든지 할 수 있는 일을 하지 말아야 하는 것입니다.

하나님이 기름부어 왕으로 세운 자를 죽이지 않아야 한다는 말씀에 순종한 결과, 하나님은 다윗의 인생에 막힌 모든 것을 한순간에 풀어주십니다. 그의 손에 피를 묻히지 않게 하시고도 이스라엘의 왕좌에 앉히십니다. 또한 이후로 사울 왕의 지파인 베냐민 지파가 다윗의 지파인 유다 지파와 함께 다윗에게 가장 충성하고 적극적인 지지 기반이 됩니다. 이것이 바로 다윗이 순종한 결과로 받은 축복입니다.

탕자도 그렇지 않습니까? 머나먼 외국에서 허랑방탕하며 아버지로부터 거의 뺏다시피 한 유산을 낭비합니다. 완전히 망합니다. 유대인은 결코 가까이하지 않는 부정한 짐승인 돼지치기가 됩니다. 너무나 헐벗고 굶주리니 돼지가 먹는 쥐엄 열매라도 먹으려 하지만, 그것조차 얻어먹지 못해 굶어 죽을 지경입니다. 인생이 꽉 막혀버린 겁니다. 그런 탕자가 배고픔과 누더기옷과 험한 잠자리와 땅바닥에 추락해버린 자기의 신분까지, 이 모든 것을 회복하게 된 것은 오직 한 가지면 됐습니다. "오늘이라도 돌아오라" 하시는 아버지에게 순종하여 고향으로 돌아가는 것입니다. 아버지의 품에 안기면 되는 겁니다. 그럴 때 인생이 다 풀렸습니다.

열심히 사는 것은 좋습니다. 꼭 그래야 하지요. 그러나 이 세상에서 가장 복된 인생은 하나님 앞에 순종하는 인생이라는 사실을 반드시 기억하실 수 있기를 축원드립니다. 왜요? 우리가 하나님 앞에 순종하는 그 순간부터 우리의 인생을 책임져주셔야 하는 책임이 하나님께 있기 때문에 그렇습니다. 그렇기에 성경은 '순종이 제사보다 낫고 듣는 것이 숫양의 기름보다 낫다'(삼상 15:22)라고 말씀하신 것입니다.

순종하는 인생을 하나님이 책임져주십니다. 순종하는 인생이 가장 영광스러운 인생이요, 가장 최선의 인생임을 기억하십시오.

# 야곱을 닮아가는 기도

우리가 야곱을 통해 배운 성도의 특권 중 첫째는 하나님이 내 편이시라는
사실입니다. 하나님께서 야곱에게 세우신 벧엘의 약속을 따라 그를
지키고 보호해주신 것처럼, 우리 또한 어떠한 어려움 속에서도 지키시고
보호해주신다고 약속하셨습니다. 우리는 언약의 백성이기 때문입니다.
그래서 하나님이 우리 편이 되십니다. 십자가의 은혜로 우리를 구원하시고
자녀로 삼아주셨습니다. 하나님께서는 자녀인 우리를 책임지시고
지켜주시고 보호해주실 것입니다.
그 주님의 사랑이 우리로 하여금 숨쉬게 할 것입니다.

성도의 특권 중 둘째는 순종이 인생에서 막힌 것을 푸는 열쇠라는
사실입니다. 순종을 통하여 내 인생에 묶인 것이 풀리기를 기도하십시오.
하나님의 놀라운 은혜와 역사로 말미암아, 내가 간증의 주인공으로
든든하게 설 수 있도록 주의 은혜를 베풀어달라고 기도하십시오.

"하나님이 내 편이 되어주셔서 감사합니다. 이제 하나님의 사람으로서
당당하게 살아가게 해주소서. 하나님의 사람으로서 순종하며 살게 하소서."

# 두려울 때 군대가 지켜주는 사람

● 창 32:1-12 ●

이메일이 없던 시절, 해외 집회에 나가신 목사님께서 결혼식을 앞두고 있는 교회의 젊은 커플에게 축하 전보를 보냈습니다. 내용은 간단합니다. 요한일서 4장 18절 말씀으로 축하의 말을 대신한 것입니다. "사랑 안에 두려움이 없고 온전한 사랑이 두려움을 내어 쫓나니."

이 커플이 이 목사님에게 인사를 하러 왔을 때 결혼이 두렵다고 말한 적이 있었습니다. 자기들이 평생 다른 환경에서 살다가 이제 한 가정을 이루어야 하는데, 연애는 연애이고 결혼 생활은 결혼 생활이니 잘 살 수 있을까 두렵고 걱정된다는 거예요. 그래서 목사님께서 격려차 이런 전보를 보내준 것입니다.

목사님이 해외 집회를 마치고 돌아오셨습니다. 마침 이 커플도 신혼여행을 다녀왔다는 이야기를 듣고 커플을 불러 물었습니다.

"결혼식 잘 치렀죠?"

이 커플이 대뜸 화를 냅니다.

"목사님 때문에 결혼식이고 뭐고 다 망쳐버릴 뻔했습니다!"

어리둥절해 하는 목사님에게 이 커플이 자기들이 받은 목사님의 전보를 내보입니다. 그걸 보니 "요한복음 4장 18절을 축하의 말로 대신합니다"라고 써 있는 겁니다.

"너에게 남편 다섯이 있었고 지금 있는 자도 네 남편이 아니니."

두려움을 위로하려다 생긴 해프닝이었습니다.

야곱은 하나님의 말씀에 순종해서 고향 땅으로 가고 있습니다. 얼마나 복된 발걸음이고 기대가 되겠습니까? 그러나 마음 한켠에 엄청난 두려움이 자라나기 시작했습니다. 그의 형 에서 때문입니다. 20년 전에 팥죽 한 그릇으로 형을 속이고 장자권을 탈취했습니다. 아버지의 축복은 형을 위한 것인데, 눈 먼 아버지를 속이고 자기가 냉큼 대신 받아먹었습니다. 형이 분노했습니다.

"아버지 돌아가시기만 하면, 내가 저 놈 죽여버린다."

그 때문에 강산이 두 번 바뀔 동안 야곱은 타향에서 살았습니다. 그러니 이제 고향 땅에 돌아가야 하는 야곱에게 두려움이 엄습하는 겁니다. '내가 이대로 형을 만나면 나를 죽일 거야.'

얼마나 겁이 났던지 먼저 메신저들을 보내서 형의 동태를 파악하게 하고, 형의 마음도 누그러뜨리려는 시도를 합니다. 그 정도로 두려웠다는 겁니다. 하나님께서 이런 야곱에게 담대함을 주기를 원하셨습니다. 그래서 하나님의 사자들을 보내주셨습니다.

야곱이 길을 가는데 하나님의 사자들이 그를 만난지라 _창 32:1

언약 백성인 야곱을 지키고 보호해주신다는 증거를 확실히 보여주셨던 것입니다. 이에 대한 야곱의 반응은 무엇입니까? 그 땅의 이름을 지은 것입니다.

야곱이 그들을 볼 때에 이르기를 이는 하나님의 군대라 하고 그 땅 이름을 마하나임이라 하였더라 _창 32:2

야곱은 살면서 두 장소에 지명을 붙였습니다. 한 곳은 벧엘입니다. '하나님의 집'이라는 뜻이지요. 평생 말로만 듣던 그 하나님을 꿈에서 직접 뵙고 언약과 축복을 받았습니다. 하나님을 만나는 엄청난 영적 경험을 한 장소이므로 벧엘이라는 이름을 붙인 겁니다. 다른 한 곳은 이 본문에 나오는 '마하나임'이라는 지명입니다. 히브리어로 '마하네엘로힘'인데, 두 개의 큰 진영을 이룬 하나님의 군대를 뜻합니다. 어마어마한 하나님의 군대를 본 강렬한 체험 때문에 야곱은 이곳에 '두 진영의 군대'라는 이름을 붙인 겁니다.

우리의 인생길에도 에서처럼 두렵고 걱정스러운 현실이 기다릴 때가 있습니다. 당장 우리나라가 그렇지 않습니까? 분단국가인 이 나라가 앞으로 어떻게 될지 불안합니다. 은퇴하는 분들은 노후에 대한 걱정이 많습니다. 건강도 걱정입니다. 요즘에는 세 사람 중 한 명은 암에 걸린다고 합니다. '그게 혹시 내가 아닐까' 하는 두려움이 마음속에 막연히 자리잡고 있습니다.

사업과 직장생활이 어려울 때가 있습니다. 청년들은 졸업해도 취업 전쟁이 걱정입니다. 가까스로 취업해도 이제는 결혼에 대한 걱정이 현실로 다가옵니다. 결혼하면 걱정이 없어지나요? 자녀를 낳아야 하나 낳지 말아야 하나도 고민입니다. 힘든 이 시대에 경제적으로 부양할 수 있을지, 교육은 제대로 시킬 수 있을지 걱정이기 때문입니다. 그러다 보니 대한민국 출산율이 점점 떨어진다고 합니다. 지금은 한 사람의 노동자가 10명 정도를 부양해야 하는 것이 대한민국의 경제구조랍니다. 하지만 앞으로 100년이 지나면 한 사람의 노동자가 100명을 부양해야 하는 구조가 될 것이라고 전문가들이 전망합니다. 이러다 약 700년 후인 2750년이 되면 지구상에서 대한민국이 아예 사라져 버릴 수도 있다고 합니다. 걱정이 많잖아요.

그럼에도 불구하고 성도는 확실하게 믿는 것이 있습니다. 무엇입니까? 하나님께서 그의 군대와 같은 은혜의 날개를 펴서 야곱을 감싸고 보호해 주신 것처럼, 오늘날도 하나님을 믿는 하나님의 사람들을 향하여 마하나임의 하나님이 되어 주신다는 것입니다. 그 은총의 날개로 우리를 보호하고 인도하신다는 사실입니다.

어떤 사람이 공동묘지를 지나가고 있었습니다. 낮인데도 오싹하면서 등줄기에서 서늘한 땀이 흘러내립니다. 뒤에서 누가 목덜미를 잡아당길 것 같아요. 옛날에 봤던 '월하(月下)의 공동묘지' 영화처럼 무덤이 쫙 갈리면서 귀신이 나타날 것 같습니다. 심장이 두근거렸지만 공동묘지를 겨우 빠져나왔습니다. 한숨을 쉬는데 어디선가 노랫소리가 들려옵니다. 보니까 어린아이가 너무나 밝은 얼굴로 무덤 근처에서 놀고 있었습니다.

"얘야, 너는 무섭지 않니?"

"아니요."

아이가 오히려 '어른이 왜 저러나?' 생각하고 이상한 눈빛으로 바라보는 겁니다.

"아니, 너는 어떻게 여기가 무섭지 않니?"

아이가 생글생글 웃으면서 이렇게 대답하더랍니다.

"우리 아빠가 이 묘지 관리인이에요."

어른이라도 공동묘지는 두렵습니다. 그러나 자기 아빠가 어떤 사람인지, 이곳에서 무엇을 하는지 아니까 아이라 해도 겁내지 않더라는 겁니다. 그렇습니다. 세상 만물을 주관하시는 이가 하나님이십니다. 그 하나님이 우리의 아버지가 되십니다. 그러므로 세상에서 겪는 어떠한 위기의 순간에도 우리가 그 하나님을 바라보면 두려움과 위기를 극복하고, 주님께서 두 진영의 군대로 지키시고 보호하시는 마하나임의 은총을 경험하게 될 줄 믿습니다.

## 365번의 위로

동구권 불가리아가 공산국가이던 시절에 복음을 증거하던, '살아 있는 순교자'라고 불리던 리처드 범브란트 목사님이 계십니다. 공산주의는 기독교를 원수로 봅니다. '종교는 인민의 아편'이라며, 목사인 그를 잡아 무려 14년간 감옥에 가두었습니다. 그것도 독방이니 웬만한 사람 같으면 정신병에 걸릴 겁니다. 부지기수로 고문을 당했습니다. 그를 회유하고 협박하고 죽이겠다고 위협했습니다. 그는 두려웠을 것입니다. 심장이 떨리고 괴로웠을 것입니다. 그러는 가운데 그가 성경을 받아보게 됩니다. 성경을 읽으며 겨우 버티는데, 어느 날 그가 성경을 읽다가 은혜를 받았습니다. 모든 걱정과 근심이 싹 사라지는 한 구절은 이것이었습니다.

"두려워하지 말라"(창 15:1).

이 구절을 읽는 순간 그는 새삼 깨닫습니다.

"그렇지! 전능하신 하나님이 내 편이시지!"

두려움이 사라지더래요. 그래서 내친 김에 성경을 더 찾아보기로 합니다. '성경에 과연 두려워하지 말라는 구절이 몇 구절이나 있는지 찾아보자.' 그래서 창세기부터 계시록까지 정독해본 결과 깜짝 놀랍니다. 무려 365번이나 두려워하지 말라는 말씀이 있더라는 것입니다. 그가 깨닫고 무릎을 쳤습니다.

"그렇구나! 365개라니! 1년 365일, 매일매일 두려워하는 우리
를 위해서 하나님은 두려워하지 말라고 우리를 365번이나, 날마
다 격려하고 위로하시는구나."

두려워하지 말라고 하시는 주님의 음성을 들으면 우리는 어떤
상황에서도 용기를 낼 수 있음을 믿습니다. 그런데 우리가 왜 두
려워합니까? 야곱에게 하늘 군대를 보여주시면서 "내가 너를 보
호해줄게" 하시는 마하나임의 하나님이 바로 내 하나님이라는 사
실을, 그리고 두려워하지 말라는 하나님의 귀한 말씀을 놓쳐버리
기 때문입니다. 우리가 자꾸 두려움에 빠지는 이유가 그것입니다.

아람 왕이 엘리사 선지자를 잡기 위해 군대를 파견했습니다. 다
음날 아침 엘리사의 사환이 눈을 비비고 일어나 기지개를 피다 성
밖을 보고 깜짝 놀랍니다. 기절초풍하죠. 아람 군대가 엘리사 한
사람을 잡으려고 성을 둘러싸고 있습니다. '이제 죽었구나' 싶어
서 벌벌 떨며 엘리사 선지자를 깨우며 이야기합니다. 그러자 엘리
사 선지자가 대답하지요.

[16]대답하되 두려워하지 말라 우리와 함께 한 자가 그들과 함께 한
자보다 많으니라 하고 [17]기도하여 이르되 여호와여 원하건대 그
의 눈을 열어서 보게 하옵소서 하니 여호와께서 그 청년의 눈을
여시매 그가 보니 불말과 불병거가 산에 가득하여 엘리사를 둘렀

엘리사를 잡으려고 아람 군대가 성을 둘러쌌지만, 하나님의 불말과 불병거, 즉 하나님의 군대가 산을 빙 둘러서서 엘리사를 보호하고 있다는 걸 사환인 그 청년이 보게 된 것입니다.

### 사실은 감당할 수 있다

깜깜한 밤길을 가던 사람이 발을 헛디뎌 절벽으로 굴러 떨어졌습니다. 떨어지는 순간, 절벽에서 자라고 있던 나무뿌리를 붙잡고 매달렸습니다. 이걸 왼손과 오른손으로 번갈아 붙잡으며 무려 한 시간을 버텼습니다. '이걸 놓치면 나는 수십 미터, 어쩌면 수백 미터 밑으로 떨어져 죽는 거야'라고 생각했습니다. 소리 지르며 구조를 요청했습니다. "살려주세요!" 하지만 아무리 소리를 질러도 인기척이 나지 않습니다. 두 팔의 힘이 다 빠져서 결국 나무뿌리를 놓치고 맙니다. 그는 떨어지자마자 또 깜짝 놀랐습니다. 떨어져 보니 고작 1미터 아래였어요. 이 사람이 그걸 몰랐기에 몇 시간이나 두려움에 사로잡혀 있었던 것입니다.

우리도 하나님을 모르면 두려움에 빠집니다. 하지만 하나님의 군대가 나를 둘러 진치고 권능의 오른손으로 붙잡아주신다는 것을 알면 두려워하지 않을 수 있습니다.

그런데, 이 사실을 알고는 있어도 현실은 위기 가운데 빠져 있어서 여전히 두려울 때가 있습니다. 죽을 것만 같지요. 하나님이 내 삶에 역사하지 않으시는 것 같아서 여전히 혼란스럽습니다. 하지만 우리에게 시련과 시험이 있는 이유는 이것입니다. 사실은 감당할 수 있기 때문입니다.

> 사람이 감당할 시험 밖에는 너희가 당한 것이 없나니 오직 하나님은 미쁘사 너희가 감당하지 못할 시험 당함을 허락하지 아니하시고 시험 당할 즈음에 또한 피할 길을 내사 너희로 능히 감당하게 하시느니라 _고전 10:13

우리가 더 이상 감당하지 못할 상황이 되면 마하나임의 하나님께서 우리를 능력의 손으로 붙잡아주시고 피할 길을 내사 그 시험을 감당하게 해주실 줄 믿으시기 바랍니다.

### 내가 참으로 믿는 것은 무엇인가?

야곱이 하나님의 군대를 보고 용기를 냅니다. 고향 땅 가나안으로 가는 발걸음이 얼마나 가벼워졌겠습니까? 찬양했겠죠. "허락하신 새 땅에 들어가려면!" 콧노래를 하면서 가족들을 끌고 가는데, 에서에게 보냈던 사자들이 돌아와 눈앞이 하얘지는 보고를 합니다.

> 사자들이 야곱에게 돌아와 이르되 우리가 주인의 형 에서에게 이

그때 세계 인구는 지금과 비교할 수 없이 적었을 겁니다. 아마 1억 명도 안 됐을 거예요. 고대 사회는 씨족 사회입니다. 그러니 400명의 군사는 그야말로 대군이지요. 기억하십니까? 야곱의 할아버지인 아브라함이 자기 조카 롯을 사로잡아간 네 명의 왕들의 군대를 격파해서 조카를 다시 탈환해온 것이 사병 318명으로 해낸 일입니다. 그러니까 에서의 군대 400명은 완전 몰살을 위한 대군인 겁니다. 야곱이 그 소식을 듣고 심히 두렵고 답답했을 것입니다. 그래서 한동안 잊었던 옛 습관, 즉 세상적 방법에 다시 손을 내밀기 시작합니다.

> [7]야곱이 심히 두렵고 답답하여 자기와 함께 한 동행자와 양과 소와 낙타를 두 떼로 나누고 [8]이르되 에서가 와서 한 떼를 치면 남은 한 떼는 피하리라 하고 _창 32:7-8

이것은 당시 중근동 사회에서 가장 유명한 유목민이던 베두윈 족의 전략입니다. 혹여나 적과 직면하면 그들은 무리를 둘에서 셋으로 나누었습니다. 한쪽이 공격받으면 나머지는 도망갈 수 있도록 피해를 최소화하려는 겁니다. 야곱이 20년 목자 생활을 했는데, 그걸 모를 사람이 아닙니다. 그래서 그도 베두윈 족의 방법을 사용한 겁니다. 한 무리는 레아에게, 다른 한 무리는 라헬에게 붙였습니다. 야곱은 마하나임의 하나님을 체험했으면서도 두려운 상황에 직면하니 극복하지 못하고 또다시 인간적이고 세상적인 방법, 즉 꾀를 동원한 것입니다. 이런 야곱의 모습을 보면 무슨 생각이 드십니까? '이게 바로 나구나!'

우리도 그렇지 않던가요? 헌신합니다. 가끔 순종도 해요. 하나님 말씀을 듣기도 합니다. 그러나 어려움이 다가오면 우리 역시 세상 방법에 손을 내밀지 않습니까?

마크 피터슨이라고 하는 목사님이 한 말이 있습니다.

"미국의 10달러 지폐를 보면 'In God we trust'(우리는 하나님을 믿는다)라는 문장이 있는데, 사실 우리는 '하나님을 믿는다'는 말이 새겨진 그 돈을 신뢰한다."

청교도들이 세운 나라라서 믿음의 전통이 지폐에도 남아 있지만, 사람들은 그 말대로 하나님을 믿는 것이 아니라 그 말이 쓰인 돈을 의지한다고 꼬집은 것이지요.

우리가 그렇지 않습니까? 우리도 하나님을 믿는다고 말하지만 사실은 돈을 믿습니다. 내 힘과 학벌을 신뢰합니다. 내가 아는 사람을 의지합니다. 그게 우리의 모습이지요.

여기서 잠깐 생각해 보십시오. 하나님께서 야곱에게 마하나임의 체험을 주셨으면서, "내가 너를 지켜주고 보호해줄 테니 걱정하지 말라"라는 약속을 분명히 하셨으면서, 왜 야곱이 에서가 쳐

들어오는 위기를 당하도록 내버려 두셨을까요? 그것은 야곱이 하나님을 철저하게 신뢰하는 영적 훈련을 실제로 거쳐야 하기 때문입니다.

수영 교본을 백 번 읽으면 수영할 수 있을까요? 팔은 앞으로 어떻게 내밀고 고개는 어떻게 들고 호흡은 어떻게 하고, 발 모양은 어떻게 하라고 아무리 써놓으면 뭐합니까? 안 됩니다. 오직 한 가지, 물에 들어가야 합니다. 그래야 수영을 배울 수 있는 것입니다.

아브라함을 보십시오. 입으로는 "순종합니다"라고 100번을 말해도 그가 진정으로 순종을 배울 수 있었던 것은 언제입니까? "네가 사랑하는 독자 이삭을 모리아산에서 번제로 드리라"고 하여 아들을 번제로 드려야 하는 현실 앞에 설 때였던 것입니다.

우리에게도 하나님의 약속의 말씀이 주어졌음에도 불구하고 왜 어려운 문제와 위기가 다가옵니까? 그래야 비로소 우리가 진정으로 하나님을 신뢰하는 영적 훈련을 거칠 수 있기 때문입니다.

지금 인생의 위기를 겪고 있습니까? 어려움을 직면하셨습니까? 해석을 잘하셔야 합니다. "말씀을 붙들라고, 하나님을 철저하게 신뢰하라고 나를 훈련시키시는구나"라고 이해하고 그걸 믿으셔야 합니다.


**우리가 배우기 원하신 것**

하나님이 야곱에게 마하나임의 경험을 통해 지켜주겠다는 약속을 하셨으면서도 에서가 쳐들어오는 위기를 겪게 하시는 또 다른 이유가 있습니다. 야곱이 여전히 세상적이고 인간적인 방법과 수단에 손을 내밀기 때문입니다. 그래서 하나님은 그가 기도하는 법을 배우기를 원하셨습니다.

> [9]야곱이 또 이르되 내 조부 아브라함의 하나님, 내 아버지 이삭의 하나님 여호와여 주께서 전에 내게 명하시기를 네 고향, 네 족속에게로 돌아가라 내가 네게 은혜를 베풀리라 하셨나이다 [10]나는 주께서 주의 종에게 베푸신 모든 은총과 모든 진실하심을 조금도 감당할 수 없사오나 내가 내 지팡이만 가지고 이 요단을 건넜더니 지금은 두 떼나 이루었나이다 [11]내가 주께 간구하오니 내 형의 손에서, 에서의 손에서 나를 건져내시옵소서 내가 그를 두려워함은 그가 와서 나와 내 처자들을 칠까 겁이 나기 때문이니이다 _창 32:9-11

인간적인 방법을 쓰던 야곱은 마치 물에 빠진 사람이 허우적거리며 지푸라기라도 잡듯이 하나님 앞에 기도했습니다. 이것이 우리들의 모습이 아닌가요? 우리도 처음에는 야곱처럼 세상적인 방법에 손을 대고 인간적인 방법을 붙잡습니다. 위기에 부딪히면 세상 사람과 다를 게 없을 때가 사실 많습니다. 그러나 그럼에도 불구하고 결국 하나님께 나아가서 기도하는 것이 세상 사람과 성도의 차이입니다. 이 차이가 너무나 중요합니다.

만약에 수영선수 박태환과 저를 헬기에 태워 태평양으로 데리고 가서 떨어뜨린다고 생각해보십시오. 알다시피 박태환 선수는 전 세계에서 수영을 가장 잘하는 사람들 중에 한 사람이 아닙니까? 저는 누굽니까? 저 역시 만능 수영선수입니다. 개헤엄으로.

박태환 같은 프로 수영선수가 태평양 한가운데에 떨어지면 신묘막측한 수영 방법을 다 동원해서 아마 몇 시간은 버틸 거예요. 그러나 그것뿐입니다. 힘이 빠지면 그도 가라앉는 겁니다. 그런데 저에게는 어린이용 튜브라도 있다고 가정해봅시다. 몇 시간 아니라 잘하면 며칠이라도 선박이 구출하러 올 때까지 떠 있을 수 있을 겁니다. 이것이 차이입니다. 이것이 성도가 복된 이유의 비유입니다. 하나님의 보호가 있기 때문에 복된 것입니다.

인생이 문제의 바다에 빠졌을 때, 우리는 튜브 정도가 아니라 전능하신 하나님이 우리를 구원해주실 것입니다. 기도가 바로 튜브와 같고, 하나님의 언약이 그것과 같습니다.

주께서 말씀하시기를 내가 반드시 네게 은혜를 베풀어 네 씨로 바다의 셀 수 없는 모래와 같이 많게 하리라 하셨나이다 _창 32:12

야곱은 하나님이 주신 튜브, 즉 벧엘 언약을 붙잡고서 하나님 앞에 그 언약의 말씀을 내놓습니다. 이 말씀을 받은 지는 20년이

지났지만 여전히 유효하고, 하나님은 지금도 신실하시기 때문입니다. 그래서 "나를 지켜 보호하여주옵소서"라고 그는 기도하는 것입니다.

우리는 어떻습니까? 성경을 펴기만 하면 이 안에 하나님이 주신 언약들 수만 개가 우리에게 튀어나옵니다. 우리가 감히 감당할 수 없을 정도로 위대한 언약들이 아닙니까? 그게 다 우리 것입니다. 매주 듣는 설교에서도 주님이 우리에게 주시는 축복의 말씀, 은혜의 말씀, 언약의 말씀이 담겨 있습니다. 그러므로 유한한 존재인 인간이 의지하는 자기 힘과 세상의 수단과 달리, 성도는 전능하신 하나님이 주신 약속의 말씀을 붙잡고 기도할 수 있는 엄청난 특권과 놀라운 축복을 지닌 존재입니다. 이것이 바로 우리 성도인 줄 믿으시기 바랍니다.

물론 성도도 때로는 넘어집니다. 실수합니다. 어리석게도 인간적인 방법과 세상 수단에 손을 내밀 때도 있습니다. 그럼에도 불구하고 반드시 기도할 수 있기를 축원드립니다. 그럴 때, 야곱에게 마하나임의 하나님으로 나타나셔서 그를 가나안까지 인도하신 하나님의 은혜의 역사가 우리 삶에도 함께하시며, 인생길을 이끌어주시고 놀라운 은혜와 축복으로 동행해주실 것입니다.

# 야곱을 닮아가는 기도

인생길에서 우리를 기다리는 험난하고 많은 문제가 우리를 두렵게 합니다.
그럴 때 우리가 붙잡아야 할 사실이 있습니다. 마하나임의 하나님이 함께
하셔서 지켜주신다는 것입니다. "군대의 모습으로 야곱을 만나주셨던
그 하나님께서 오늘도 나와 함께 하신다는 사실을 믿음으로 고백하기
원합니다. 이 사실로 말미암아 우리를 담대하게 해주옵소서."

"내가 너와 함께 하겠다"라는 약속의 말씀이 주어졌음에도 불구하고 군사를
거느린 에서가 야곱에게 쳐들어온 것처럼, 인생의 문제가 우리를 향해
달려올 때가 있습니다. 하나님을 철저하게 신뢰하는 영적 훈련을 시키시려
하시기 때문입니다. 우리가 진짜 성도가 되게 하시려는 겁니다. "이런
하나님의 마음을 깨달아 흔들리지 않고 승리하는 인생이 되게 하소서."

우리가 때로는 어리석어서 세상 방법에 손을 내밀 수 있습니다. 그럼에도
불구하고 기도하는 자리로 다시 나아가십시오. 그럴 때 하나님은 야곱에게
하신 것처럼 우리를 건져주시고 은혜를 베풀어주실 것입니다.
"마하나임의 하나님, 내 인생을 하나님의 권능의 손으로 붙잡아주옵소서.
나의 목표와 계획을 주님께 맡깁니다. 주님이 맡기신 사명을 완수하는
그날까지 힘 있게 달려갈 수 있도록 나와 동행해주옵소서."

**3**

**PART**

# 하나님을
# 경험해 보았는가?

# 하나님이 일부러 져주셔서 사는 인생

● 창 32:13-32 ●

### 사람은 잘 안 바뀐다

신문에서 강력계 형사의 인터뷰를 읽어본 적이 있습니다. 수십 년 동안 강력계 형사 일을 하신 분인데, 그가 형사 생활을 한 수십 년 동안 감옥에 들어갔다 나와서 개과천선한 사람은, 거짓말 안 보태고, 딱 한 사람이었다는 것입니다.

우리는 범죄자들이 잡히면 감옥에 들어가서 교정되기를 기대합니다. 그래서 그 사람의 죄성이 다스려지고, 사회에 다시 나올 때는 변화된 사람으로 살아가면 좋겠고, 그 결과 범죄가 근절되기를 바랍니다. 그래서 세금으로 옷 입혀주고 밥 넣어주고 보일러와 에어컨 등등 여러 가지를 다 해주는 것이 아닙니까. 그런데 그 형사가 범죄자들을 체포해서 이야기를 나누고 감옥에 집어넣기도 했지만, 그 중에서 고작 한 사람만 바뀌었다는 겁니다. 이거 대단한 이야기가 아닙니까? 무엇을 보여줍니까? 인간은 그토록 변화되지 않는 존재라는 것입니다. 안 바뀐다는 것이지요.

야곱이 바로 그런 사람입니다. 그는 20년 만에 고향으로 돌아가고 있습니다. 떠날 때는 무일푼이었다가 돌아갈 때는 거부가 됐습니다. 열한 명의 아들을 둘 정도로 대가족이 됐습니다. 성공한 사람입니다. 입신양명했고, 위풍당당하게 고향으로 갈 수 있습니다. 그런데 그는 두려워하고 있습니다. 형 에서 때문입니다.

에서에게 보냈던 종들이 청천벽력 같은 소식을 전해옵니다. 그의 형 에서가 400명의 군사를 이끌고서, 야곱을 죽이려고 달려오고 있다는 것입니다. 야곱이 덜컥 겁이 났습니다. 살려달라고 하나님께 매달려 기도합니다. 이제는 하나님밖에 의지할 분이 없다는 것입니다. 그러나 야곱을 보십시오. 곧이어 그는 여전히 바뀌지 않는 야곱의 모습으로 우리 앞에 다시 등장합니다. 그냥 과거의 모습으로 또 되돌아갑니다.

13절부터 보면 무려 550마리가 넘는 가축을 형 에서에게 선물로 보냅니다. 그것도 한 번에 보내버리면 그냥 받아버리고 다시 마음이 완악해져 자기를 죽이려 할까 봐, 세 그룹으로 나누어 차례대로 보냅니다. 마음을 단계적으로 허물고 부드럽게 만드는 인간적인 작업을 하더라는 것입니다.

…내가 내 앞에 보내는 예물로 형의 감정을 푼 후에 대면하면 형이 혹시 나를 받아 주리라 함이었더라 _창 32:20

보십시오. 하나님께 기도하던 야곱은 어디로 갔나요? 인간의 잔꾀와 수단과 방법을 기막히게 활용하는 세속적인 야곱의 모습입니다. 이것이 사실 우리의 모습은 아닌가요?

우리도 "하나님밖에 없습니다"라고 기도하고 고백했습니다. 그러나 긴박한 일이 다가오고 문제가 밀려오면 또다시 세상적인 방법을 붙잡고 인간적인 수단을 모색하는 우리 자신을 봅니다. 그래서 "내 믿음이 이 정도밖에 안 되는가? 바닥을 치는구나"라고 자신에게 절망하는 것이 우리가 아닙니까? 그렇기 때문에 야곱은 우리와 다른 사람이 아닙니다. 내가 바로 야곱인 겁니다.

## 하나님의 충격적 방법

제가 집에서 이런 푸념을 한 적이 있습니다. "나는 왜 이렇게 몰아닥쳐야만 일을 할까? 그래서 인생 힘들게 살까?" 마감 시간이 닥쳐야 비상이 걸려 일하는 습관이 있는 겁니다. 물론 몰입하기는 좋아요. 그러나 스트레스가 많고 긴장감 때문에 인생이 힘들어집니다. 그래서 혼잣말로 푸념한 것입니다. 그랬더니 내 말을 듣고 있던 제 딸이 이러는 겁니다. "아빠, 나도 그래요." 부전자전이 아니라 부전여전입니다.

제 딸은 대학에서 심리학을 전공하는데, 학교에서 배운 것을 제게 들려주었습니다. 딸의 교수님이 그러시기를, "우리 머리에 있는 신경세포 뉴런은 반복적으로 하는 행동과 태도를 따라서 발전되고 길이 든다"고 합니다. 이게 고착화돼 습관처럼 된다는 것이지요. 저처럼 마감 시간이 촉박해져야 일하는 사람은 늘 그렇게 일하고, 화부터 내는 사람은 쉽게 화를 내게 된다는 겁니다. 이걸 깨려면 부단한 노력과 에너지를 투입해서 의지적으로 그렇게 하지 않으려 노력해야 한답니다. 그래야 새로운 뉴런의 길이 열려서 극복할 수 있다는 것입니다.

자꾸만 이전의 못된 성격과 습관을 따라, 믿음에서 불신앙의 자리로 다시 돌아가려는 야곱의 삐뚤어진 영적 뉴런을 하나님은 바로잡기 원하셨습니다. 야곱이 누구입니까? 믿음의 가문, 하나님의 민족을 이루어야 할 믿음의 조상이 아닙니까? 하나님을 의지하고 철저하게 믿음으로 살아가는 태도를 가져야 할 사람입니다. 문제는 이 인간이 보통 방법으로는 바뀌지를 않아요. 그래서 하나님은 야곱이 결코 잊을 수 없는 아주 충격적인 방법으로 그의 태도를 다루어 가십니다. 바로 야곱과 씨름하신 것입니다.

[21]그 예물은 그에 앞서 보내고 그는 무리 가운데서 밤을 지내다가 [22]밤에 일어나 두 아내와 두 여종과 열한 아들을 인도하여 얍복나루를 건널새 [23]그들을 인도하여 시내를 건너가게 하며 그의 소유

도 건너가게 하고 ²⁴야곱은 홀로 남았더니 어떤 사람이 날이 새도록 야곱과 씨름하다가 _창 32:21-24

이 씨름 사건은 세상 방식을 벗어나지 못하는 야곱과, 그를 변화시키기 원하시는 하나님의 의지가 충돌한 사건입니다.

형 에서에게 마음이 짓눌려서 안절부절못하고 '나는 이제 죽었구나. 우리 가족 다 죽는구나'라고 무너져 있던 그 밤에, 홀로 있는 야곱에게 하나님이 찾아와 주셨습니다. 이것은 인생의 주도권이 누구에게 있는지를 보여줍니다. 우리가 하나님을 찾아가는 것이 아니라 하나님이 우리를 찾아와 주시는 것입니다. 이 사실을 기억하기를 바랍니다. 그래서 사람이 자력(自力)으로 구원을 얻을 수 없습니다. 오직 하나님이 세상을 사랑하사 독생자를 보내주셔야 했던 것입니다.

하나님이 세상을 이처럼 사랑하사 독생자를 주셨으니 이는 그를 믿는 자마다 멸망하지 않고 영생을 얻게 하려 하심이라 _요 3:16

우리는 반역했고 범죄했습니다. 하나님껜 관심이 없어요. 그러나 하나님이 우리를 찾아와 주셨습니다. 예수님을 보내주셔서 우리를 구원의 길로 이끌어주시는 것입니다. 요한계시록 3장 20절도 같은 말씀입니다.

볼지어다 내가 문 밖에 서서 두드리노니 누구든지 내 음성을 듣고 문을 열면 내가 그에게로 들어가 그와 더불어 먹고 그는 나와 더불어 먹으리라 _계 3:20

주님이 우리를 찾아와 문밖에 서서 마음의 문을 열라고 두드리고 계십니다. 이처럼 주님이 찾아와 주시는 것을 일컬어 우리는 은혜라고 말합니다.

은혜는 하나님이 주시는 것입니다. 그래서 우리는 "은혜를 받았다"라고 말하지, "내가 은혜를 찾았다" 또는 "가졌다"라고 말하지 않습니다. 나를 찾아와 주신 예수님께 아직 마음의 문을 열지 못한 분이 계시다면, 이 시간 그 주님 앞에 심령의 문을 활짝 열고 예수님을 만나는 은혜가 있기를 주님의 이름으로 축원드립니다.

## 매달림이 시작되는 기회

사람은 영적인 존재입니다. 그래서 하나님께서 우리를 찾아와 주시고 마음의 문을 두드려주시면 "아, 지금 하나님께서 나를 만나기를 원하시는구나"라는 영적 느낌을 갖게 됩니다. 그런데 평소에는 우리가 너무나 세속적입니다. 너무 바쁘고 복잡한 사회생활에 찌들어 있고, 욕심 가운데 살아가다 보니 주님의 음성을 듣지 못합니다. 그러다가 우리에게 문제가 닥치고 곤란한 상황이 터집니다. 에서가 400명의 군대를 데리고 쳐들어오는 것처럼, 인생에 실패와 좌절과 낙심이 밀려오면 그제야 '주님이 나를 찾으시는구나' 하면서 우리의 영적 귀가 열립니다. 그래서 C. S. 루이스는 고통을 일컬어 이렇게 정의했습니다. "고통은 귀머거리가 된 이 세상에 주님께서 말씀하시는 확성기이다."

야곱이 고통과 두려움과 무기력에 빠졌습니다. '이제 죽겠네. 어쩌나? 방법이 없구나'라고 낙심합니다. 그럴 때 찾아와 주신 하나님을 그가 만났습니다. 그리고 그는 하나님을 붙들어요. 오직 하나님만이 두려움을 없애주실 수 있고, 오직 하나님만이 에서의 마음을 바꿔주셔서 그의 칼날을 피하게 해주시고, 오직 하나님이 나와 내 가족을 지켜주신다는 사실을 '그를 찾아와 주신' 하나님과 직면한 순간에 깨달았던 것입니다.

인간의 두려움과 절망의 순간에 하나님을 향한 매달림이 시작되는 것입니다. "이제 내가 가진 카드는 다 다 써버렸습니다. 나는 더 방법이 없어요. 하나님이 손을 대주지 않으시면 끝장입니다. 하나님, 도와주세요. 은혜를 베풀어주세요." 이렇게 매달리듯 기도하게 되는 것입니다.

가정에 아픔이 생겼습니까? 자녀의 문제가 터졌습니까? 건강이 허물어졌습니까? 인생의 문제가 거품처럼 흘러넘치는 상황입니까? 그럴 때 그냥 주저앉아 버리지 마세요. "주여, 우리 가정을 회복시키실 분은 주님뿐입니다. 내 인생을 회복시키실 분은 주님뿐이십니다. 내 사업과 직장과 인생의 발걸음을 이끌어주시는 분은 주님뿐이십니다." 이렇게 기도로 매달릴 수 있기를 바랍니다.

저도 지난 인생을 돌이켜보면 하나님 앞에서 결정하고 선택해야 할 중요한 순간마다 기도로 씨름해야 했습니다. "신학교를 갈까요? 아니면 제가 생각하던 그 일을 할까요?" "결혼을 누구와 할까요?" "미국으로 유학 갈까요? 아니면 말까요?" 씨름했습니다.

주님과 씨름하는 기도의 시간과 시간이 제 인생의 징검다리가 되어서, 한 걸음 한 걸음 지금까지 올 수 있었습니다. 그 체험이 있기에, 지금도 매일 교회와 성도님들을 위해서, 사업가와 직장인들을 위해서, 주부들과 학생들을 위해서, 선교사님들과 나의 사역을 위해서 계속 기도의 씨름을 해나갈 수 있는 것입니다.

수요예배 때 우리 교회 부목사님의 설교 제목이 '소중한 위기를 낭비하지 말자'였습니다. 정말 그렇습니다. 지금 인생의 문제에 부딪혀 좌절과 낙심의 쓴맛을 보고 있는 분들이 계시다면 그 위기를, 다시 말해 그 기회를 낭비하면서 주저앉아 버리지 마십시오. 그 기회에 하나님 앞에 매달려, 간절하게 씨름하듯 주님 앞에 나아가, 주님이 내 인생에 새로운 전환점과 징검다리를 놓아주시는 은혜를 체험할 수 있기를 축원드립니다.

### 누가 가장 힘센 사람일까?

야곱이 하나님과 씨름합니다. 그런데 이 광경을 훗날 호세아 선지자는 이렇게 해석하고 있습니다.

³야곱은 모태에서 그의 형의 발뒤꿈치를 잡았고 또 힘으로는 하나님과 겨루되 ⁴천사와 겨루어 이기고 울며 그에게 간구하였으며 하나님은 벧엘에서 그를 만나셨고 거기에서 우리에게 말씀하셨나니 _호 12:3-4

여기가 중요합니다. 천사와 겨루어 이기고 울며 그에게 간구하였다고 합니다. 그러니까 이 씨름은 보통의 씨름이 아니었다는 겁니다. 야곱의 기도가 보통의 기도가 아니었다는 말이지요. 생사를 걸었고, 가정과 자녀들의 운명을 걸었고, 자기의 앞날과 전 존재를 건, 그야말로 죽느냐 사느냐의 씨름 같은 기도를 그가 주님을 붙잡고 했다는 것입니다.

²⁵자기가 야곱을 이기지 못함을 보고 그가 야곱의 허벅지 관절을 치매 야곱의 허벅지 관절이 그 사람과 씨름할 때에 어긋났더라 ²⁶그가 이르되 날이 새려하니 나로 가게 하라 야곱이 이르되 당신이 내게 축복하지 아니하면 가게 하지 아니하겠나이다 _창 32:25-26

퀴즈! 세상에서 누가 가장 힘센 사람일까요? 권력이 있고 물질이 있고 완력이 있는 사람일까요? 아니요. 상대방이 아무리 힘이 있어도, 목에 칼이 들어와도 "나는 그거 못해! 못 받아들여!" 이러면 끝나는 겁니다. 하지만 이런 힘은 상대적인 것이고, 실제로 가장 힘센 존재는 바로 어린 아기입니다. 누워서 손발 까딱까딱하기만 해도 기저귀 갈아주어야 하는 아기가 가장 강력합니다. 새벽에 아기가 울면 피곤에 찌들고 젖은 솜처럼 쓰러져 코를 골며 자고 있던 아빠도 일어나서 분유를 탈 수밖에 없습니다. 아무리 냉정한 엄마라 할지라도 아기 젖을 물릴 수밖에 없는 것입니다. 하나님이 야곱을 이기지 못했다는 말씀이 바로 이런 의미입니다. 야곱이 힘으로 하나님께 맞서는 것으로는 가당치 않습니다.

야곱이 하나님과 씨름하다가 허벅지 관절이 어긋납니다. 옛날 한글성경에서는 환도뼈라고 했는데, 허리를 받쳐주는 골반뼈를 말합니다. 골반과 대퇴골을 잇는 관절로서 흔히 고관절이라고 하지요. 이 부분이 위골(違骨), 즉 빠져버린 겁니다. 엄청난 고통을 느끼고 절름발이처럼 쩔뚝거리게 됩니다. 그런데 그걸 천사가 손으로 쳤다고 합니다.

사실 '치다'에 해당하는 히브리어 단어는 공수도처럼 친 것이 아니라 '슬쩍 만졌다, 쓰다듬었다'라는 뜻에 가깝습니다. 하나님께서 살짝 만지기만 해도 위골이 돼 힘을 잃을 수밖에 없는 상황에서 야곱이 하나님을 이겼다는 게 무슨 말일까요? 이것은 호세아 선지자의 말처럼 야곱이 무기력하고 무방비의 상태에서 "나 죽습니다. 하나님 은혜 없이는 안 됩니다. 형 에서로부터 나와 내 가족을 지켜주시지 않으면 안 됩니다. 하나님, 도와주세요!" 하고 몸부림치며 울고 매달리는 모습을 보신 하나님께서 마음이 약해져 그 기도를 받아주셨다는 겁니다. 그게 져주신 것입니다. 아기 울음에 한없이 약해지는 엄마 아빠처럼 말입니다.

성도는 기도로 하나님을 이길 수 있는 존재임을 믿으시기를 바랍니다. 어감이 이상하십니까? 이런 표현은 어떨까요? 성도는 기도를 통하여 하나님의 놀라운 은혜를 체험하는 존재라는 사실입니다. 예레미야서 33장 3절을 보십시오

너는 내게 부르짖으라 내가 네게 응답하겠고 네가 알지 못하는 크고 은밀한 일을 네게 보이리라 _렘 33:3

우리 하나님은 이미 크고 은밀한 일을 우리 인생을 향하여 계획해놓고 계십니다. 아멘이세요? 우리를 위해 모든 걸 준비해놓으시고, 오죽하면 우리의 머리카락까지 다 세시고, 날아가는 새와 들에 핀 백합화까지 다 입히신 하나님께서 우리 문제를 왜 모르시겠습니까? 왜 해답이 없겠습니까? 그것이 크고 은밀한 일입니다. 그러나 하나님은 우리에게 부르짖으라고 하십니다. 우리가 부르짖을 때, 하나님께서 크고 은밀한 해답을 우리에게 안겨주겠다는 말씀입니다. 시편 81편 10절도 같은 맥락이지요

…네 입을 크게 열라 내가 채우리라 하였으나 _시 81:10

에스겔서 36장 37절도 마찬가지입니다.

주 여호와께서 이같이 말씀하셨느니라 그래도 이스라엘 족속이 이같이 자기들에게 이루어 주기를 내게 구하여야 할지라 내가 그들의 수효를 양 떼 같이 많아지게 하되 _겔 36:37

그런데 하나님께서 다 알고 계시다면, 우리가 굳이 기도할 필요가 있을까요? 하나님께서는 왜 기도라고 하는 방법을 통해서 우리에게 역사하려고 하실까요? 하나님께서 심술이 많아 몽니를 부리시는 건가요? 아니에요. 야곱을 생각해보면 답은 간단합니다.

야곱이 어떤 존재입니까? 하나님과 세상에 양다리 걸치고 있는 인생이 아닙니까? 하나님을 믿는다고 하면서도 조금만 수틀리면 세상 방법에 또 손을 내미는 사람입니다. 하나님은 그것을 철저하게 끊어내기를 원하세요. 오직 하나님을 믿는 믿음으로 살아가기를 원하십니다. 그렇게 바꿔버리기 위해 하나님은 그에게 씨름이라고 하는, 즉 간절한 기도를 통하여 철저하게 자기를 주님 앞에 굴복시키고 하나님만 의지하는 자가 되도록 하신 겁니다.

우리도 마찬가지 아닙니까? 우리가 왜 인생에서 자꾸 벼랑 끝에 내몰립니까? 왜 사업이 부도나고 건강이 악화되고 인생에 좌절이라고 하는 에서가 밀려옵니까? 기도하게 만들려고 그러시는 것입니다. 기도라는 씨름을 통해서, "이제는 세상 방법을 내려놓아라. 그게 도움이 안 된다. 너는 나만 의지하고, 인생의 에서에 맞서서 네가 승리하게끔 내가 너를 도와주도록 기도하지 않겠니?"라고 하나님이 우리를 초대하시는 것입니다.

하나님은 우리가 세상적인 생각과 잣대, 주판알 튕기는 것, 이런 걸 끊어내기를 원하십니다. 우리를 기어코 믿음으로 살아가는 사람이 되게 하시려고 우리를 찾아오셔서, 씨름까지 해주시는 하나님의 사랑을 저와 여러분이 체험하기 바랍니다.

### 이름이 인격이다

이제 하나님이 야곱에게 말씀하십니다.

"날이 새려 하니 나로 가게 하라."

이 말씀의 뜻이 무엇입니까? "야곱아, 됐어. 테스트 합격했어. 그러니 이제는 그만해도 돼. 네가 이겼어. 내가 져줄게" 하시는 겁니다. 그래도 야곱은 그만두지 않습니다.

"아니요! 하나님께서 나에게 확증을 주지 않으시면 안 됩니다."

그러자 하나님이 야곱에게 확증을 주십니다. 이름을 바꿔주신 겁니다.

27 그 사람이 그에게 이르되 네 이름이 무엇이냐 그가 이르되 야곱이니이다 28 그가 이르되 네 이름을 다시는 야곱이라 부를 것이 아니요 이스라엘이라 부를 것이니 이는 네가 하나님과 및 사람들과

히브리 사람들에게 이름은 그의 인격입니다. 존재의 모든 것을 의미하는 것이지요. 그런데 "야곱아, 네 이름이 야곱이지?" 하는 말은 "야곱아, 너 사기꾼이지?"라는 말입니다.

사실 야곱은 사기꾼으로 살아왔습니다. 아버지 속이고 형 속이고 자신까지 속였어요. 하나님 잘 믿는 줄 알았지만, 그렇지 않더라는 겁니다. 기회만 되면 자기 머리와 세상 방법에 또 손 내미는 사기꾼 같은 행태, 그게 야곱의 삶이었습니다. 그러나 하나님은 이스라엘, 즉 '하나님을 이긴 자'라는 이름을 주심으로써 이제부터 야곱이 하나님의 은혜만을 구하고, 하나님의 은혜 때문에 에서를 두려워하지 않을 수 있는 사람이며, 그 은혜의 사슬에 묶여 살아가는 존재라는 사실을 언약으로 주신 것입니다. 할렐루야!

우리가 인생의 위기 중에 우리를 찾아와 주신 하나님과 만나 기도로 씨름하며 은혜의 사람이 되면, 놀랍게도 그때부터 우리 인생의 두려움이 되었던 대상, 걱정거리가 되었던 현실, 그 모든 것이 더 이상 우리를 흔들지 못하는 놀라운 체험을 하게 될 것입니다.

암에 걸려서 고통받던 성도 한 분을 만났습니다. 힘들어하면서 항암 치료를 받았습니다. 그런데 감사하게도 이분이 최근에 개발된 신약을 시험으로 받을 기회를 얻었습니다. 어마어마하게 비싼 약을 무료로 받는 거예요. 저에게 너무나 감사하고 기쁜 얼굴로

"목사님, 신약을 받아보니 부작용이 하나도 생기지 않고 너무너무 편안해요"라고 말하셨습니다.

시간이 지나 성탄절이 됐습니다. 칸타타가 끝나고 저는 제 사무실로 가고 성도님들은 댁으로 돌아가시는데, 주차장에서 그 성도님을 마주쳤습니다. 안부를 물었습니다.

"요즘 어떠세요?"

이분 말씀이 제 마음을 철렁하게 했습니다.

"목사님, 재발했대요."

어떤 말씀도 드릴 수 없었습니다. 무슨 말이 도움이 되겠습니까. 그런데 이분이 놀랍게도 빙그레 웃으시며 제게 이런 말을 하셨습니다.

"걱정하지 마세요. 목사님, 하나님이 살려주시면 감사하고, 데려가시면 천국인 걸요."

말하시는 내내 밝게 웃으셨습니다. 생각해보십시오. 이분은 절망과 원망의 면죄부가 주어진 분입니다. 얼마든지 절망할 수 있고, 얼마든지 원망할 수 있습니다. 그런데 놀랍게도 "살려주시면 감사요, 데려가시면 천국인데요"라고 말하셨습니다. 어떻게 그런 뜻밖의 반응을 보일 수 있을까요? 그 분에게 야곱에서 이스라엘이 된 체험이 있기 때문입니다. 내 생각과 내 기준의 상태에 머물러 있는 것이 아니라, 하나님이 은혜로 나를 인도해주시고 그 은혜의 사슬로 붙잡아주시며, 앞으로도 은혜로 이끌어주신다는 사실을 체험했던 것이지요. 이것이 바로 이분에게 "살려주시면 감사요, 데려가시면 천국인 걸요"라고 고백하게 한 원인이라는 사실입니다. 하나님은 우리에게도 그것을 기대하고 계십니다. 하나님은 우리도 반드시 그런 기준으로 살아가도록 우리를 훈련시키고 이루어가실 것입니다.

## 은혜의 흔적

이번에는 야곱이 천사에게 이름을 묻습니다. 하지만 답은 듣지 못합니다. 대신 축복을 받습니다. 그곳이 하나님을 만난 곳, '브니엘'이 됩니다. 그리고 야곱은 허벅다리를 다쳐서 절게 되지요.

> <sup>29</sup>야곱이 청하여 이르되 당신의 이름을 알려주소서 그 사람이 이르되 어찌하여 내 이름을 묻느냐 하고 거기서 야곱에게 축복한지라 <sup>30</sup>그러므로 야곱이 그 곳 이름을 브니엘이라 하였으니 그가 이르기를 내가 하나님과 대면하여 보았으나 내 생명이 보전되었다 함이더라 <sup>31</sup>그가 브니엘을 지날 때에 해가 돋았고 그의 허벅다리로 말미암아 절었더라 _창 32:29-31

저도 몇 년 전에 운동을 잘못해서 야곱처럼 고관절을 다친 적이 있습니다. 제가 원래 물찬 제비거든요. 하지만 이제는 운동할 때 잘 움직이지 못합니다. 왼쪽 고관절, 엉덩이뼈와 움직이는 힘줄

부분에 염증이 생겼어요. 얼마나 아픈지 꼼짝도 못하겠고, 단지 힘줄에 염증이 생겼을 뿐인데, 물리치료를 받았어도 컨디션이 좋지 않을 때는 욱신거리고 제대로 움직일 수 없습니다.

그런데 야곱은 위골되어 버렸습니다. 평생 절면서 살아야 합니다. 불편하고 고통스럽습니다. 그러나 그것이 야곱으로 하여금 평생 하나님의 은혜 가운데 머물게 하고 하나님의 은혜만을 붙잡게 할 것입니다. 또한 인간적인 생각이 날 때마다 과거에 씨름하던 그 순간을 기억하게 함으로써, 평생 하나님의 은혜 안에 머물게 할 것입니다. 그러므로 그의 위골된 뼈는 그야말로 은혜의 흔적이 된 것입니다.

당신에게도 그와 같은 은혜의 흔적이 있기를 바랍니다. 야곱처럼 씨름하는 기도를 하기를 바랍니다.

# 야곱을 닮아가는 기도

당신에게도 은혜의 흔적이 있습니까? 야곱처럼 기도라는 씨름 가운데 하나님 앞에 굴복하고, 그분의 뜻과 은혜 가운데 거하겠다는 고백이 있었습니까? 세상이 나를 에워싼다 할지라도, '하나님이 도와주시면 나는 승리한다'라는 믿음의 고백이 삶에서 터져 나온 적이 있는가 말입니다.

야곱이 두려워하는 순간에 하나님께서 찾아와 주셨습니다. 기도의 씨름 가운데에서 만나주셨습니다. 그리고, 어린 아이의 몸부림을 보고 부모가 져주는 것처럼, "내가 너에게 패했다. 날 이겼어" 하시며 우리의 기도를 받아주십니다. 기도로 주님과 씨름하십시오. 그리고 주님 은혜 가운데 거하시기를 바랍니다.

야곱처럼 인간적인 방법과 수단에 더 이상 머물지 않겠다고, 대신에 하나님께 기도로 매달리겠다고 결심하지 않겠습니까? 주님은 우리의 부르짖음에 한없이 약하신 분입니다. 우리가 부르짖기만을 기다리시는 하나님이세요. 응답을 준비하고 계십니다. 하나님께 기도로 나아가면, 야곱이 이스라엘이 되게 하신 은혜를 우리에게도 베풀어주실 것입니다.

# 하나님을 경험한 인생의 고백

● 창 33:1-17 ●

## 부부 같은 관계

연애라는 단어를 들으면 어떤 느낌이 드십니까? 듣기만 해도 가슴 뛰는 단어가 아닙니까? 그런데 연애와 결혼의 차이는 뭘까요? 연애할 때는 제일 좋은 모습을 보이기 위해서 애를 씁니다. 가지고 있는 제일 좋은 옷, 제일 좋은 액세서리를 챙깁니다. 자기의 가장 아름답고 멋있는 모습을 보이기 위해 최선을 다해 단장하는 겁니다. 그러니 우리는 주로 상대의 좋은 점만을 보게 됩니다.

또한 연애할 때는 화학 작용의 영향도 있습니다. 케미(chemi) 때문에 단점이 눈에 잘 안 들어오는 겁니다. 제3자들이 "네가 만나는 그 사람에게 무슨 약점이 있고 어떤 부분이 못났다"라고 말해

주어도, 이미 화학 작용이 색안경을 씌워놓았습니다. 그래서 연애할 때는 상대방을 잘 아는 것 같아도 사실은 잘 아는 것이 아닐 수 있습니다. 적당히 감추어진 것입니다. 사진으로 치자면 포토샵 처리한 것 같은 이미지를 마음에 담고 있는 것이지요.

반면에 결혼 생활은 어떻습니까? 잠이 깨서 잠들 때까지, 365일 그 사람과 함께 합니다. 배우자의 모습 그대로를 적나라하게 보게 되는 것입니다. 또한 결혼 생활은 봄날만 있지 않지 않습니다. 여름이 있고, 가을이 있고, 겨울이 있습니다. 꽃피는 호시절이 있는가 하면 위기의 악천후가 몰아닥칠 때도 있습니다. 그 과정을 함께 극복하는 겁니다. 그리고 공동의 목표를 설정해놓고, 그 목표를 이루기 위하여 부부가 함께 달려가는 것입니다. 그래서 결혼한 부부는 연애하는 커플이 가히 알지 못하는, 서로를 향한 이해를 가지고 있습니다. 그리고 그 사람의 진면목을 압니다. "이 사람은 이런 장단점을 가지고 있어. 이런 사람이 내 남편이지, 이런 사람이 내 아내야"라고 말합니다.

성경 호세아서를 보면 하나님과 이스라엘의 관계를 부부로 그립니다. 그래서 성도는 형통할 때, 건강할 때, 인생이 순조롭게 펼쳐질 때만 만나는 하나님을 아는 것이 아닙니다. 대신에 다양한 상황에서 하나님의 진면목을 이모저모로 알게 되는 것입니다. 우리는 그 한 예를 본문의 야곱 이야기에서 발견할 수 있습니다.

야곱은 기회주의적이며, 인간의 술수와 방법을 따라 살아왔던

지극히 인간적인 인물이었습니다. 하나님을 믿는 신앙도 있었지만, 한편으론 세상을 향하여 양다리 걸치고 있는 사람이었습니다. 아마도 그를 그대로 두었다면 끝까지 그랬을 겁니다. 하지만 그를 하나님의 백성, 이스라엘의 조상으로 만들기 위해 하나님은 극단의 조치를 취하셨습니다. 그것이 바로 얍복강가의 씨름입니다. 야곱과 맞붙어 하나님이 씨름하신 겁니다.

씨름하는 중에 하나님은 야곱의 허벅지 관절을 쳐서 그의 뼈를 어긋나게 하셨습니다. 그동안 기회만 되면 사용하던 인간적인 술수와 의지하던 자기의 힘이 다 소용없게 된 것입니다. 힘은 어그러진 뼈와 함께 사라져버렸고, 그만큼 몸이 무너지니 인간적인 술수도 한계에 직면한 것입니다. 그래서 에서라고 하는 일생일대의 문제 앞에서 야곱이 할 수 있는 것은 딱 한 가지만 남았습니다. 하나님을 붙잡고 매달려서 살려달라고, 하나님밖에는 방법이 없다고 몸부림치며 주님을 의지하는 것밖에는 다른 방법이 없었던 것이지요. 하나님은 이렇게 근본에서부터 야곱을 뒤집어 바꿔버리십니다.

### 절망과 한계를 경험한 사람

우리가 잘 아는 찬송가 413장에도 야곱과 같은 절망과 한계를 경험한 사람의 간증이 있습니다. "내 영혼 평안해 평안해."

이 찬양은 인생에서 가장 처참한 지경에 빠져 있었던 한 사람이 두레박으로 깊은 샘물을 끌어올리듯, 자기의 믿음을 끌어올려 올려드렸던 아름다운 찬양입니다. 이 찬송가의 작시가인 스태포드는 시카고의 저명한 변호사요 교수였습니다. 어느 날 하루아침에 날벼락이 떨어졌습니다. 시카고의 대화재로 집이 전소되고, 평생 모았던 재산도 잿더미가 됐습니다. 하필 그때 사랑하는 아내와 눈에 넣어도 아프지 않을 어린 네 딸이 여행을 위해 타고 가던 배가 대서양에서 영국 철갑선과 충돌하고 말았습니다. 그 배는 불과 30분 만에 차가운 바다 밑으로 침몰해버렸고, 아내는 겨우 구조를 받았지만 네 명의 어린 딸은 사라지고 맙니다.

아내를 데리러 배를 타고 가던 스태포드는 비극의 사고 지점을 지나면서 오열합니다. 고통과 슬픔으로 밤새 갑판을 치고 자기 가슴을 쥐어뜯으며, 하나님 앞에서 울부짖고 기도했습니다.

"하나님, 어찌 이런 일이 있을 수가 있습니까? 재산도 다 날아가고 아내 하나 겨우 살고 네 딸은 죽어버렸으니, 나는 이제 어떻게 삽니까? 나도 여기서 빠져 죽겠습니다!"

이렇게 통곡하고 울부짖고 있는데, 새벽 3시경에 세상이 줄 수 없는, 오직 하나님으로부터만 임할 수 있는 신비하고 놀라운 평강이 그의 마음을 지배하고 사로잡습니다. 주님의 평강이 임하니 그 마음에 있었던 애통과 절절했던 한탄이 스르르 사라져버리고 말았습니다. 일찍이 체험해보지 못한 평강이 임했던 순간, 그는 종이를 꺼내 시를 적습니다. "내 영혼 평안해."

찬송가 413장 가사는 이렇게 세상 그 누구보다 절망과 고통에 빠져 있던 한 사람이 주님 앞에 매달려 부르짖을 때, 주께서 주신 '이스라엘의 체험'을 하고서 쓴 것입니다. 기도 가운데 하나님을 만남으로써, 절망과 눈물과 한숨이 이길 수 없게 되는 체험을 한 믿음의 사람이 쓴 것이지요. 그러므로 놀라운 의미를 가지고 있는 찬송시인 것입니다.

### 인간을 의지하지 말라

창세기 33장 1절 말씀을 보십시오.

> …에서가 사백 명의 장정을 거느리고 오고 있는지라 _창 33:1

기가 막힌 상황이 아닙니까? 야곱이 짐승 같은 형을 만날까 봐 20년을 두려워했습니다. "아버지가 죽기만 하면 너를 죽여 버릴 거야"라고 했던 형입니다. 말로만 아니라 정말 익숙한 사냥꾼이요, 전투력이 너무 강력해서 누구라도 부딪혀 봐야 바위에 달걀 치기밖에 될 수 없는 완력의 에서입니다. 그 에서가 400명을 거느리고서 죽인다며 달려온다는 거예요.

이전 같으면 야곱은 막판에 도달할 때까지 머리를 컴퓨터처럼 돌리면서 무슨 수라도 쓰려고 안간힘을 썼을 겁니다. '어떻게 하면 내가 이 위기를 모면할 수 있을까? 그것도 안 되면 내 자식 중에 한 놈이라도 살리기 위해, 하나마나이겠지만 종들하고 같이 맞붙어 싸워야 되겠다.' 그러나 얍복강가에서 하나님과 씨름한 후에 야곱은 완전히 변했습니다. 모든 걸 하나님 앞에 맡겨버리고, 에스더처럼 "죽이면 죽으리이다" 하는 마음을 가지고서 하나님의 약속에 인생을 맡깁니다. 3절을 보십시오.

> 자기는 그들 앞에서 나아가되 몸을 일곱 번 땅에 굽히며 그의 형에서에게 가까이 가니 _창 33:3

몸을 일곱 번 땅에 굽혔다고 합니다. 7은 유대인에게 완전수입니다. 고대 중근동 사회에서 누군가에게 일곱 번 굽히는 경우는 딱 한 가지입니다. 생사여탈권을 가지고 있는 왕 앞에서 두려운 마음과 복종하는 마음으로 일곱 번 땅에 머리를 굽히는 것입니다. 그러니까 야곱은 각오한 것입니다. "내가 모든 걸 하나님 앞에 맡겨드렸으니, 이제 형에게 내 생사여탈권이 있습니다. 형이 나를 죽이면 죽겠고, 형이 살려주면 살겠습니다. 무엇이든지 하나님이 허락하신 것을 내가 받겠습니다. 도와주시옵소서."

그런데 전혀 예상치 못했던 일이 일어났습니다.

> 에서가 달려와서 그를 맞이하여 안고 목을 어긋맞추어 그와 입맞추고 서로 우니라 _창 33:4

기가 막힌 일이죠. 20년 된 원수가, 죽이겠다고 달려들던 에서가 자기 동생을 끌어안고 볼을 비비고 통곡하며 20년 만에 이산가족 상봉을 하는 겁니다. 이것이 무엇입니까? 하나님을 이기니 사람이 어찌하지 못하는 '이스라엘의 실현'인 것입니다.

지난 20년 동안 야곱은 고향에 돌아가지 못했습니다. 밧단아람에서 살 수밖에 없었습니다. 20년 만에 돌아오면서도 형에 대한 두려움 때문에 떨었습니다. 하지만 그 모든 염려와 걱정을 해결하는 가장 근본적인 방법은 오직 하나였다는 것입니다. 그것은 하나님과 관계가 풀리는 것이었습니다. 그러자 형과도 관계가 풀리고, 나머지 모든 인생이 실타래 풀리듯 풀려나게 되었습니다. 야곱이 그걸 몰랐기 때문에 20년 세월이 흘러간 겁니다.

야곱이 하나님과의 관계를 15년 전에 풀었더라면 15년 전에 고향에 돌아갈 수 있었을 것입니다. 10년 전에 풀 수 있었다면 10년 전에 돌아갔을 것이고, 아니 그 이전에라도 풀었으면 언제라도, 얼마든지 고향에 갈 수 있었을 겁니다. 우리도 마찬가지입니다. 인생이 꼬이고 문제가 답답하고 현실이 첩첩산중일 때, 많은 사람은 사람을 쫓아다닙니다. 이 방법 저 방법에 손을 댑니다. 그건 하수(下手)입니다.

고수(高手)는 먼저 하나님께 기도하는 사람입니다. 기도를 통해 '왜 이런 문제가 터졌는지'를 하나님께 묻고 먼저 푸는 것입니다. 하나님과의 관계에서 얽혀 있는 문제를 풀어주시기를 간구하는 것이 근본적인 방법인 탓입니다. 그런 다음에 야곱이 에서에게 나아갔듯이, 기도한 다음에는 필요한 사람을 만나고 필요한 방법도 찾으면서 해결을 위해 최선을 다합니다. 그럴 때 모든 것이 주의 은혜로 순조롭게 하나하나 풀리는 것입니다. 이 순서를 바꾸지 말기를 바랍니다.

## 문제 해결보다 중요한 것

우리는 기도를 통해 문제 가운데에 역사해주시는 하나님을 만날 때 얻는 정말 큰 유익이 있습니다. 사실은 이것이 겉으로 드러나는 문제 해결보다 몇 배나 중요합니다. 보십시오. 야곱이 에서를 만나서 놀라운 체험을 합니다. 원수를 갚으려고 20년이나 칼을 갈았던 형입니다. 그래서 군사를 이끌고 질풍노도처럼 죽이겠다고 달려오던 형이 한순간에 무너져 내린 겁니다. 20년이나 품었던 복수심을 하나님께서 변화시키셔서 아우를 사랑하는 감정으로 바꿔주셨기 때문입니다. 그래서 둘이 끌어안고 울면서 재회한 것입니다.

어느 정도 감정을 추스른 다음, 야곱이 에서에게 식구들을 소개합니다. 그리고 먼저 보냈던 550여 마리의 가축을 형에게 예물로 드립니다. "형님, 받으세요." "아니야, 아우. 내게 있는 것만도 나는 충분해. 그거 필요 없어. 네 거니까 가져." "아닙니다. 형님 받으세요." 이 내용이 10절에 나옵니다.

야곱이 이르되 그렇지 아니하니이다 내가 형님의 눈앞에서 은혜
를 입었사오면 청하건대 내 손에서 이 예물을 받으소서 내가 형님
의 얼굴을 뵈온즉 하나님의 얼굴을 본 것 같사오며 형님도 나를
기뻐하심이니이다 _창 33:10

이것이 무슨 뜻입니까? 야곱은 두려움의 대상이고 인생 최대의
골칫거리였던 에서의 변화를 보면서 "하나님의 얼굴을 본 것 같
다"고 말합니다. 이것은 '하나님이 역사해주셨구나. 맞아, 하나님
만이 이 일을 하실 수 있지'라고 깨달으며 하나님의 일하심을 바
라보는 것입니다. 하나님을 체험했다는 고백입니다.

야곱이 하나님을 체험한 때는 모든 것이 순풍에 돛 단 듯 형통
할 때가 아닙니다. 인생이 따뜻한 봄날처럼 포근할 때도 아닙니
다. 자기가 계획한 것처럼 상황이 하나하나 척척 돌아가는 순간이
아니더라는 것입니다. 오히려 인생이 절벽 끝에 서 있는 것 같고,
문제 가운데 욱여쌈을 당하고, 가장 바닥에 떨어지던 때였습니다.
그가 인생의 앞날이 불투명한 순간에 살아계신 하나님, 전능하신
하나님, 자기를 사랑하시고 역사해주시는 하나님을 그 어느 때보
다 가깝고 뜨겁고 확실하게, 얼굴과 얼굴을 마주 보는 것처럼 확
인할 수 있었다는 것입니다. 이것이 야곱만의 체험입니까? 아닙
니다. 우리의 체험이기도 합니다.

우리도 우리를 만나주시는 하나님의 얼굴을 언제 볼 수 있습니

까? 좋을 때요? 만사형통할 때요? 모든 것이 내 계획대로 돌아갈 때요? 자식 대학 잘 붙고 건강하고 직장 좋은 데 가고, 내 몸이 건강하고 사업이 순조롭게 돌아가는 때입니까? 그렇지 않습니다. 사실 그럴 때는 우리 눈에 하나님의 얼굴이 잘 안 보입니다. 그때는 내 사업이 보이고, 나의 만사형통의 현장이 보이고, 또한 거울에 비치는 내 모습이 보입니다. '내가 자격이 있고 내가 노력을 했고, 내가 죽을 둥 살 둥 노력해서 이렇게 됐지'라고 생각하며, '나'라는 자기가 보이는 것입니다.

그러나 정말 힘든 상황에 처했을 때, 하나님의 은혜로 그 힘든 상황을 하나하나 걷어 올리면서 문제와 위기를 겨우 돌파해 나갈 때, 우리는 어려움 속에서도 나를 도우시고 나와 함께 해주시고, 은혜를 부어주시는 하나님의 얼굴을 바라보게 되는 것입니다. 그리고 그 주님의 얼굴을 바라보면서, 어느 때보다 더한 감사와 찬송을 올려드리게 되는 것입니다.

"하나님, 그렇습니다. 주님이 하셨습니다. 이것은 내 힘과 노력과 능력 때문이 아닙니다. 오직 나를 사랑하시고 나를 불쌍히 여기셔서, 나를 위하여 권능의 오른손을 뻗으시는 하나님으로만 일어난 놀라운 기적입니다."

우리는 그 가운데서 하나님의 얼굴을 바라보며 이렇게 고백할 수밖에 없습니다. 이것이 바로 평탄하고 순적할 때보다 위기 가운데 처했을 때, 질병으로 고통받고 있을 때, 인생에서 부도를 맞았을 때 하나님의 얼굴을 바라보고 찾는 자가 더 많은 이유입니다.

## 오히려 하나님을 만날 기회

저는 이 장의 초두에서 연애와 결혼의 차이를 말씀드렸습니다. 우리 하나님은 늘 좋은 일이 있을 때만 얼굴을 보여주는 연애 대상 같은 분이 아니십니다. 대신 하나님은 부부처럼, 오랫동안 아프고 고통받고 쓰라릴 때 우리 곁에 함께해 주시고, 신실하심과 사랑을 증명해주시는 분입니다. 그분이 바로 우리 하나님이십니다.

우리가 인생의 위기를 만나고 어려울 때 그분 앞에 기도로 나아갈 수 있다면, 그리고 믿음으로 인생을 맡기고 그분을 신뢰할 수 있다면, 우리는 오히려 어느 때보다 생생하게 살아계신 하나님, 나를 위하여 능력을 베풀어주시는 하나님, 그리고 내 곁에 계신 하나님의 얼굴을 볼 수 있을 것입니다. 언제나 주님의 얼굴을 바라보는 우리가 될 수 있기를, 특별히 위험하고 어려울 때에 주님을 만날 수 있기를 축원드립니다.

# 야곱을 닮아가는 기도

하나님과 성도 사이는 오랜 부부 사이처럼 어려운 일이 있어도 함께하는 것입니다. 그래서 풍파 같은 위기가 인생에 몰아칠 때도 우리는 주님 앞에 기도할 수 있습니다. 하나님 앞에 매달리며 씨름하게 되는 것입니다. 그럴 때 하나님께서는 우리에게 승리를 선언해주십니다. 하나님이 우리에게 승리를 주셨으니, 우리가 무엇을 두려워하겠습니까?

우리는 위기와 고난의 현장에서 오히려 하나님의 얼굴을 직면하게 될 것입니다. 평안할 때는 내가 보일 겁니다. 내 노력과 내 업적과 성공의 열매들이 보이겠지요. 그러나 절망할 문제나 질병 같은 걸 당하면 오히려 하나님을 향해 우리의 시선을 들게 될 것입니다. "하나님 밖에 없습니다. 하나님께서 나에게 얼굴을 비춰주시는군요"라고 고백하게 될 것입니다.

삶에 문제가 있고 어려운 일에 처했습니까? 그 문제를 통하여 주의 얼굴을 직면할 수 있도록 도와달라고 기도하십시오. 위기에 처할 때 주님과 기도로 씨름하게 하시고, 하나님의 능력과 은혜로 말미암아 간증의 주인공으로 우뚝 설 수 있기를 간절히 기도합니다.

# 편의주의 신앙과
# 자기합리화의 함정

● 창 33:18-34:17 ●

**지금 평안이 있으십니까?**

이창현이 쓴 〈내 마음속의 울림〉에 이런 말이 있습니다.

"브라운관 텔레비전이 고물상에 있으면 고물에 불과하다. 그러나 백남준에게 있으면 보물이다. 마이클 조던이 야구장에 있을 때는 고물이지만 농구장에 있을 때는 보물이다. 고물과 보물은 위치에 따라 달라진다. 당신은 어디에 있을 때 보물인가?"

그렇습니다. 우리의 위치가 모든 걸 판가름냅니다.

가장은 일터에 있을 때 보물입니다. 하지만 노름판에 있다면 고물입니다. 가정주부가 가정에 있을 때는 남편과 자식들에게 보물입니다. 그러나 카바레를 돌면서 제비의 품에 안겨 쿵짝짝 스텝을

밟을 때는 고물입니다.

성도도 마찬가지입니다. 성도는 언제 보물입니까? 예배의 자리에 있을 때입니다. 내가 나를 봐도 부족하고, 세상 사람이 봐도 별거 없다고 말할지라도, 예배의 자리에 있는 성도는 하나님이 바라보실 때 "너는 나의 보물이야"라고 인정해주시는 겁니다. 반면에 성도가 예배 시간에 예배 자리가 아닌 다른 곳에 있을 때, 그 사람은 영적으로 고물이 된 것입니다.

하나님의 보물이던 야곱이 고물과 같이 되어 버렸습니다. 그가 있어야 할 곳에 없었기 때문에 그렇습니다. 그가 있어야 할 곳은 과연 어디였을까요? 그 해답을 알아보기 위해, 앞에서 야곱이 겪었던 일들을 조금 돌이켜봅시다.

그렇게도 두려워하던 형 에서를 20년 만에 대면했습니다. 그에게 맞아 죽을 줄 알았습니다. 그러나 하나님의 전적인 은혜가 임했고, 둘은 부둥켜안고서 원망과 미움과 분노와 한숨을 눈물 가운데 다 씻겨 보내며 뜨거운 해후를 합니다. 덕분에 야곱은 무사히 가나안에 돌아옵니다.

야곱이 밧단아람에서부터 평안히 가나안 땅 세겜 성읍에 이르러 그 성읍 앞에 장막을 치고 _창 33:18

여기서 '평안'이라고 하는 히브리어 단어는 '샬렘'입니다. 이것은 사람이나 세상이 줄 수 있는 평안이 아닙니다. 그 기원은 오직 하나님뿐입니다. 하나님께서 주실 수 있는 것이 샬렘인 것이지요. 사기꾼 같던 야곱에게 어떻게 이런 평안이 올 수 있었을까요?

여호와께서 야곱에게 이르시되 네 조상의 땅 네 족속에게로 돌아가라 내가 너와 함께 있으리라 하신지라 _창 31:3

밧단아람을 떠나서 약속의 땅 가나안으로 가라 하시는 하나님의 말씀을 그가 따랐기 때문입니다. 그러므로 하나님의 말씀을 따를 때, 우리가 얻는 첫 번째 축복은 우리 영혼의 평안입니다. 이건 상황과 환경이 좌우하지 못합니다. 최악의 상황과 환경에서도 하나님 안에 있으면 평안이 임하는 것입니다.

'평안'이라는 주제로 미술대회가 열렸습니다. 두 그림이 최종 심사에 올랐습니다. 하나는 고요한 호숫가를 그린 겁니다. 누가 봐도 마음이 푸근해지는 그림이었습니다. 그러나 두 번째는 전혀 달랐습니다. 폭풍우가 치고 장대비가 쏟아지고 바람이 휘몰아치고 있는데, 작은 새 한 마리가 바위틈에 들어가 안식을 취하고 있습니다. 심사위원들이 회의 끝에 결론을 내립니다. 두 번째, 폭풍 속의 새 그림이 대상에 선정됐습니다. 왜 그렇습니까? 이유는 우리 인생이 언제나 잔잔한 호숫가와 같을 수는 없기 때문입니다. 때로는 폭풍우가 치고 파도가 몰아쳐도 심령이 평안할 수 있는 것은 의지할 바위 같은 대상이 있을 때입니다. 그래서 이 그림에게 대상을 주었다는 겁니다.

하나님의 말씀을 따르면 하나님이 함께하시기에, 그 어떤 상황에서도 우리 안에 평안이 임할 줄 믿으시기 바랍니다. 반면에 말씀을 거스르면 다릅니다. 상황은 좋고 최선의 환경 속에 있을지라도 불안하고 초조합니다. 왜요? 하나님이 함께하지 않으시기 때문입니다. 그래서 이것이 시금석입니다. '내가 지금 주님의 뜻 안에 있느냐, 그렇지 않으냐'이지요. 이걸 분별할 수 있는 아주 간단한 비결은 지금 내 안에 평안이 있는지를 보면 되는 겁니다.

## 가장 잘 살 수 있는 비결

하나님께서는 20여 년 전에 에서를 피해 외삼촌에게 가던 야곱에게, 그의 꿈에서 약속을 주셨습니다.

"내가 너와 함께 하고 너를 지켜줄 것이다. 너를 나의 능력의 손으로 붙잡아, 너로 하여금 다시 고향 땅을 밟도록 해줄 것이다."

벧엘에서 나타나 이 약속을 주신 하나님께 야곱이 서원합니다.

²¹내가 평안히 아버지 집으로 돌아가게 하시오면 여호와께서 나의 하나님이 되실 것이요 ²²내가 기둥으로 세운 이 돌이 하나님의 집이 될 것이요 하나님께서 내게 주신 모든 것에서 십분의 일을 내가 반드시 하나님께 드리겠나이다 하였더라 _창 28:21-22

하나님은 이 벧엘 언약에 신실하셨습니다. 이 언약을 최선을 다하여 이루셨습니다. 외삼촌 라반의 야비한 계략과 속임수가 난무했지만 그를 지켜주셨고, 형 에서가 죽이겠다고 400명의 군사를 이끌고 쫓아왔지만 그의 마음을 변화시켜 동생을 측은히 여기고 해후하게 만드셨습니다.

우리 하나님께서는 말씀을 신실하게 이루시는 분이십니다. "내 입에서 나가는 말도 이와 같이 헛되이 내게로 되돌아오지 아니하고 나의 기뻐하는 뜻을 이루며 내가 보낸 일에 형통함이니라"(사 55:11). 주님이 한 번 명하신 일은 반드시 메아리쳐서 열매를 가지고 우리 삶에 돌아오게 되는 것입니다. "풀은 마르고 꽃은 시드나 우리 하나님의 말씀은 영원히 서리라 하라"(사 40:8).

그래서 인생을 가장 잘 살 수 있는 비결이 있습니다. 그것은 영원히 변치 않는 하나님의 말씀을 그 말씀 그대로 붙잡고 사는 것입니다. 그런 사람이 최고의 인생을 살 줄 믿습니다. 우리 하나님의 영원하신 말씀을 붙잡고 사는 사람은 그 인생이 반석 위에 서 있는 집과 같이 흔들리지 않는 인생이 될 것입니다.

### 편의주의적 신앙 태도

성경에서 언약이라고 하는 것은 일방통행이 아닙니다. 쌍방의 계약입니다. 한쪽이 다른 한쪽과 부합돼야 하는 것이죠. 즉, 하나님께서 벧엘 언약을 성취하셨다면, 이제는 야곱도 자기의 입으로 했던 그 서원을 지켜야만 합니다. 평안하게 가나안 땅에 들어섰다면, 곧장 벧엘에 가서 제사를 드리며 하나님을 섬겼어야만 하는 것입니다. 거기가 야곱이 있어야만 했던 장소인 것입니다. 그런데 그는 그렇게 하지 않았습니다. 그 대신 세겜 성읍에 장막을 칩니다. 그리고 장막을 친 그 땅을 구입합니다.

세겜 성읍은 그때까지 야곱이 거하던 어느 곳보다 발전한 문명의 도심지였습니다. 사람들이 그곳을 왕래하며 상업이 번성했고, 그렇기에 자녀들을 양육하기에는 세상적으로는 최적의 조건이었습니다. 아마도 지금의 서울 강남 같은 곳이겠죠. 야곱이 거기에 살고 싶어졌습니다. 거기에 뿌리를 내리겠다는 것입니다.

세겜에 뿌리를 내리려는 야곱의 속마음은 이랬을 것입니다. '벧엘로 가야 하지만 거기까지 가려면 거리가 멀어. 그러니 세겜에 머물래.' 이것이 무엇입니까? 야곱의 편의주의적 신앙입니다. 편의주의 신앙에는 강력한 지원군이 있기 마련입니다. 자기합리화입니다. 야곱의 경우를 보십시오.

거기에 제단을 쌓고 그 이름을 엘엘로헤이스라엘이라 불렀더라
_창 33:20

그 제단의 이름을 '엘엘로헤이스라엘'이라 불렀는데, 그 뜻은 "하나님은 이스라엘의 하나님이시다"라는 것입니다. 말은 좋지

만, 그곳이 하나님이 계신 집, 벧엘과 마찬가지라는 것입니다. '아니 뭐, 꼭 벧엘에만 가야 되나? 하나님은 온 땅에 충만하신데, 여기 세겜 좋잖아. 자식들 데리고 연약한 소와 양과 낙타 다 끌고 가다 보면 재물의 손실도 많을 것이고, 그러면 하나님 앞에 번제 드릴 것도 축나는 것이고, 좋은 게 좋은 거지 뭐. 하나님도 내가 여기서 편안하게 지내길 원하실 거야'라고 생각하는 겁니다.

유명한 버나드 쇼가 이런 말을 했습니다.

"명예롭지 못한 성공은 양념하지 않은 요리 같아서, 배고픔은 면하게 해주지만 맛은 없다."

뭡니까? 한마디로 아닌 건 아니라는 것입니다. 야곱이 겉으로는 해야 할 것을 다 하고 있습니다. 제단을 쌓고서 '하나님은 이스라엘의 하나님이시다'라는 허울 좋은 신앙고백까지 했습니다. 그러나 그건 한낱 편의주의 신앙과 자기합리화일 뿐입니다. 첫 단추를 잘못 끼우면 나머지가 다 엉켜버리는 겁니다.

에어비앤비(airbnb)는 세계에서 가장 큰 숙박 제공 시스템입니다. 힐튼 같은 대형 호텔이 비교가 안 되도록 어마어마하게 큰 기업이 됐습니다만, 정작 호텔은 하나도 소유하고 있지 않습니다. 전세계 각 개인의 집에 남은 빈방을 연결하는 인터넷 플랫폼이기 때문입니다. 우버(Uber) 같은 차량 제공 시스템은 어떻습니까? 세계에서 가장 큰 운송업체가 되었지만, 여기도 자기들 소유의 차는 한 대도 없습니다. 개개인의 자동차를 필요한 고객들과 연결해주는 겁니다. 이런 걸 공유 경제(sharing economy)라고 말합니다. 나눠서 같이 쓴다는 겁니다.

문제는 영적인 세계에서도 공유 개념이 잘못 적용되는 것입니다. 신앙인들 사이에도 공유 예배(sharing worship)를 드리는 것으로 만족하는 사람들이 꽤 있습니다. 무슨 뜻이냐? 어떤 유명한 교회의 공개된 온라인 예배 방송을 다른 교회 교인이 보면서 예배를 공유한다는 것입니다.

그러나 예배는 그 생명이 현장성입니다. 장소에 임하시는 성령을 경험하면서, 예배에 나를 거룩한 산제물로 드리는 것입니다. 아침에 세수하고 옷 갈아입고 교회 가는 과정부터, 주님의 전에 나와 예배하고 봉사하는 모든 시간이 거룩한 산제물이 되는 예배입니다. 그런데 인터넷으로 이 교회 설교 듣고 저 목사님 설교 들으며, 자기는 정작 교회에 가지 않는 것이 예배일까요? 자신은 인터넷으로 매주 설교를 듣고 주일성수를 하니까 신앙이 좋다고 착각하는 것은 아닌지요?

반드시 기억해야 하는 것은 예배가 결코 편의주의의 대상이 될 수 없다는 사실입니다. 반드시 현장에 나와서 그곳에 임재하시는 하나님을 만나고, 그 가운데에서 주님 앞에 나를 올려드리는 모습이 있어야 합니다. 예수님께서도 안식일마다 회당에 들어가셔서 그곳에서 예배를 드리셨다면, 우리가 무엇이관대 교회 현장에서 예배를 드리지 않습니까? 예수님이 계실 때는 인터넷이 없어서 그랬다고 말하시렵니까? 예수님 자신이 하나님의 아들이십니다. 그런 분이면 굳이 회당에 가지 않아도 되었을 것입니다. 그러나 회당에서 말씀을 강론하신 것에 우리는 주목해야 합니다.

### 있어서는 안 될 곳

야곱이 편의주의 신앙으로 자기합리화를 하면서 있어서는 안 될 곳인 세겜에서 지냅니다. 그러자 큰 문제가 터집니다.

> ¹레아가 야곱에게 낳은 딸 디나가 그 땅의 딸들을 보러 나갔더니 ²히위 족속 중 하몰의 아들 그 땅의 추장 세겜이 그를 보고 끌어들여 강간하여 욕되게 하고_창 34:1-2

학자들에 의하면 이때 디나의 나이가 적으면 13살, 많으면 15살에서 16살 정도로 사춘기 십대였다고 추정합니다. 사춘기 소녀들이 다 그렇듯이, 다른 여자들이 화장하는 거나 예쁜 장신구와 옷들이 얼마나 궁금했겠습니까? 세겜에 사는 여자들은 어떻게 사는지, 촌구석에서 살다가 번화한 곳에 와서 그런지 너무나 보고 싶었을 겁니다. 그래서 거리로 나갔다가 그만 그 성의 추장 아들에게 성폭행을 당합니다. 성경은 이 디나에 대해 "욕되게 되었다"라고 기록했습니다. 사실 디나의 사건은 세겜성의 풍요와 발전상을 쫓다가 하나님과 맺은 벧엘의 언약을 놓치고, 영적인 순수성이

더럽혀진 야곱 일가의 모습을 상징적으로 보여주는 것입니다.

그런데 디나를 범했던 젊은 추장 세겜이 이상합니다. 폭행할 때는 언제고, 그 후에 그만 디나에게 푹 빠져서 상사병에 걸립니다. 이 여자랑 결혼 안 시켜주면 죽겠다는 겁니다. 대를 이을 추장이자 가문의 존귀한 자인 아들이 앓아 누우니, 그 아버지 하몰이 야곱을 찾아와 이런 제안을 합니다.

> [9]너희가 우리와 통혼하여 너희 딸을 우리에게 주며 우리 딸을 너희가 데려가고 [10]너희가 우리와 함께 거주하되 땅이 너희 앞에 있으니 여기 머물러 매매하며 여기서 기업을 얻으라 하고
>
> _창 34:9-10

간단히 말하면 통혼해서 서로 피를 섞고, 결국 한민족이 되어서 같이 살자는 겁니다. 갈등하지 말고 상부상조하고, 좋은 게 좋은 거라며 서로 윈윈하자는 것입니다.

저는 언젠가 동남아에서 원숭이 잡는 법을 들은 적이 있습니다. 사냥꾼이 적당한 크기의 표주박을 구해서 그 속에 있는 것들을 다 빼냅니다. 원숭이가 겨우 손을 넣을 정도의 구멍을 뚫고 그 안에는 쌀을 채워 넣습니다. 그리고 나무에 다시 매달아 놓습니다. 배고픈 원숭이가 그 표주박에서 쌀을 발견하면 냉큼 손을 넣습니다. 한 웅큼 쥐었는데 빼지 못합니다. 움켜쥔 쌀 한 줌을 놓기만 하면

빠지는데 그걸 붙잡고 있는 겁니다. 원숭이가 낑낑거리고 있을 때 사냥꾼이 다가옵니다. 원숭이가 나 죽겠다 하면서 소리를 지릅니다. 그래도 욕심 때문에 쌀 한 줌을 놓지 않습니다. 소탐대실입니다. 결국 붙잡혀 평생 구속당하게 됩니다.

하몰의 말은 그럴 듯합니다. 그러나 이것이야말로 원숭이가 속은 표주박 속의 쌀처럼 마귀의 달콤한 속삭임입니다. 왜냐하면 야곱의 일가가 누구입니까? 언약의 백성입니다. 열방을 축복해야 할 민족과 제사장 국가가 그들로부터 탄생하는 겁니다. 그러니 피를 섞고 한민족이 되어 이방 국가에 편입된다는 것은 하나님이 맡기시는 위대한 축복과 사명을 저버리는 행위가 되는 것입니다. 그런데 이런 일이 왜 일어났습니까? 야곱이 있어야 할 곳 벧엘 대신 세겜에 머물렀기 때문입니다. 그러자 이제는 세상이 야곱을 적극적으로 끌어들이려고 태클을 거는 것입니다.

지금도 마찬가지입니다. 성도가 '이 정도쯤이야' 하고 세상에 한 발을 슬쩍 걸치면, 그 순간부터 마귀와 세상은 우리를 두 발 다 세상에 뿌리내리게 하려고 안간힘을 쓸 겁니다. 그래서 우리도 죄 가운데에 들어가 하나님의 원수가 되게 만들어, 하나님이 맡기신 거룩한 사명을 놓치도록 우리를 공격하고 유혹할 것입니다.

사도 바울은 디모데후서 4장 10절에서 너무나 안타까운 탄식을 합니다. "데마는 이 세상을 사랑하여 나를 버리고 데살로니가로 갔고 그레스게는 갈라디아로, 디도는 달마디아로 갔고"(딤후

4:10).

아마도 데마는 사도바울과 선교여행을 다니면서 회의가 든 것 같습니다. '이렇게까지 힘들게 할 필요가 있을까? 다른 순회 설교 자들은 대접받고 영웅시되면서 복음 전하고, 때로는 사람들이 초 청해야 복음을 전해주는데, 왜 사도 바울은 꼭 불의 위험, 물의 위 험, 강도의 위험에 매까지 맞으면서까지 이 고생을 하는가? 그래 서 우리까지 알지도 못하는 곳으로 돌아다니면서, 고마워하지도 않는 저 인간들에게 이렇게 안간힘을 쓰면서 복음을 전해야 하는 가? 이럴 필요가 있을까? 조금 더 세련되고 효율적으로 할 수 있 는 방법이 있지 않을까?' 이런 불만들도 생겼을 것입니다. 그래서 데마는 영생의 복음과 사도 바울을 떠나서 데살로니가로 도망치 고, 그 후부터 그의 이름은 성경에서 사라지고 맙니다. 심지어 배 신자요 복음의 원수라는 낙인이 찍혀버립니다. 그러니 편의주의 와 자기합리화의 사람은 얼마나 불행합니까? 편의주의 신앙은 우 리를 옭아매는 덫이라는 사실을 기억하셔야만 합니다.

### 바닷물을 들이킬텐가?

야곱의 가족은 쑥대밭이 됩니다. 하나뿐인 딸 디나는 성폭행을 당 하고, 아들들은 하나님과 맺은 고귀한 언약 백성의 표지인 할례를 거짓말의 도구로 사용합니다. 세겜과 그의 아버지 하몰과 세겜성 의 사람들에게 "너희들이 만약에 우리처럼 할례를 받으면 우리가 너희와 통혼하여 하나가 되겠지만, 너희가 할례받지 않으면 우리는 디나를 데리고 오늘 밤 당장 떠나겠다. 선택해라." 그래서 하몰과 세겜과 세겜성의 남자들이 다 할례를 받습니다. 그리고 3일째가 되어 완전히 무기력하게 됐을 때, 시몬과 레위가 칼을 들고서 야밤에 기습하여 세겜성의 남자들을 죽여버립니다. 야곱의 다른 아들들은 노략질에 가담합니다. 이 일을 야곱이 책망하니 아들들이 가문의 영적 제사장이요 아버지요 족장인 야곱에게 대듭니다.

> 그들이 이르되 그가 우리 누이를 창녀 같이 대우함이 옳으니이까
> _창 34:31

야곱의 영적 리더십이 한순간에 와르르 무너져 내린 것입니다. 잘 보십시오. 야곱의 편의주의 신앙이 이 가정의 모든 것을 무너뜨리는 결과를 초래했다는 사실입니다.

예전에 봤던 영화가 생각납니다. 배에서 잔치가 벌어지고 있었는데 풍랑이 휘몰아쳐서 난파되고 맙니다. 겨우 살아남은 몇 명의 사람들이 조각배를 탔습니다. 구조선이 오기만 기다리며 하루하루를 보냅니다. 그러나 오지 않습니다. 낮에는 태양이 그들의 피부를 벗겨낼 것처럼 내리쬐고 마실 물은 없어서 목이 탑니다. 주변을 바라보면 푸른 물이 영원히 마셔도 없어지지 않을 만큼 출렁거리는데 마시지 못합니다. 바닷물이 소금물이기 때문입니다. 그

러다 정신이 혼미해지는 어느 순간, 그중 한 사람이 바닷물을 마시려 합니다. 다른 사람들이 안 된다고 그를 끌어당깁니다. 하지만 이 사람은 결국 마셔버립니다. 잠시 갈증은 해소됐지만, 조금 뒤에 더 극심한 갈증이 찾아와 그는 또다시 바닷물 마시기를 반복합니다. 그는 죽어버립니다.

편의주의 신앙은 바닷물을 들이키는 것과 같습니다. 처음 잠깐은 편할지 모릅니다. 자기합리화를 하니까 죄책감도 어느 정도 덮어버릴 수 있을 겁니다. 그러나 우리의 영혼이 편의주의라고 하는 잘못된 신앙으로, 자기합리화로 파경에 이르면 우리 삶의 범사마저 무너져 내리게 되는 것입니다.

## 빌리 그래함 목사의 거절

미국 시애틀에 기독교 계열의 퍼시픽대학교가 있습니다. 총장인 데이비드 맥케나 박사(Dr. David McKenna)는 세계적인 복음 전도자 빌리 그래함 목사님의 절친입니다. 마침 창립 50주년 기념식과 졸업식을 같이 하게 되었습니다. 이 학교로서는 매우 영광스러운 행사입니다. 맥케나 박사가 고민합니다. '누구를 강사로 부를까? 그렇지! 내 친구 빌리 그래함 목사님을 이 중요한 행사에 초청하는 것이 좋겠다.'

서양에서 대학교 졸업식의 연사가 된다는 건 굉장한 명예입니다. 멋진 명언도 많이 나왔지요. 2차 세계대전을 이끌었던 윈스

턴 처칠이 옥스퍼드대학교의 졸업식에서 했던 유명한 말이 한 예입니다. "Never, never, never give up!"(절대로, 결코, 결코 포기하지 마십시오!) 애플의 창업자였던 스티브 잡스는 스탠포드대학교의 졸업식에서 이런 명언을 남겼습니다. "Stay hungry, stay foolish!" 현실에 안주하지 말고 도전정신을 잊지 말라는 뜻이기도 했습니다. 이런 게 다 대학교 졸업식에서 나왔던 명언들이 아닙니까? 빌리 그래함 목사님에게 그런 기회가 주어진 겁니다. 그런데 그 연락을 받은 빌리 그래함 목사님이 맥케나 박사에게 이렇게 답했습니다.

"여보게 맥케나, 미안한데 나는 자네 학교 졸업식 연설을 할 수가 없네."

"왜, 어디 아픈가?"

"아니. 우리 동네 사람 중에 예수 믿지 않는 사람이 있는데, 내가 어렵사리 그 사람과 점심을 먹기로 선약을 잡았네. 자네도 알다시피 나는 복음 전도의 사명을 맡은 자가 아닌가. 자네 학교 졸업식 연설이 영광스러운 자리이지만, 거기는 누구든지 부르기만 하면 올 사람이 줄을 서 있지 않은가? 하지만 예수 믿지 않아 지옥으로 갈 이 동네 사람을 만나 복음 전할 수 있는 사람은 지금 이곳에선 나뿐일세. 이것이 나의 사명일세. 그러니 나를 용서해주고 이해해주게. 나는 못 가네."

맥케나 박사가 "아니, 다른 날로 미루든지, 지금 수천 명의 학생

들이 당신의 연설을 기다리고 있는데 꼭 와야 된다"라고 억지를
부릴 수도 있잖아요. 그는 그러지 않았습니다. 빌리 그래함 목사
님의 거절이 그렇게 은혜가 됐다는 겁니다. 영광스러운 자리에 설
수 있음에도 불구하고 한 영혼을 위해, 복음을 전할 수 있는 그 짧
은 시간을 포기하지 않겠다는 마음을 귀중하게 여기는 빌리 그래
함 목사님이 너무나 귀하게 여겨졌습니다. 이것이 빌리 그래함 목
사님을 하나님께서 99세에 이르기까지 영광스럽게 복음을 전하
는 인물로 세워주신 이유가 아니고 무엇이겠습니까?

　우리의 신앙이 편의주의와 자기합리화라고 하는 덫을 뻥 하고
차버릴 수 있기를 바랍니다. 우리의 신앙이 하나님 앞에서 늘 바
로 설 수 있기를 기도합니다. 우리의 신앙이 철저히 말씀 중심일
수 있기를 바랍니다. 그럴 때 하나님은 우리를 주님의 위대한 손
으로 붙잡아주시고, 맡기신 사명을 감당하게 하시고, 하나님의 은
혜로 우리의 삶을 이끌어 승리의 기쁨을 맛보도록 역사해주실 줄
믿습니다. 이러한 놀라운 은혜가 우리 인생 가운데 넘칠 수 있기
를 주의 이름으로 축원드립니다.

# 야곱을 닮아가는 기도

당신의 신앙은 말씀 앞에 바로 서 있습니까? 혹여나 편의주의와
자기합리화의 덫에 걸려, 주님의 말씀을 떠나 어그러진 길로 나아가는
모습이 어느 한 구석에라도 있지 않습니까?

야곱과 그의 인생, 그리고 그의 가정이 무너져 내린 것은 하나의 작은
잘못 때문이었습니다. 있어야 할 곳, 진정한 예배의 장소를 떠나
자기 생각대로, 세겜이라고 하는 눈에 좋아 보이는 곳에 있을 때였습니다.
"주님, 나는 있어야 할 자리를 떠나지 말게 하옵소서.
예배하는 자리를 지키게 해주소서."

오늘 나의 신앙과 인생에 주님이 기뻐하지 않으시는 편의주의적인
태도가 있다면, 그리고 내가 애써 마음을 닫아버리고 자기합리화하는
구석이 있다면, 하나님께서 깨닫게 해주시고 결단하게 해주시옵소서.
주님이 원하시는 새로운 믿음의 길을 걸어갈 수 있도록,
주님께서 함께 해주옵소서.

# 망할 뻔한 인생의 회복 매뉴얼

● 창 35:1-15 ●

## 인생 사용 설명서

제가 쓰고 있던 휴대폰에서 보관하고 싶어 하는 사진이 그만 날아가 버리고 말았습니다. 조작을 잘못했던 것 같습니다. "이거 어떻게 하나?" 안타까워했습니다. 그런데 저는 몰랐습니다. 삭제돼 버린 사진을 복구하는 기능이 휴대폰에 있다는 것을…. 제 아내와 아이들이 그걸 알려주었습니다. 저는 2년 넘게 썼던 휴대폰인데, 그 기능을 처음 알았습니다. 제가 아이들이 그걸 복구시켜주는 걸 보면서 '와' 하며 너무 좋아하니까, 그 모습을 보면서 저희 애들이 비웃었습니다. "아빠는 기계치야." 여러분의 담임목사가 기계치입니다. 제가 기계 같은 거 잘 몰라요.

제가 그걸 왜 몰랐을까요? 사용설명서, 제조사가 만들어 놓은 매뉴얼을 읽지 않았기 때문입니다. 그래서 '물건을 구입하면 매뉴얼을 꼼꼼하게 익히는 것이 중요하구나' 하는 걸 다시 한 번 깨달았습니다.

인생을 살아갈 때 성공과 실패만 있으면 얼마나 좋겠습니까. 그렇지 않습니다. 때로는 눈물 흘리고, 실수하고 실패하는 순간이 있습니다. 어쩌면 온 세상은 너무나 평안한데 나만 힘들다고 느끼는 분이 있을지 모르겠습니다. '그럼 어떻게 회복할 수 있느냐?' 이것이 관건이겠죠. 방법은 의외로(!) 간단합니다. 제가 사용법을 몰라서 잃어버린 휴대폰의 사진을 복구하지 못했던 것처럼, 인생 역시 사람을 만드신 분의 사용법을 알면 됩니다.

하나님은 창조주이십니다. 우리는 그분이 만드신 피조물입니다. 그분이 우리를 만드셨기에 우리를 제일 잘 아십니다. 그래서 우리는 그분의 방법, 즉 '인생 회복 매뉴얼'을 따라야만 합니다.

야곱을 보십시오. 야곱은 가문 전체의 뼈아픈 실패 속에서 주저앉아 있었습니다. 하나님과 맺은 벧엘 언약을 잊었습니다. 세겜에 뿌리를 내리려고 거기에 또아리를 틀었습니다. 편의주의 신앙과 자기합리화에 빠져 있었던 겁니다. 그러다가 그만 사춘기 딸 디나가 성폭행을 당합니다. 분노한 야곱의 아들들이 이 여동생 때문에 넘지 말아야 할 선을 넘습니다. 야곱이 아들들을 꾸짖자 그 아들들이 회개하기는커녕 아버지에게 대듭니다. 야곱의 영적 리더십이 한순간에 추락한 것이지요. 나아가 세겜 사람들과 동맹 관계를 맺고 있던 인근의 가나안 사람들이 언제 야곱 가문을 공격할지 모르는 두려움에 떨게 됐습니다. 그런데 이런 야곱의 가정이 완전한 회복을 경험합니다. 우리는 이 과정을 통해서 하나님의 인생 회복 매뉴얼을 발견합니다. 과연 어떤 내용일까요?

## 인생 회복의 기초

사람은 아주 현실적인 존재입니다. 인생의 문제와 위기가 닥치면 예수 믿는 사람도 유혹을 받습니다. 사람 쫓아다니고 이 방법 저 방법에 손을 벌려보고 백방으로 뛰어다닙니다. 야곱도 위기 가운데에선 그럴 수 있었겠지요. 화해를 이룬 형 에서에게 SOS를 칠 수도 있었습니다. 그런데 하나님은 실패의 늪에 빠진 야곱에게 사람의 방법과 전혀 다른 처방을 내립니다. 그것은 "일어나서 벧엘로 올라가라. 그리고 거기서 제단을 쌓으라"는 것입니다.

> 하나님이 야곱에게 이르시되 일어나 벧엘로 올라가서 거기 거주하며 네가 네 형 에서의 낯을 피하여 도망하던 때에 네게 나타났던 하나님께 거기서 제단을 쌓으라 하신지라 _창 35:1

하나님과의 관계 회복이 인생 회복의 기초라는 사실입니다.

예전에 기막힌 외신 보도를 본 적이 있습니다. 말레이시아에 살고 있는 카마루딘 모함메드라고 하는 72세 노인의 이야기입니다. 이 노인이 결혼을 몇 번이나 했느냐? 무려 52번 했습니다. 결혼해서 살다가 '이 여자가 아닌데' 하면서 1년도 안 돼 이혼해버리고, 또 조금 지나면 다른 여자와 결혼하고, 하여튼 그러면서 52번의 결혼을 한 겁니다. 그렇게 72세까지 살다가 드디어 이상형의 여자를 만나 마지막으로 52번째 결혼을 했습니다. 그런데 52번째 결혼한 상대자가 누구냐? 바로 수십 년 전에 결혼했다가 헤어진 첫 번째 아내입니다. 결국 돌고 돌다 보니까 조강지처만한 사람이 없더라는 것입니다.

야곱도 인생 회복의 열쇠가 다른 데 있는 것이 아니었습니다. 벧엘로 돌아가는 것입니다. 하나님께 돌아가는 것에서부터 인생의 회복이 다시 시작된다는 것입니다. 그가 놓쳤던 하나님, 그가 놓았던 하나님의 말씀이었습니다.

실패했다고 느끼는 분이 계십니까? '내 인생이 바닥을 치고 있어'라고 생각하고 계십니까? 이 방법 저 방법 다 써봐도 안 되나요? 왜 그럴까요? 우리는 하나님께서 예수의 핏값으로 구원하신 주님의 백성이기에 인생 회복의 해법은 오직 한 가지, 하나님과의 회복뿐이기 때문입니다. 말레이시아 노인이 결혼생활에서 무익한 방황을 계속했듯이, 이 사실을 깨닫기까지 우리가 영적인 방황과 고생을 계속하는 겁니다. 그러므로 빨리 깨달아야 합니다.

## 야곱이 받은 명령

그런데 하나님께서 야곱에게 하신 말씀을 보면 중요한 의미들이 담겨 있습니다.

첫째, "일어나라"는 하나님의 명령입니다. 이건 히브리어로 '쿰'이라고 하는 단어입니다. 이것은 결연하고도 단호하게 그 자리를 박차고 일어난다는 의미를 가지고 있습니다. 기억나십니까? 예수님께서 야이로의 죽은 딸을 살리실 때 뭐라고 외치십니까?

"달리다 쿰! 소녀야 일어나라!"

죽음이라는 절망의 자리를 박차고 일어나라고 예수님께서 명령하신 말씀입니다. 마찬가지로, 하나님께서 야곱에게 일어나라고 하신 것은 단호한 영적 결단을 촉구하신 것입니다. 우리도 인생의 회복을 위해서는 익숙한 세상 것들과의 단호한 결별이 이루어져야만 합니다.

지금 당신이 '쿰' 해야 될 부분은 과연 무엇입니까? 하나님과의 관계에서 끊어져 있어서, 일어나야만 할 부분은 무엇이냐 하는 겁니다. 주님과의 관계를 막고 세상에 주저앉아 있게 만드는 것에서 일어나야만 합니다.

둘째, 하나님께서 벧엘로 "올라가라"고 명하신 것입니다. 이스라엘 지도를 보면 위쪽에 세겜이 있습니다. 야곱이 거기에 잘못 머물고 있는 겁니다. 그 밑으로 내려오면 벧엘이 있습니다. 지도상으로는 벧엘이 세겜보다 아래쪽에 위치해 있습니다. 그러니

"벧엘로 내려가라"고 말해야 사실은 정확합니다. 하지만 하나님은 올라가라고 하십니다. 왜입니까? 영적인 곳으로 가는 것은 올라가는 인생이 되는 것이고, 육적인 곳으로 가는 것은 내려가는 인생이 되기 때문에 그렇습니다.

시편을 보면 성전에 예배하러 갈 때 쓰는 시의 표제어가 '성전에 내려가는 노래'라고 돼 있습니까? 아닙니다. '성전에 올라가는 노래'입니다. 찬송가도 그렇잖아요. '주를 앙모하는 자, 내려가'입니까? 아니죠. '올라가, 올라가, 독수리같이' 올라가라는 것입니다. 영적인 것을 추구하는 것, 하나님이 기뻐하시는 것을 추구하는 것은 올라가는 것입니다. 비록 세상이 보기에는 내려가는 것 같아도, 그것은 영적으로는 올라가는 것이라는 사실을 기억하기 바랍니다.

돈은 잘 벌지만, 그 돈 때문에 하나님과 점점 멀어지고 있습니까? 사업과 직장이 하나님과 나를 멀어지게 만들고 있습니까? 자식이 대학에 들어가고 직장은 얻었지만, 그 자식이 대학 들어가고 직장 들어간 후로 하나님과 점점 멀어지고 있나요? 꿈을 이루는 길로 들어섰지만, 그 꿈을 성취해가는 과정에서 하나님과 점점 멀어지는 상황입니까? 청년들이 마음에 쏙 드는 이성과 연애는 하고 있는데, 그 여자, 그 남자만 만나면 하나님은 온데간데없고, 그냥 그 사람만 보이고, 예배도 빼먹고 신앙은 점점 주님과 멀어지고 있습니까? 그렇다면 그게 아무리 좋아 보여도 우리를 영적으로 내려가게 만들고 있는 것입니다. 단호하게 떨쳐 일어나서 다시 위로 올라가야만 합니다.

## 야곱의 인생 회복 매뉴얼

야곱은 하나님의 인생 회복 매뉴얼을 실행하기 위해 구체적으로 어떻게 했습니까?

> ²야곱이 이에 자기 집안 사람과 자기와 함께 한 모든 자에게 이르되 너희 중에 있는 이방 신상들을 버리고 자신을 정결하게 하고 너희들의 의복을 바꾸어 입으라 ³우리가 일어나 벧엘로 올라가자 내 환난 날에 내게 응답하시며 내가 가는 길에서 나와 함께 하신 하나님께 내가 거기서 제단을 쌓으려 하노라 하매 _창 35:2-3

세 가지입니다. 첫 번째는 우상을 버리는 것입니다. 수십여 년 전에 외삼촌 집을 떠나 가나안으로 돌아올 때, 아내인 라헬이 자기 아버지의 우상인 드라빔을 숨겨왔습니다. 자식들도 세겜에서 10년 가까이를 지냈으니 세겜의 우상을 가지고 있었겠지요. 또 식솔과 종들도 나름대로의 우상을 여기저기에 가지고 있는데, 그것들을 모두 척결하자는 겁니다.

두 번째는 자신을 정결하게 씻는 것입니다. 세겜 사람들과 섞여 살면서 몸과 마음이 영적으로 오염됐습니다. 이제 하나님의 백성답게 새로 출발하자는 겁니다.

세 번째는 의복을 갈아입는 것입니다. 과거 베트남 전쟁에 반대하면서 히피 생활을 하던 젊은이들이 자유를 갈구하면서 무엇을 입었습니까? 정장 입었나요? 아닙니다. 너덜너덜한 옷을 입었습니다. 오늘날 반항적인 가사로 노래하는 힙합 가수나 일부 청소년들도 입는 옷이 자유롭습니다. 하지만 그들이 나중에 어엿한 사회인으로서 취업 면접을 볼 때나 결혼을 준비할 때가 되면 어떻던가요? 정장 말쑥하게 차려입지 않습니까. 옷은 그 사람의 정신과 그 시대의 문화와 상태에 대한 적극적인 반영인 것입니다.

야곱은 자기들을 둘러싸고 있는 세겜의 모든 잔재들을 다 헌옷처럼 벗어버리고, 새옷으로 갈아입듯이 새로 출발하자는 겁니다. 자기만이 아니라 가족과 모든 식솔에게 그렇게 하자는 겁니다. 생활 전체를 완전히 뜯어 고치려 하는 것입니다. 4절도 보십시오.

그들이 자기 손에 있는 모든 이방 신상들과 자기 귀에 있는 귀고리들을 야곱에게 주는지라 야곱이 그것들을 세겜 근처 상수리나무 아래에 묻고 _창 35:4

세겜 근처 상수리나무는 과거에 야곱의 할아버지 아브라함이 하나님의 말씀을 따라 갈대아 우르를 떠나 가나안에 도착했을 때, 세겜에 도착하여 하나님 앞에서 처음 제단을 쌓았던 장소입니다.

또한 하나님께서 자식이 없는 아브라함에게 아들을 주겠다고 말씀하시기 위해 찾아오신 장소입니다. 그러므로 야곱이 이 상수리나무 밑에 귀걸이 같은 우상과 부적을 전부 묻어버렸다는 것은 "이제 우리 가문은 하나님 외에 다른 누구도 섬기지 않겠다"라는 결연한 신앙 고백을 행동으로 보여주는 것입니다.

사도 바울은 디모데전서 4장 8절에서 말씀합니다. "육체의 연단은 약간의 유익이 있으나 경건은 범사에 유익하니 금생과 내생에 약속이 있느니라"(딤전 4:8). 육체의 건강을 위해서도 애를 쓰고 결단하고 완전히 바꾼다면, 영원한 영혼의 건강을 위해서는 훨씬 단호하게 결단해야 하지 않겠습니까? 인생 회복 매뉴얼을 따라, 야곱처럼 붙들고 있던 불신앙적인 삶의 잔재들을 버리고 새 옷으로 갈아입는 결단이 결연하게 있기를 바랍니다.

### 하나님과의 관계

야곱이 드디어 세겜에서 일어나서 벧엘을 향해서 말씀대로 나아갑니다. 그러자 하나님께서 기뻐하세요. 은혜를 베푸십니다. 5절 말씀을 보십시오.

> 그들이 떠났으나 하나님이 그 사면 고을들로 크게 두려워하게 하셨으므로 야곱의 아들들을 추격하는 자가 없었더라 _창 35:5

하나님과의 관계가 깨졌을 때 야곱은 주변 족속들을 두려워했습니다. 세상을 두려워했어요. 그러나 하나님과의 관계가 회복되니까 이제는 반대로 세상이 야곱을 두려워했습니다. 이게 영적인 원리입니다. 하나님과의 관계가 멀어지면 성도라 해도 세상을 두려워합니다. 환경과 사람이 무섭습니다. '나는 실력 없는데 이길 수는 있을까? 불경기에 망하지는 않을까' 하는 걱정거리가 태산입니다. 그러나 하나님과의 관계가 회복되는 순간, 이제는 세상이 성도를 두려워한다는 사실을 기억하기 바랍니다.

예수님의 제자들이 그렇지 않습니까? 예수님이 잡혀갈 때, 그들은 두려워했습니다. 그러니까 도망갔지요. 다 배신했습니다. 이런 제자들이, 똑같은 사람인데, 예수님이 부활 승천하신 이후에는 오순절 마가의 다락방에서 충만한 성령의 기름 부으심을 받고 영적 회복이 일어나니까, 그때부터 복음을 담대히 전하지 않습니까? 이적과 기사가 나타나고, 이제는 세상이 그들을 두려워하는 역사가 나타나지 않던가요(행 2:43).

영국의 메리 여왕은 가톨릭을 신봉하여 수많은 개신교인을 학살했습니다. 그래서 '피의 여왕'이라고 하는 끔찍한 별명이 생겼습니다. 개신교도들을 죽이려고 애를 썼는데, 정작 사람들이 두려워했던 이 여왕은 "스코틀랜드를 주시든가 아니면 내 목숨을 거둬가 주십시오"라고 하나님 앞에 간절히 부르짖으며 날마다 피를 토하는 기도를 올려드렸던 스코틀랜드의 종교 개혁가 존 낙스를 두려워했습니다. 메리 왕은 이런 이야기를 남겼습니다. "나는 백만의 군대보다 존 낙스의 기도가 더 무섭다."

지금 무언가가 두렵습니까? 세상이 두려워집니까? 그렇다면 근본적 질문으로 돌아가야 합니다. "나는 지금 하나님과의 관계가 어떠한가?"

## 하나님이 빼버리신 기록

하나님의 은혜 가운데 야곱이 드디어 벧엘에 도착하고 거기서 제단을 쌓습니다.

> [6]야곱과 그와 함께 한 모든 사람이 가나안 땅 루스 곧 벧엘에 이르고 [7]그가 거기서 제단을 쌓고 그 곳을 엘벧엘이라 불렀으니 이는 그의 형의 낯을 피할 때에 하나님이 거기서 그에게 나타나셨음이 더라 _창 35:6-7

이 말씀에는 특징이 있습니다. 야곱이 벧엘의 이름을 뭐라고 불렀다고요? 엘벧엘. 벧엘의 엘은 하나님입니다. 즉 '벧엘의 하나님 이시다'라고 벧엘을 새롭게 불렀다는 것입니다.

그가 수십 년 전에 형을 피해서 밧단아람으로 도망갈 때 꿈에서 하나님을 뵈었습니다. 그곳이 거룩한 장소라는 사실을 그가 깨닫고, 그것을 기념하여 그 장소를 벧엘, 즉 하나님의 집이라고 명명

했습니다. 당시 야곱의 마음에 하나님이 계신 장소가 거기라고 새겨진 것입니다. 그런데 수십 년의 세월이 흐르고 많은 체험을 한 후에, 야곱은 같은 곳을 엘벧엘, 즉 벧엘의 하나님이라고 부른 겁니다. 이제는 장소와 공간의 중요성을 뛰어넘어 하나님의 임재, 즉 나와 함께 하시는 하나님에 초점을 맞추고 있는 것입니다. 하나님을 만나는 것이 중요하다는 것이지요.

우리도 마찬가지입니다. 교회에 나와 앉아 있는 것보다 중요한 것은 예배하는 나를 주님이 만나주시고 그 하나님을 내가 만나는 것입니다. 헌금, 중요합니다. 하지만 헌금하는 행위를 통해 하나님을 만나는 것이 더 중요합니다. 기도하는 것, 중요해요. 그러나 기도하는 행위보다 기도 가운데 하나님을 만나는 것이 중요합니다. 하나님의 임재를 경험하는 것이 중요하다는 것입니다. 사역하고 봉사하는 것도 신앙생활과 교회에서 빼놓을 수 없습니다. 그러나 사역보다 중요한 것은 그 가운데에서 나를 만나주시는 하나님을 경험하는 것입니다. 이것을 놓치지 말아야 합니다.

> 야곱이 밧단아람에서 돌아오매 하나님이 다시 야곱에게 나타나사 그에게 복을 주시고 _창 35:9

좀 이상하지 않습니까? 이 구절은 원래대로라면 이렇게 기록됐어야만 합니다. "야곱이 밧단아람에서 세겜을 거쳐 돌아오매."

야곱이 세겜에서 10년 가까이나 일했습니다. 그런데 하나님은 이 구절에서 세겜을 빼버립니다. 그냥 밧단아람에서 가나안으로 돌아왔다는 것입니다. 여기서 우리는 하나님의 마음을 배우게 됩니다. 하나님 없는 시간, 하나님 없는 인생, 하나님 없는 활동은 하나님이 보실 때 무의미하다는 것입니다. 하나님이 보실 때 오직 말씀에 순종해서 벧엘에 온 시간이 진짜 가나안에 도착한 새로운 출발이라는 것입니다.

하나님의 뜻을 떠난 인생은 무의미합니다. 지혜의 왕 솔로몬이 전도서에서 무엇을 이야기합니까? "헛되고 헛되며 헛되고 헛되니 모든 것이 헛되도다." 인생이 헛되다는 거예요. 그러면서 그는 전도서의 모든 흐름을 통해 왜, 어떻게 헛된 것인지를 성령의 감동 가운데 설파합니다. 그러다 마지막 장에서 '쾅' 하고 우리에게 펀치를 날립니다.

일의 결국을 다 들었으니 하나님을 경외하고 그의 명령들을 지킬지어다 이것이 모든 사람의 본분이니라 _전 12:13

잘 삽니다. 승승장구합니다. 자식은 아무 신경 안 쓰게 잘합니다. 인생 신호등에 파란불이 켜지는 것과 같은 모습입니다. 그러나 딱 하나가 없습니다. 그 인생에 하나님이 없는 겁니다. 하나님 말씀을 떠났습니다. 그러면 하나님이 바라보실 때 의미 없다는 겁니다. 옛날 개그콘서트 유행어처럼 "아, 의미 없다" 그겁니다.

그러나 우리가 하나님께 붙어 있다면, 그분의 말씀을 붙잡고 있다면, 비록 엎치락뒤치락하는 인생이라 할지라도, 세상이 볼 때는 무가치한 인생을 살고 있다고 손가락질받는다 할지라도, 하나님이 보실 때는 보배롭고 존귀한 인생임을 믿기 바랍니다.

## 돌아오면 얻는 세 가지 복

드디어 벧엘에 돌아온 야곱을 하나님께서 너무너무 기뻐하시며, 그에게 세 가지의 복을 주십니다.

> ¹⁰하나님이 그에게 이르시되 네 이름이 야곱이지마는 네 이름을 다시는 야곱이라 부르지 않겠고 이스라엘이 네 이름이 되리라 하시고 그가 그의 이름을 이스라엘이라 부르시고 ¹¹하나님이 그에게 이르시되 나는 전능한 하나님이라 생육하며 번성하라 한 백성과 백성들의 총회가 네게서 나오고 왕들이 네 허리에서 나오리라 ¹²내가 아브라함과 이삭에게 준 땅을 네게 주고 내가 네 후손에게도 그 땅을 주리라 하시고 _창 35:10-12

첫째는 야곱의 이름을 이스라엘로 고쳐주신 것입니다. "네가 하나님과 겨루어 승리자가 되었다. 그러므로 너는 누구도 흔들 수 없는 복의 근원이 되었다"라고 하는 주님의 약속입니다.

둘째는 자손의 축복을 주신 것입니다. '

셋째는 땅의 축복입니다.

이 세 축복은 과거 할아버지 아브라함에게 주셨고, 형 에서를 피하여 밧단아람으로 도망갈 때 꿈에 나타나신 하나님이 야곱에게 주셨던 것과 같습니다. 그 언약을 다시 확인시켜주시는 것입니다. 하나님과의 관계가 회복된 야곱에게, 주님은 그야말로 확실하고 완전한 회복을 허락해주셨던 것입니다.

특별히 이런 복을 약속해주시는 하나님은 자신을 지칭하실 때 '전능하신 하나님, 엘샤다이'라고 하셨습니다. '샤다이'에서 어근이 되는 '샤드'라고 하는 단어는 아주 독특합니다. 아기에게 영양과 생명의 원천을 공급하는 엄마의 젖가슴을 표현하는 단어입니다. 아기는 엄마 품에 안겨 젖을 먹을 때 엄마를 바라보면서 전능한 대상으로 여깁니다. 나에게 모든 생명과 보호를 주기 때문입니다. 하나님이 그런 분이 돼 주시겠다는 겁니다.

"야곱아 내가 너에게 뭐든 필요한 것과 생명과 은혜를 끊임없이 공급해줄 거야. 그리고 너를 복의 근원이 되게 하고 너에게 자손을 주고, 너에게 준 땅의 언약을 반드시 성취시켜줄 거야. 그러니 걱정하지 마. 네가 할 일은 딱 하나야. 너는 나에게, 내 말씀 안에 붙어 있으면 되는 거야."

이렇게 놀라운 인생 회복을 경험한 야곱은 하나님께 제사를 올려드리면서 감사했습니다.

¹⁴야곱이 하나님이 자기와 말씀하시던 곳에 기둥 곧 돌 기둥을 세우고 그 위에 전제물을 붓고 또 그 위에 기름을 붓고 ¹⁵하나님이 자기와 말씀하시던 곳의 이름을 벧엘이라 불렀더라 _창 35:14-15

무언가 인생이 잘못됐다고 느끼십니까? 내가 알고 있던, 의지하고 있던 기반이 와르르 흔들리고 있습니까? 그렇다면 지금이야말로 '나의 벧엘'로 나아가야 할 때입니다. 친밀했던 하나님과의 관계, 열심히 했던 신앙생활, 뜨거웠던 기도생활, 교회를 사랑했던 마음, 믿음으로 하나되었던 아름다운 가정, 일터에서도 '어찌하면 주님 앞에서 충성할 수 있을까' 고민하고 하나님을 경외했던 그 마음의 태도로 돌아가야 합니다.

하나님은 우리가 직면한 이 쓰라린 상황에서 쿰, "일어나 너의 벧엘로 올라가라"고 도전하고 계십니다. 거기에 온전한 회복이 있고, 나아가 축복의 사람의 비결이 있기 때문입니다.

# 야곱을 닮아가는 기도

인생의 실패를 맛보고 앞이 보이지 않으며, 세상이 나를 에워싸는 것 같고
길이 보이지 않을 때, 철저하게 실패했다고 여길 때,
하나님 앞에, 그분의 말씀 앞에 바른 신앙으로 나아가야 합니다.
나의 벧엘을 향해 나아가야만 하는 것입니다. 그럴 때 우리를 창조하신
하나님께서 우리를 회복시켜주시고, 나아가 복을 주실 것입니다.
"주님, 나의 벧엘이 어디인지 알게 하시고, 주님이 계신 그곳으로
돌아가게 하소서!"

인생이 뭔가 잘못되어가고 있다고 여겨져 두려워하고 계십니까?
그렇다면 지금이야말로 각자의 벧엘로 나가야 할 때입니다. 주님 앞으로
가세요. 하나님 앞에 나오세요. 그분의 손을 붙잡으십시오. 창조의
능력을 지니신 하나님께 나의 인생을 창조하실 때처럼 회복시켜 달라고
부르짖으십시오.
또한 말씀을 붙잡으십시오. 내 인생을 회복시키시는 하나님을 경험하며,
간증의 주인공이 될 수 있도록 은혜를 베풀어 달라고 기도하십시오.
"주님, 실수로 지워버린 휴대폰의 사진을 되살리듯이, 나의 잘못으로 망가진
인생을 회복시켜주시옵소서. 인생을 회복할 수 있는 사용설명서, 하나님의
말씀을 알게 해주옵소서!"

# 복된 인생을 소망하는가?

# 은혜를 체험한 사람이 사는 방식

● 창 35:16-22 ●

### 어제와 오늘의 기준이 다를 때

뉴트리아라고 하는 동물이 있습니다. 늪너구리라고도 하는데, 일명 '괴물쥐'로 알려져 있습니다. 굉장히 큽니다. 머리에서 꼬리 길이까지 합쳐 무려 1미터가 넘는 것도 있습니다. 이 녀석은 뭐든지 먹어 치웁니다. 농작물 뿌리까지 먹어서 골칫거리입니다. 그래서 환경처에서 생태계 교란종으로 지정했습니다. 그런데 어느 날 이 뉴트리아에게 놀랍게도 웅담 성분이 곰보다 많더라는 기사가 나왔습니다. 이걸 보는 순간 먼저 든 생각이 뭐냐? '우리나라에서는 뉴트리아가 곧 멸종되겠구나!'

이런 우스갯소리가 있지 않습니까. '만약에 아담이 한국 사람

이었다면 에덴동산에서 범죄하지 않았을 것이요. 아담이 뱀이라는 뱀은 다 잡아먹었기 때문에.'

역시나 그 다음 날 신문을 보니까 "이거 어디서 구할 수 있냐? 사육하면 안 되냐? 잡는 사람 소개시켜달라"며 뉴트리아 관련 문의가 폭주하고 있다고 합니다. 혐오 동물이었는데, 하루아침에 많은 사람들이 찾는 인기 동물이 돼버리고 말았습니다.

그런데 가만히 생각해보면, 이 작은 일에서도 세상이 돌아가는 원리와 이치를 발견할 수 있습니다. 세상 기준은 오락가락한다는 것입니다. 상황에 따라 맞다가, 그것이 뒤집어지면 틀린 것이 됩니다. 사람들이 이쪽에 쏠리다가, 조금 시간이 지나 기준이 달라지면 우르르 저쪽으로 쏠려가기 시작합니다.

경제도 정치도 그렇습니다. 끊임없이 바뀌는 세상의 기준을 따라가노라면 현기증이 나서 정신을 차릴 수가 없습니다. 그렇기 때문에 그리스도인은 시대와 상황이 아무리 바뀌어도 변하지 않고 흔들리지 않는 기준으로 살아가야 합니다. 그것이 지혜일 것입니다. 그런 기준이 무엇입니까? 바로 하나님의 말씀인 줄 믿습니다.

풀은 마르고 꽃은 시드나 우리 하나님의 말씀은 영원히 서리라 하라 _사 40:8

다 바뀌어도 주님의 말씀만큼은 검증된 것이요 유효한 말씀입니다. 이건 시대와 상황과 민족과 열방에 좌우되지 않는 절대 진리입니다. 우리가 살펴보고 있는 야곱을 통해서, "그렇다면 크리스천이 살아가는 방식이 무엇이어야 하느냐"라는 주제에 대해 하나님의 말씀이 답을 주고 있습니다.

### 이름 때문에 짊어질 무게

야곱의 인생이 뿌리째 흔들렸습니다. '내가 하나님과의 벧엘 언약을 어기고 세겜에서 10년째 살았기 때문에 인생이 이렇게 휘청거리는구나.' 깨닫고 회개했습니다. 그래서 벧엘로 올라갔습니다. 거기서 하나님께 제사를 드립니다. 그 후에 조부인 아브라함 때부터 지금은 아버지 이삭이 살고 있는 기럇아르바로 갑니다. 나중에는 헤브론이 되는 곳이지요. 그런데 이 노상에서 그의 아내인 라헬이 노산으로 아들을 낳느라 해산의 고통 가운데 빠집니다. 이때가 대략 50세였을 것으로 추정됩니다. 그러다가 라헬이 요셉의 동생을 낳고 숨이 넘어가 버립니다. 마지막 호흡이 끝나기 전에 라헬이 아들의 이름을 짓습니다.

그가 죽게 되어 그의 혼이 떠나려 할 때에 아들의 이름을 베노니라 불렀으나 그의 아버지는 그를 베냐민이라 불렀더라 _창 35:18

라헬이 지은 이름은 '베노니'인데 야곱이 '베냐민'으로 개명을 했다는 것입니다. 왜 그랬을까요? 엄마가 지은 이름은 그 의미가 '나의 괴로움의 아들'입니다. 그도 그럴 것이 이 아들을 낳다가 죽을 정도로 고통을 겪었기 때문입니다. 낳고서도 젖 한 번 물리지 못했습니다. 아들 입장에서도 태어나면서 엄마가 죽었기에 평생 엄마를 볼 수 없습니다. 그러니 슬픔의 아들이요 괴로움의 아들입니다.

저는 제 이름 때문에 많이 피곤했습니다. 해프닝이 꽤 많았습니다. 오죽하면 결혼해서 첫째 아들 재전이를 낳았을 때 이런 일이 있었겠습니까? 분만실에서 간호사가 저를 부르면서 하는 말이 "요나 아기 아빠인 길재전 님!"이었습니다. 제 이름이 아무리 생각해도 어른 이름은 아니라고 생각했던 겁니다. 또 군대를 갔더니 군복에 명찰이 달려 있는데, 명찰에 길요나가 아니라 길자연, 제 아버님 이름이 쓰여 있는 겁니다. 요나를 여자 이름으로 생각했나 봅니다. 제가 이래 봬도 대한민국 국방부를 헷갈리게 만들었던 인물입니다. 요즘에도 택배 기사나 제 전화를 받으시는 분 중에 저를 어린이나 여자로 오해하는 분이 계세요. 이름 때문에 가끔 불편합니다. 이름을 바꾸고 싶지만 바꾸지는 못하고 있습니다.

그런데 생각해보십시오. 라헬이 낳은 아이가 평생 그 이름 때문에 짊어질 무게가 얼마나 클까요? 자기 이름을 떠올릴 때마다 '나 낳다가 우리 엄마가 죽었어. 다 나 때문이야'라고 생각한다면 얼마나 비관적입니까? 이름 때문에 인생관이 삐뚤어지고 부정적인 자화상이 그 마음에 자리 잡지 않겠습니까? 인생을 치고 나가야 되는데, 이름을 생각하면 우울감과 죄책감에 주저앉게 되는 것이지요. 그래서 야곱은 부정적이고 슬픔이 깃든 베노니 대신 '내 오른손의 아들'을 의미하는 베냐민으로 이름을 지은 것입니다.

히브리 사람들에게 오른손은 능력을 뜻하며 권세의 상징입니다. '내 오른손의 아들'이라고 하는 지극히 긍정적이고 힘이 있는 희망의 이름으로 개명했던 겁니다. 야곱이 얼마나 잘한 일인지 모릅니다. 아들도 그렇고, 자기도 자칫하면 그 아들을 보면서 무슨 생각이 들었겠습니까? '베노니 저놈 때문에 내 사랑하는 라헬이 죽었어.' 어쩌면 군불 때듯이 은근한 미움이 이 아들을 보면서 계속 있었을지 모릅니다. 이런 야곱을 보면서, 우리는 크리스천이 살아가는 방식 중 첫 번째를 배우게 됩니다. 그것은 은혜받은 자가 은혜를 베푼다는 사실입니다.

## 크리스천이 살아가는 첫 번째 방식, 은혜 체험

아무리 신앙생활을 해보십시오. 은혜를 체험하지 못한 사람은 그 신앙이 삶을 변화시키질 못합니다. 예수는 믿는데 은혜를 체험하지 못하니 늘 냉랭합니다. 부정적인 시각과 부정적인 인생관을 탈피하지 못하는 것입니다. 능력이 없습니다. 신앙에 영향을 끼치지 못합니다. 신앙 따로 삶의 모습 따로, 그렇게 물과 기름처럼 따로 가는 모습이 됩니다.

몇 년 전 휴가 때 바다에 갔습니다. 물에는 들어가기가 귀찮았습니다. 머리도 새로 감고 샤워도 해야 합니다. 그래서 그냥 바지만 좀 걷어붙이고 찰박찰박 물에 다리만 넣고 있었습니다. 그러다가 든 생각이 '내가 평생에 막내아들하고 이렇게 시간을 보낼 기회가 또 있을까?' 싶어서 결단하고, 가게에서 산 2만 원짜리 스노클링 도구들, 물안경과 대롱 세트를 가지고 아들과 함께 물에 들어갔습니다. 신세계가 열렸습니다! 발만 찰박찰박하고 있을 때는 그냥 파란 바다였습니다만, 그 안에 들어가니 예쁜 물고기들이 "나 좀 잡아 먹어주세요" 하면서 제 옆을 지나가고 있었습니다. 그 밑을 보니까 조개가 입을 벌리고 있고 해초가 춤추듯이 움직이는 전혀 다른 신비로운 세계가 펼쳐졌습니다. 그러니까 이것은 해보지 않고서는 결코 체험할 수 없는 너무나 색다른 경험이었던 것입니다.

마찬가지입니다. 하나님의 은혜를 체험해보지 못한 사람은 발만 물에 넣은 채 찰박거린 것과 같습니다. 은혜의 세계가 얼마나 넓고 광활하고 풍성하고 좋은 것인지 알지 못하는 것이지요. 반면에 하나님의 은혜를 체험한 사람은 다릅니다. 신앙이 뜨겁고 능력이 있습니다.

은혜 체험은 삶을 변화시키고, 그 신앙이 인생에 큰 밑거름이 됩니다. 어려움을 겪어도 체험 때문에 능히 담대히 살아갈 수 있습니다. 그래서 은혜를 체험한 사람과 그렇지 못한 사람은 똑같은 상황에도 반응이 너무 다릅니다. 교회를 다닌다고 해서 다 똑같은 교인은 아니라는 사실입니다.

기독교는 체험의 종교입니다. 하나님은 기적의 하나님이신 줄 믿습니다. 그렇기 때문에 우리가 신앙생활을 하면서 기적의 하나님과 은혜를 체험하지 못한다면 그 자체가 역으로 기적입니다.

저는 여러분이 신앙생활을 하면 할수록 풍성한 은혜를 체험할 수 있기를 바랍니다. 하나님의 능력이라고 하는 은혜, 하나님의 기적이라고 하는 은혜, 기도의 응답이라고 하는 은혜, 주님의 용서라는 은혜, 자비라는 은혜, 꿈을 부어주시는 은혜, 하나님의 각양각색의 은혜를 풍성하게 체험해야 하는 것입니다.

이런 은혜를 체험하면 나타나는 특징이 있습니다. 그것은 야곱처럼 은혜를 나누는 사람이 된다는 것입니다. 은혜에는 확장성과 전염성이라는 특징이 있기 때문입니다.

제가 대학생 때로 기억합니다. 버스를 타고 가는데 참 희한한 사람을 다 봤습니다. 멀쩡한 중년 남성이었는데, 버스 앞쪽에 앉아 있던 분이 갑자기 일어서더니 뒤를 보고는 손잡이를 딱 잡고 일장 연설을 시작하는 것입니다. 자기가 지금까지 무좀으로 수십 년을 지긋지긋하게 고생해 왔다고 합니다. 너무 괴로웠는데, 이게 한 방에 깨끗이 나았다는 겁니다. 그 비법이 뭐냐 하니까, 약국에서 파는 정로환이라는 한방약을 세숫대야에 털어놓고 식초와 함께 잘 이긴 다음, 거기에 발을 넣고 30분을 기다리고 있으면 무좀

이 싹 낳는다는 것입니다.

　저는 그의 이야기를 들으면서 '아이고, 저 아저씨 다음 시나리오가 뻔하다. 가방에서 뭘 꺼내 이것이올시다 특효약 하면서 팔 것이다'라고 생각했습니다. 그런데 아니었습니다. 이분이 그 얘기를 다 하더니 "여러분, 무좀에서 자유하시기를 바랍니다"라고 인사를 꾸벅 한 다음 곧장 버스에서 내려 사라져버리는 겁니다. 저는 그때 충격을 받았습니다. '저게 바로 전도하는 거로구나! 무좀으로부터 정로환과 식초의 은혜를 받더니 그걸 전하지 않으면 견디지 못하는 마음이 전도자의 그것과 같은 것이구나.'

　다윗을 보십시오. 여덟 형제 중에 아버지 보기에도 내놓은 자식이고 보잘것없는 목동 출신입니다. 그런데 하나님이 자기를 콕 집어 "넌 내 마음에 맞는 사람이야"라고 하시면서 사울 왕의 모든 칼날을 피하게 하시고 결국 이스라엘의 왕으로 세워주십니다. 측량할 수 없는 엄청난 은혜를 받은 것입니다. 그래서 다윗은 왕권 안정을 위해서는 죽일 수밖에 없는 사울의 손자 므비보셋을 살려줍니다. 살려줄 뿐 아니라, 그를 자기 식탁에 앉아 평생 식사를 함께 하도록 은혜를 베풉니다.

　제자들의 발을 씻어주시려는 예수님에게 베드로가 말합니다.

　"예수님, 생명의 구주 되시는 하나님의 아들께서 우리 같은 사람들의 냄새 나는 발을 씻어준다는 건 말이 안 됩니다. 제 발은 절대로 못 씻깁니다."

그때 예수님이 굳이 제자들의 발을 씻어주시고는 이런 의미의 말씀을 하십니다.

"너희도 이와 같이 그 받은 바 은혜를(사랑을) 나누라."

사랑과 은혜에는 확장성과 전염성이 있을 수밖에 없습니다. "나 은혜받았어" 하며 본인은 이리 뛰고 저리 뛰고 난리인데, 주변에 은혜를 나누지는 못할망정 불화를 일으키고 문제나 터뜨리는 분이 있다면 둘 중 하나입니다. 진짜 은혜를 받은 게 아니든지, 아니면 받은 은혜는 진짜인데 받은 사람이 잘못된 것이든지요.

## 크리스천이 살아가는 두 번째 방식, 감사와 희망

야곱이 아들의 이름을 베노니에서 베냐민으로 바꾼 데는 또 다른 의미가 있습니다. 유대인에게는 각각의 숫자마다 의미가 다 있습니다. 3이라는 숫자는 하늘의 숫자입니다. 삼위일체 하나님이 숫자로는 3이 아닙니까. 4는 땅의 숫자입니다. 동서남북이 그렇습니다. 하늘의 숫자인 3과 땅의 숫자인 4를 곱하면 12인데, 12는 히브리 사람들에게 하늘과 땅을 통틀은 것이므로 완전수를 의미합니다. 그래서 구약에서는 야곱의 열두 아들을 통해 이스라엘 민족이 형성되고, 신약으로 넘어오면 예수님의 열두 제자를 통해 영적 이스라엘인 교회가 시작되는 것입니다.

그런데 지금까지의 야곱을 보십시오. 요셉까지 열한 아들을 두고 있습니다. 아들이 많은 것은 축복이지만, 언약의 민족을 이루기에는 열둘이 아니기에 아직 불완전합니다. 그런데 베냐민의 출생으로 인해 12라고 하는 완전수가 채워졌습니다. 이로써 온 세상에 복을 주는 민족이 될 틀이 확실히 이루어진 것입니다. 열방에 복을 주시려는 하나님의 원대한 계획 가운데에서 언약의 완성을 상징하는 12번째 막내가 태어난 것을 생각하니 감사와 희망이 넘쳐났을 것입니다. 그래서 아들의 이름을 오른손의 아들, 나의 힘과 권세와 능력의 아들 베냐민이라고 붙였던 것입니다.

여기서 우리는 크리스천이 살아가는 방식을 또 하나 배웁니다. 크리스천이란 모든 상황에서 감사와 희망을 찾는 사람이라고 하는 사실입니다. 할렐루야! 그러므로 크리스천은 누구입니까? 어둠 속에서도 별을 발견하는 사람입니다. 밝을 때는 보이지 않던 빛나는 별이지요. 폭풍우 속에서 다들 죽는다고 비명을 지를 때, 오히려 "이 풍랑으로 인하여 더 빨리 간다"라고 찬송을 부를 수 있는 사람이 바로 크리스천이 아니고 누구이겠습니까? 그래서 주님은 데살로니가전서 5장 16절 이하에서 "항상 기뻐하라 쉬지 말고 기도하라 범사에 감사하라 이는 그리스도 예수 안에서 너희를 향하신 하나님의 뜻이니라"라고 말씀하신 것입니다.

토요일에 교통사고로 입원하신 교인 심방을 했습니다. 원래 저는 토요일에는 아무데도 안 갑니다. 그런데 이건 특별한 상황이었습니다. 금요 철야 기도회에 오시다가 교통사고가 크게 난 겁니다. 심방하면서 자초지종을 들었는데, 철야 기도회에 늦지 않게 오려고 평소에는 안 타던 택시를 타신 겁니다. 꽤 멀어서 택시로 30분 걸리는 거리였습니다. '가는 동안 그냥 타고 가진 말아야지'라고 생각해서 기사에게 전도했습니다. "천국이 있습니다. 지옥이 있습니다." 이런 이야기를 하는데, 그 기사가 갑자기 "말씀 그만 하세요" 하고 단칼에 끊더라는 겁니다. 이분이 천상 여자세요. "아! 예, 죄송해요." 그런 다음 조용히 오고 있는데, 택시기사가 뭘 어떻게 했는지 갑자기 차가 인도로 가더라는 겁니다. 보도블럭을 치고 앞바퀴가 붕 떠서 전봇대 같은 곳을 받아버렸습니다.

이 권사님을 생각해보세요. 불신자가 생각하면 권사님은 한마디로 재수 옴 붙은 겁니다. 표현이 좀 세도 이해해주십시오. "아니 기도하겠다고 교회 가는 길에 무슨 그런 사고가 나? 하나님이라고? 뭐 그런 분이 다 있어?" 할지도 모릅니다. 교인 중에서도 믿음이 약하면 시험에 들 수 있습니다. "어떻게 이럴 수가 있습니까? 전도했는데 사고라니요!"

그런데 이 권사님께서 말씀하시는 걸 들어보십시오.

"목사님, 상황이 이렇게 힘들고 제가 다쳤어도, 저는 마음에 감사와 기쁨이 있어요."

"왜요? 권사님."

세 가지를 말하셨습니다.

"첫 번째는 그렇게 큰 사고가 났는데, 그래도 하나님이 보호해주셔서 이 정도밖에 다치지 않은 것을 감사합니다. 두 번째는 제가 연초에 성경을 읽어야 하겠다고 결심했었는데 바쁘다는 핑계로 많이 못 읽었어요. '하나님 죄송합니다' 하는 마음으로 제가 병원에 입원해 있을 동안 성경 많이 읽을 수 있으니 감사합니다. 세 번째로는 목사님을 면발치에서만 봤는데 이렇게 가까이 얼굴과 얼굴을 맞대고 보니 감사합니다."

그분은 그게 진심이었습니다. 눈시울이 붉어져 있는 모습을 봤습니다. 이것이야말로 라헬의 죽음이라는 고통 속에서도 열두 번째 아들이 태어났다는 감사와 희망의 조건을 찾은 야곱의 모습이 아닐까요?

감사하는 분들을 보면 돈 많고 만사형통하고, 그냥 모든 것이 술술 풀어지고 편안한 분들이냐? 대개 그렇지 않더라고요. 평안한 분들은 잘 돼도 당연하게 여깁니다. 오히려 열악하고 힘든 상황 속에서 하나님의 은혜를 체험한 분들이 그 상황이 무색할 정도로 하나님 앞에 감사하는 것을 봅니다. 그리고 하나님은 그런 감사와 희망을 메아리로 삼아 축복으로 돌려주는 분이십니다.


**크리스천이 살아가는 세 번째 방식, 계속 살아가기**

사랑하는 아내 라헬이 죽자, 야곱이 기럇아르바로 가는 노정에 있는 베들레헴에 그 시신을 장사합니다.

라헬이 죽으매 에브랏 곧 베들레헴 길에 장사되었고 _창 35:19

지금까지 우리가 야곱 이야기를 주로 봤습니다만, 라헬이 누굽니까? 형을 피해서 밧단아람으로 도망쳐온 야곱이 한눈에 반한 사람입니다. 그 뜨거운 사랑을 주체하지 못해서 무려 14년 동안 스스로 종노릇하며, 그 대가로 아내로 삼았던 야곱의 사랑입니다.

> 야곱이 라헬의 묘에 비를 세웠더니 지금까지 라헬의 묘비라 일컫더라 _창 35:20

히브리 사람들은 아주 특별히 기억할 만한 시간과 사건과 장소를 영구히 기념하기 위해 돌로 비석을 세우는 관례가 있습니다. 벧엘의 돌기둥이 바로 그런 예입니다. 그러므로 야곱이 라헬의 묘비를 세웠다는 게 무엇을 의미하느냐? 그녀를 얼마나 사랑했는지를 보여주는 것입니다. 그런 라헬이 죽었으니, 비록 돌비는 세웠지만, 야곱의 마음은 완전히 무너져 내렸을 겁니다. 그런데 아주 의미심장한 내용이 이어집니다.

> 이스라엘이 다시 길을 떠나 에델 망대를 지나 장막을 쳤더라 _창 35:21

장막을 쳤다는 건 무엇입니까? 지금 시간이 정지된 것과 같은 고통의 순간이지만, 그럼에도 불구하고 야곱은 묵묵히, '또다시 살아가고 있더라'는 것입니다. 여기서 우리는 크리스천이 살아가는 방식 세 번째를 배웁니다. 하나님이 우리를 부르시는 그날까지는, 어떤 상황에서도 계속 살아가야 한다는 것입니다. 22절 말씀도 보십시오.

> 이스라엘이 그 땅에 거주할 때에 르우벤이 가서 그 아버지의 첩 빌하와 동침하매 이스라엘이 이를 들었더라 _창 35:22

르우벤을 장자라고 우대해 줬더니 패역무도한 일을 저지르는 악행의 아들입니다. 야곱이 르우벤 때문에 얼마나 충격과 상처를 받았으면, 나중에 임종하기 직전에 르우벤을 향해 저주의 예언을 쏟아내지 않습니까? 그럴 정도로 충격과 상처를 받았으면서도 야곱은 오늘 내디뎌야 할 그 하루의 발걸음을 하나님을 바라보고서 묵묵하게 내딛더라는 것입니다. 오늘날은 특히 야곱의 이런 모습이 필요한 시대입니다.

대한민국에는 스스로 인생을 포기하는 사람이 너무나 많습니다. 돈 문제, 사업 문제, 실패하고 꺾어진 꿈, 좌절과 질병의 문제 등으로 '내가 이런데도 살 필요가 있을까? 그냥 죽어버리면 모든 것이 편하지 않나?'라고 생각하고, 심지어 크리스천도 그런 유혹을 받습니다. 그런데 하나님은 우리에게 말씀하십니다.

너는 피투성이라도 살아 있으라 다시 이르기를 너는 피투성이라
도 살아 있으라 하고 _겔 16:6

저를 따라 해주실까요.

"피투성이라도 살자. 피투성이라도 살자. 피투성이라도 살자."

어느 장로님과 같이 식사를 하다가 이런 이야기를 들었습니다.
10여 년 전에 그 부인 권사님께서 국내 유수한 대형 병원의 전문
의로부터 암 선고를 받았습니다. "시간이 얼마 남지 않았습니다.
그러니 인생을 잘 마무리할 준비를 하세요." 그도 그럴 것이 두 군
데에서 암이 발견된 거예요. 절망과 좌절이 합당할 수 있는 상황
아닙니까? 그런데 이 권사님 좀 보십시오. 그 순간에 바로 단호하
게 "무슨 얘기예요? 내가 죽긴 왜 죽어요? 전능하신 하나님이 나
와 함께 하시는데!"라고 말하고, 병원 측에 의사를 바꿔달라는 요
청을 했습니다. 믿음이 떨어지는 말을 하는 사람은 자기 옆에 없
어야 한다는 뜻이었습니다. 그러고는 그때부터 기도하면서 치료
의 고통스러운 과정을 밟아나가기 시작했습니다. 살아나셨습니
다. 그 암에서 완전히 완치되셨습니다. 할렐루야!

사랑하는 성도 여러분, 절대로 인생을 포기하지 마시기 바랍니
다. 왜요? 전능하신 하나님은 오늘도 살아계시고, 그분은 저와 여
러분의 하나님이시기 때문에 그렇습니다. 야곱을 보십시오. 라헬
의 죽음 이후 장자 르우벤의 간음으로 고통과 수치가 인생에 뒤덮

였습니다. 그러나 그는 살아가고 있습니다. 오늘의 발걸음을 뗍니다. 살아 있더니 훗날 요셉이 애굽의 국무총리가 되는 모습을 봅니다. 아버지 야곱을 바로의 것에 버금가는 수레에 모시고, 그를 영광스러운 인생 대역전의 주인공으로 변화시키지 않습니까?

서양인들이 자주 쓰는 말에 "The best yet to come"(최고의 날은 아직 오지 않았다)이 있습니다. 다른 말로 하면 "좋은 날이 반드시 올 것이다"입니다. 송대관 씨의 버전으로 하면 "쨍하고 해 뜰 날 돌아온단다"입니다. 그렇습니다. 힘들고 어려워도 선하신 하나님을 의지하면서, 오늘의 눈물 젖은 빵을 먹으면서, 눈물 흘리며 씨 뿌리는 자의 마음으로 살아가십시오. 주님의 말씀 안에서 믿음의 발걸음을 오늘 내딛고, 내일 내딛고, 모레 내딛고, 그렇게 하루하루 살면 반드시 가장 최고의 날이 다가올 줄 믿으시기 바랍니다. 그렇게 해주실 그분이 우리 하나님이십니다.

## 하나님도 감탄하실 모습

저는 이 장을 마감하면서, 여러분이 꼭 기억해야 할 한 가지를 말씀드리려 합니다. 21절과 22절을 다시 보기 바랍니다.

> 21이스라엘이 다시 길을 떠나 에델 망대를 지나 장막을 쳤더라
> 22이스라엘이 그 땅에 거주할 때에 르우벤이 가서 그 아버지의 첩 빌하와 동침하매 이스라엘이 이를 들었더라 야곱의 아들은 열둘

창세기, 출애굽기, 레위기, 민수기, 신명기를 모세오경이라고 합니다. 모세가 기록했다는 것입니다. 따라서 창세기는 모세의 기록입니다. 그런데 기록자인 모세가 야곱을 '이스라엘, 이스라엘, 이스라엘' 하면서 세 번이나 부릅니다. 유대 랍비들은 이걸 이렇게 해석합니다. "여러 아픔과 쓰라린 고통의 현실 속에서도 꿋꿋이 견디며 다시 일어나는 야곱의 모습에 모세가 경의를 표한 것이다." 물론 모세가 그렇게 기록하도록 하나님이 성령을 부어주신 것입니다.

그러므로 하나님이 야곱에게 이렇게 말씀하시는 것으로 보아야 합니다. "이스라엘아, 야, 너 대단하구나! 그 어떤 고난도 너를 쓰러뜨리지 못하는구나. 너는 정말 이스라엘이다. 하나님과 모든 시련과 모든 사람을 이긴 사람이구나. 내가 너에게 복을 주겠노라. 너의 이름 이스라엘처럼 너는 진정으로 승리자가 될 거야."

야곱이 그러했듯 우리가 크리스천이 살아가는 방식대로 살아갈 수 있다면, 하나님은 우리에게도 감탄하시며 놀라운 은혜와 축복을 주실 줄 믿습니다. 이러한 풍성한 은혜가 저와 여러분에게 임할 수 있기를 주님의 이름으로 축원드립니다.

# 야곱을 닮아가는 기도

우리의 길이 끊어지는 순간에 창조주는 새로운 길을 열어주십니다.
인생의 문이 닫혔다 싶을 때, 주님은 더 좋은 새 문을 열어주는 분이십니다.
"신실하신 하나님, 복 주시는 하나님, 실수하지 아니하시는 하나님,
나의 모든 현실을 아시는 주님께서 내게 역사해주시옵소서."

야곱을 통해 우리는 크리스천이 살아가는 세 가지 방식을 배웠습니다.

첫째, 먼저 은혜를 받아야 합니다. "내게 은혜를 주시옵소서.
그리고 받은 은혜를 베푸는 자가 되기를 기도합니다."

둘째, 감사와 희망을 찾아야 합니다. "눈물과 어려움의 골짜기를 걸어간다
할지라도, 그곳에서 감사와 희망을 찾는 크리스천이 되게 해주소서."

셋째, 하나님이 부르시는 날까지 괴로움과 한숨이 있고 답답하고 고통이
있어도, 크리스천으로서 오늘 하루를 계속해서 살아가야 합니다.
"내가 이런 사람이 되게 해주시고, 야곱과 같은 역전 인생의 주인공이
될 수 있도록 은혜를 베풀어 주옵소서."

# 결국 하나님의 뜻은 이루어진다

● 창 35:23-36:8 ●

## 행복하기보다 불행해지는 길

사교육, 그것도 조기 사교육이 심각하다고 합니다. 생후 10개월 때부터 음악 교육을 받습니다. 만 한 살에 영어, 발레, 미술, 만 두 살엔 국영수 학습지를 한답니다. 아기가 이걸 어떻게 감당하는지 모르겠습니다. 네 살부터 수학학원을 다니고, 일곱 살부터는 영재 고등학교 준비를 시작한다는 것입니다. 그래서 최종 목적지는 어디냐? 스카이(SKY) 명문대입니다. 아직 초등학교도 들어가지 않은 나이에 벌써 그렇게 한다는 겁니다. 신문 인터뷰 기사에서 정신과 의사가 이런 풍조를 비판하는 말을 읽었습니다.

"조기 사교육을 시킨 아이들은 정서 불안과 함께 공부에 질려서 학습에 대한 부정적인 생각을 갖게 된다. 이것은 학습을 빙자한 아동학대이다."

역시 동일한 지면에서 교육 전문가는 이런 말로 탄식합니다.

"현대 사회에서 정말 중요한 것은 빠르게 변화하는 시대에 적응해가면서도 스스로 학습하는 능력을 갖추는 것인데, 어렸을 때부터 사교육에 질려버린 아이들이 과연 어떻게 살아갈 수 있을지, 또 살아남을 수 있을지 걱정이다."

얼핏 생각해도 이런 아이들로 채워진 사회가 된다면 참 걱정될 수밖에 없습니다. 공부는 기계처럼 잘합니다. 수학 문제는 잘 풉니다. 그러나 인성과 성품이 제대로 갖춰지면서 주변의 아이들과 같이 뛰어놀고, 부모님들로부터 밥상머리에서 가정교육을 받고 예절을 훈육받으면서 인격이 잘 형성된 아이들이 사회를 구성해야 할 텐데, '공부 공부 공부' 하면서 달음박질하고 서로를 꺾으려고만 하는 아이들로 이루어지는 사회는 어떻게 보면 끔찍합니다.

부모님들이 왜 그럴까요? 몰라서입니까? 아닙니다. 부모들도 사실은 그러기 싫습니다. 그러나 결국 무엇 때문입니까? 경쟁 심리입니다. 내 아이가 남보다 뒤처지는 것은 아닌가 하는 두려움 때문입니다. 그것이 결국 마음껏 뛰어놀며 자라야 할 아이들을 조기 사교육과 경쟁의 전쟁터에 내모는 결과를 초래하는 것입니다.

사교육을 예로 들었지만, 건강하지 않은 경쟁은 사람을 정상보다는 비정상으로, 행복보다는 불행으로 몰아가기 쉽습니다. 그런

점에서 레아는 비정상적 경쟁으로 인해 평생 불행했던 여인입니다. 더 큰 문제는 그 경쟁의 대상이 남이 아닙니다. 어렸을 때부터 소꿉놀이하고 자란 자기 여동생 라헬입니다. 그것도 인생에서 가장 중요한 결혼에서 경쟁에 밀려버린 겁니다. 야곱에게 결혼 대상자로 선택받지 못한 것입니다.

## 하나님의 관점

레아가 동생과의 경쟁에서 밀린 것은 그녀의 성품이 모나서나 인격이 떨어져서 그런 것이 아니었습니다. 한 가지 이유, 외모 때문입니다. 그 이후에 아버지 라반의 속임수로 어찌어찌해서 야곱의 아내가 됐습니다. 하지만 야곱은 여전히 레아는 거들떠보지도 않습니다. 야곱의 유일한 사랑은 언제까지나 라헬입니다. 그 모습을 보면서 레아는 아픔과 고통을 겪습니다. 심지어 자식이 없는 라헬과 달리 무려 여섯 아들을 야곱에게 낳아주었지만, 야곱은 여전히 라헬을 사랑합니다. 그뿐 아니라 라헬이 나중에야 낳은 아들 요셉을 끼고 돌면서 장자권을 상징하는 채색옷을 입혀줍니다. 이처럼 레아는 평생 선택받지 못한 아픔과 사랑받지 못한 슬픔을 느끼면서 비참한 인생을 살아가게 됩니다. 만약 그 인생이 이렇게 끝났다면 얼마나 억울하고 비참할까요.

그런데 본문을 보십시오. 야곱의 아내들과 그 열두 명의 아들의 명단이 순서대로 기록돼 있습니다. 만약에 야곱이 사랑했던 여인을 우선으로 해서 아내들의 명단을 기록했다면, 성경은 아들의 이름을 라헬, 레아, 그리고 두 여종인 빌하와 실바가 낳은 순서로 기록해야 했을 겁니다. 그렇지 않고 아들을 낳아준 순서대로 기록했다면 레아와 빌하와 실바, 그리고 마지막에 라헬이 낳은 아들의 이름을 기록했어야 합니다. 그런데 35장 말씀을 보세요.

> ²³레아의 아들들은 야곱의 장자 르우벤과 그 다음 시므온과 레위와 유다와 잇사갈과 스불론이요 ²⁴라헬의 아들들은 요셉과 베냐민이며 ²⁵라헬의 여종 빌하의 아들들은 단과 납달리요 ²⁶레아의 여종 실바의 아들들은 갓과 아셀이니 이들은 야곱의 아들들이요 밧단아람에서 그에게 낳은 자더라 _창 35:23-26

성경은 야곱의 아내들에 대한 순서를 기록하되 '레아와 라헬과 빌하와 실바'라고 기록해놓았습니다. 여종들의 아들은 라헬의 아들들 다음에 기록합니다. 무엇입니까? 하나님께서는 분명하게 레아라는 사랑받지 못한 여인이 야곱의 본처라고 말씀하신 것입니다. 이것이 하나님의 관점입니다.

묘지도 마찬가지입니다. 야곱이 그토록 사랑했던 라헬이 베냐민을 낳다가 죽습니다. 라헬은 그래서 고향으로 돌아가는 노정의 중간에 있던 베들레헴에 쓸쓸하고 외롭게 혼자 묻히게 됩니다. 하지만 사랑받지 못했던 레아는 다릅니다. 야곱이 죽을 때, 그 아들들에게 남긴 유언인 창세기 49장 29절과 31절을 보십시오.

> <sup>29</sup>그가 그들에게 명하여 이르되 내가 내 조상들에게로 돌아가리니 나를 헷 사람 에브론의 밭에 있는 굴에 우리 선조와 함께 장사하라 <sup>30</sup>이 굴은 가나안 땅 마므레 앞 막벨라 밭에 있는 것이라 아브라함이 헷 사람 에브론에게서 밭과 함께 사서 그의 매장지를 삼았으므로 <sup>31</sup>아브라함과 그의 아내 사라가 거기 장사되었고 이삭과 그의 아내 리브가도 거기 장사되었으며 나도 레아를 그 곳에 장사하였노라 _창 49:29-31

레아는 당당하게 야곱의 가문 묘실에 묻혔고, 야곱도 이후 그 옆에 묻히게 된다는 겁니다. 레아가 정실부인 대접을 받더라는 겁니다. 메시아도 그렇습니다. 예수님은 라헬의 아들인 요셉의 후손으로 태어나지 않았습니다. 오히려 거들떠 보지도 않던 레아의 아들인 유다의 후손으로 이 땅에 오시지 않았습니까? 여기서 우리는 무엇을 확인하게 됩니까? 사람의 생각은 하나님의 생각과 다르다는 것입니다. 야곱이 제아무리 라헬을 사랑했어도 하나님의 생각은 레아를 본처로 삼고, 레아를 통하여 주님의 계획을 이루어 가신다는 것입니다.

많은 경우 우리는 현재는 어때야 하고 미래는 어떻게 되어야 하고, 사업은 어떻게 나아가야 하고 직장생활은 어떻게 이어져야 하고 자녀 양육은 어떻게 해야 한다는 생각으로 꽉 차 있습니다. 이것이 우리와 야곱이 그렇게도 유사한 이유입니다.

야곱은 '라반이 속여서 내가 레아와 알지 못하고 결혼했지만, 내가 갈라설 수 없어서 같이 살았지, 내 사랑은 오직 라헬이야. 나에게는 라헬밖에 없어. 라헬만이 내 본처야' 하는 자기 생각이 꽉 차 있었습니다. 그러나 하나님은 아니라고 말씀하십니다.

"아니야. 라헬이 아니라 레아가 너의 본처이고, 나는 레아를 통해서 온 인류를 구원할 메시아의 역사를 이루어갈 거야."

이렇게 하나님의 생각은 야곱의 생각을 훌쩍 뛰어넘는 것입니다. 마찬가지로 우리의 많은 생각과 계획을 뛰어넘는 하나님의 생각과 계획이 우리 인생과 현실을 이끌어가는 줄 믿으시기 바랍니다. 이것을 깨닫고 인정하는 것이 믿음이며 신앙입니다.

### 영적 눈이 열린 사람

공정거래위원회 위원장을 역임하고 서울법대 교수가 된 권오승 교수님은 안동의 시골 마을 출신입니다. 누가 공부하라고 시킨 것도 아닙니다. "나는 공부해야 해! 공부밖에 살길이 없어!" 하며 어려서부터 악착같이 공부했습니다. 그리고 일찌감치 고등학교 때 서울로 올라왔습니다. 유학을 온 것이죠. 고등학교 때부터 남의 집에 들어가 그 집 어린아이를 가르치면서 공부하는 입주 과외 교사로 살았습니다. 죽을 둥 살 둥 자기 힘으로 힘들게 공부하여 결국 서울대학교 법대에 들어갔습니다. 그가 교회는 다니게 됐지만, 그러다 보니 무슨 생각이 꽉 차 있느냐 하면 '스스로 목표를 세우고 죽어라 최선을 다하면 이루어진다'였습니다. 그러니 하나님의 은혜라는 개념이 그의 생각 속에 들어설 자리가 없었습니다.

세월이 흘러 모교인 서울대 교수가 될 기회가 왔는데, 이상하게 자신이 없었습니다. 두렵습니다. '내가 과연 해낼 수 있을까?' 결국 그가 평생 처음으로 기도하기로 결단합니다. 때마침 그 교회에서 전교인 수련회가 열렸다고 합니다. '기도해야 하니 잘 됐다' 싶어서, 평생 처음으로 교회 수련회에 동참하게 됩니다.

학벌이 좋다 보니까 수련회에서 성경공부 소그룹을 인도하게 되었습니다. 교수 생활을 해왔고 머리가 좋으니까 어찌어찌 성경공부를 잘 인도했습니다. 그런데 문제가 생겼습니다. 마지막 날의 성경공부에서는 인도자가 만난 하나님에 대한 간증을 먼저 해야합니다. 그래야 다른 학생들도 간증을 나누게 되는데, 아무리 머리를 쥐어짜봐도 자기 인생에 하나님의 은혜는 없었던 것 같습니다. 자기가 죽어라 공부했고, 자기가 벌어서 자기 능력으로 여기까지 온 것입니다. 은혜 같은 건 모릅니다. 하지만 교수로서 최선을 다해 가르치는 성실함이 몸에 배어 있으니까 대충 시간을 때우기는 싫고, 그래서 기도를 합니다. "하나님, 작은 부스러기라도 내 인생에 은혜의 조각이 있다면, 내가 그걸 깨닫게 해주세요."

새벽 기도회 가서 기도했습니다. '조금 있으면 간증해야 한다'

는 것이 부담이었기 때문이지요. 그 시간에 하나님이 그를 만나주셨습니다. 주님의 세미한 음성이 마음에 감동으로 들려왔습니다.

"네가 지금까지 나의 은혜를 받지 못했다는 게 말이 되느냐? 너의 평생이 나의 은혜의 흔적임을 너는 모르느냐?"

그 순간 완고하던 그의 자아가 와르르 무너져 내립니다. '지금까지 40여 년을 살아왔던 내 인생이 다행이었어. 재수 좋았네'라고 생각했던 모든 순간들이 알고 보니 다 하나님의 은혜였다는 사실을 깨닫고 눈물이 터져 나왔습니다. 그는 그렇게 하나님을 만났습니다. 그리고 변화되기 시작합니다.

그렇습니다. 우리를 향한 하나님의 선한 계획과 섭리, 그분의 생각이 반드시 있습니다. 불신자들은 그걸 모릅니다. 교회를 다니긴 해도 신앙이 얕은 분들은 그걸 모릅니다. 하지만 영적인 눈이 열린 사람은 자기 인생이 하나님의 은혜였다는 사실을 고백하게 됩니다. 그런데도 자기가 열심 내고 자기 계획대로 살면 된다고요? 아닙니다. 하나님이 힘을 주셨고 지혜를 주셨고 돌파의 은혜도 베풀어주셨습니다. 이 생명 자체가 하나님의 은혜가 아니고 무엇이겠습니까? 이걸 알면 그 순간부터 하나님께 삶의 주도권을 내어드리게 되어 있습니다. 더 이상은 내 고집과 생각대로 나의 인생을 재단하면서 살게 되지 않습니다.

이걸 깨달은 사람은 그때부터 기도하게 돼 있습니다. 그래서 새벽기도, 금요활력기도회 같은 기도의 자리를 찾아 나오면서, 하나님이 내 인생을 이끌어주시기를 기도할 수밖에 없습니다. 똑같이 말씀 듣고, 똑같이 말씀 읽어도 이런 사람은 다릅니다. 그걸 깨닫지 못했을 때와 깨달았을 때는 전혀 다른 것입니다. 은혜를 알면 주님의 말씀에 진지하게 귀를 기울이기 시작합니다.

이럴 때 나타나는 축복 중에 또 하나가 뭐냐 하면, 인생을 살아가면서 받는 지나친 중압감과 거기서 오는 스트레스가 사라지는 것입니다. 왜요? 내가 시작해서 내가 끌어가고, 내가 결론까지 책임져야 되는 줄 알았더니, 이제는 나의 계획보다 더 풍성하고 좋으신 하나님의 계획이 내 인생에 놓여 있고, 하나님이 은혜 가운데 나를 주관해주신다는 사실을 깨달았기 때문입니다. 그러니 그 결과마저도 내가 다 책임져야 하는 것이 아니라, 이제는 주님이 주신 시간과 에너지를 가지고 최선을 다하면 하나님께서 선하신 결과를 이루어주시는 것입니다. 그러니 마음에 평강이 있고 무겁지 않습니다.

### 역전의 주인공이 되기를 사모하라

인생의 변방에 밀려난 채 슬픔과 고통 가운데 마음이 괴로운 분이 혹시 계십니까? '다른 사람들은 다 라헬처럼 사랑받고 잘 되는 것 같고 인정받는데, 나는 왜 이렇게 인정도 못 받고 외톨이이고 문제와 실패투성이인가?' 그래서 외롭고 답답한 마음입니까? 레아를 생각하십시오. 하나님은 철저하게 버림받은 것 같은 레아를 결코 잊지 않으셨습니다. 오히려 그녀를 통하여 인류를 구원할 메시아 예수 그리스도를 이 땅에 보내주시지 않습니까? 이 레아의 하나님이 우리의 하나님이신 줄 믿습니다. 그렇기 때문에 우리는 끝까지 가봐야 합니다. 하나님께서 우리를 위한 선한 계획과 좋은 생각을 반드시 가지고 계시기 때문입니다. 때가 되면 우리의 인생 가운데 그것을 이루어주시며, 우리를 역전의 주인공으로 바꿔주실 줄 믿습니다.

언젠가 주님에게서 받은 약속의 말씀 때문에 가슴이 뛰었던 분이 계십니까? 그런데 그게 잘 이루어지지 않아서 이제는 너무 낙심되고 답답합니까? 그런 분들은 하나님을 더 철저히 신뢰하십시오. 믿음을 놓지 마시고, 그 약속을 끝까지 붙잡으셔야 합니다. 하나님은 약속에 신실하신 분이시기 때문입니다. 우리가 그걸 어떻게 알 수 있습니까?

창세기 36장에는 야곱의 형 에서의 족보, 즉 가족과 후손이 기록돼 있습니다. 1절에서 "에서 곧 에돔의 족보는 이러하니라"라고 시작해 2절부터 5절까지는 에서의 아내들과 자녀들의 명단이 기록된 것입니다. 그런데 36장 6절에서 8절 말씀을 보십시오.

> <sup>6</sup>에서가 자기 아내들과 자기 자녀들과 자기 집의 모든 사람과 자기의 가축과 자기의 모든 짐승과 자기가 가나안 땅에서 모은 모든 재물을 이끌고 그의 동생 야곱을 떠나 다른 곳으로 갔으니 <sup>7</sup>두

사람의 소유가 풍부하여 함께 거주할 수 없음이러라 그들이 거주하는 땅이 그들의 가축으로 말미암아 그들을 용납할 수 없었더라 [8]이에 에서 곧 에돔이 세일 산에 거주하니라 _창 36:6-8

지금까지 야곱과 에서는 아버지가 계셨던 기럇아르바, 곧 헤브론에 살고 있었습니다. 이스라엘 지도를 보면 가운데가 요단강입니다. 위에는 갈릴리 호수가 있고 밑에는 염해, 즉 사해가 있습니다. 그 중간이 요단강입니다. 요단강을 중심으로 왼편이 가나안 땅입니다. 그리고 가나안의 가운데가 헤브론입니다. 여기에 함께 살고 있었습니다. 그러나 야곱과 에서의 수많은 가축이 함께 풀을 뜯기 때문에 목초지가 바닥나버렸습니다. 그래서 에서는 가나안을 떠나서, 그 밑으로 요단강을 지나 세일산이라는 곳에 가서 터전을 내립니다. 그 결과가 무엇입니까? 야곱의 자손이 가나안 땅을 갖게 된 것입니다.

수십 년 전의 일을 기억하십니까? 하나님께서는 자기의 형 에서의 칼날을 피하여 밧단아람으로 도망치던 야곱에게 벧엘에서 나타나셨습니다. 그리고 언약을 주셨습니다. "가나안 땅을 너희에게 주겠다." 수십 년 전에 주셨던 하나님의 이 언약이, 오늘 한 치의 오차도 없이 주님의 은혜 가운데에 이렇게 이루어졌던 것입니다. 할렐루야!

에서가 떠나감을 통해서, 리브가가 뱃속에서 싸우는 쌍둥이 때문에 기도했을 때 주셨던 "큰 자가 어린 자를 섬기리라"는 말씀이 이루어집니다. 세일산으로 간 에서가 아니라, 힘들고 어려워도 가나안 땅에 거주하고 있었던 동생 야곱이 가문의 영적 계승자가 되었던 것입니다. "네 자손을 티끌같이 많게 하겠고 열방이 너와 네 자손 때문에 복을 받게 하겠다"라는 말씀은 야곱의 후손인 이스라엘과, 그 이스라엘을 통하여 이 땅에 오신 메시아 예수 그리스도를 통하여 온전히 이루어지게 되었습니다.

이런 삶을 산 야곱이 곧 우리라고 말씀드렸습니다. 그렇다면 야곱의 하나님은 곧 우리의 하나님이십니다. 그러므로 조급해하지 마십시오. 믿음 안에 굳게 서십시오. 하나님은 우리에게 주신 약속을 반드시 성취해주실 줄 믿습니다.

# 야곱을 닮아가는 기도

세상은 에서처럼 크고 강한 사람, 실력이 있다고 여겨지는 사람에게 박수를 보냅니다. 그러나 하나님께서는 뒤처지고 연약하다고 여겨지는 야곱을, 그리고 야곱과 같은 우리들을 사랑하고 계십니다. 이것이 은혜가 아니고 무엇이겠습니까. 우리의 인생을 관통하는 유일한 키워드는 은혜인 것입니다. 이것이 우리가 주님께 감사하는 이유이고, 하나님 앞에서 신령과 진리로 예배하는 이유입니다. "주여, 우리에게 은혜를 주시옵소서!"

레아는 인생의 경쟁에서 실패했던 여인입니다.
그러나 은혜의 하나님이 그녀를 찾아와 실패가 아닌 최후의 승리로 기뻐하는 여인이 되게 해주셨습니다. 이것 또한 하나님의 은혜입니다.
그 은혜가 우리와 함께하고 있습니다. 쓰러지고 연약하고 무능하고 못나도, 하나님의 은혜가 우리와 함께하기에 우리는 반드시 승리할 것입니다.

우리는 주님의 은혜로 여기까지 왔습니다. 지금은 비록 답답하고 연약하여 신음하여도, 하나님께서는 은혜로 나의 인생을 변화시켜 주시고 승리할 수 있도록 인도해주실 줄 믿습니다.
"주님의 은혜에 잇대어 살아가게 하시고, 하나님의 은혜가 나와 동행한다는 걸 고백하며 믿음의 삶을 살아갈 수 있게 해주옵소서."

# 이래도 험한 세월을 살 것인가?

● 창 46:1-7, 47:7-10 ●

### 청출어람다운 변화

조훈현 9단은 바둑의 황제이자 전설입니다. 이분은 세계 최다 바둑 우승 기록을 갖고 있습니다. 이분이 있기 전까지는, 중국과 일본에 비해 한국 바둑은 변방이었습니다. 그러나 이분이 바둑계를 평정합니다. 한국 바둑을 세계 최고의 자리에 올려놓았습니다. 그래서 이분을 바둑 황제 또는 국수(國手)라고 합니다. 이런 그가 15살짜리 중학교 2학년생 이창호에게 패했습니다. 그때부터 이창호가 조훈현 9단이 가지고 있던 모든 타이틀을 빼앗습니다. 조훈현은 그야말로 무관(無冠)이 되어버린 것입니다. 그런데 이창호가 누구냐? 그가 바로 조훈현이 자기 집에 들여서 아홉 살 때부터 먹이고 입히고 가르친 제자입니다. 조훈현은 마음이 착잡하면서도 기쁘기도 한, 아주 복잡한 감정을 가졌다고 합니다.

'청출어람(靑出於藍)'이라는 말이 있습니다. 쪽에서 뽑아낸 푸른 물감이 쪽빛보다 푸르다는 뜻입니다. 스승이 제자를 키웠더니, 나중에 스승보다 제자가 더 월등하더라는 의미를 가지고 있습니다. 조훈현과 이창호 사이 같은 경우입니다.

우리는 창세기 46장 말씀에서 영적인 청출어람을 봅니다. 바로 야곱입니다. 야곱은 약속의 땅 가나안에 돌아와서 아버지가 거하던 기럇아르바, 즉 헤브론에 터를 내립니다. 반면에 형 에서는 어떻습니까? 목초지가 부족해서 같이 살면 안 되겠다고 가나안을 떠납니다. 그리고 세겜에 터를 잡습니다. 이로써 야곱은 명실상부 아브라함과 이삭의 모든 축복의 계대를 잇는 영적 후계자의 자리를 차지합니다.

그런데 이 기간에 어떤 일이 있었는가 하면, 야곱이 너무나 사랑하는 아들 요셉이 형들의 미움을 받고 애굽의 종으로 팔려갑니다. 종살이하고 옥살이합니다. 수년간 죽을고생합니다. 그러나 13년 후에는 하나님의 은혜로 애굽의 국무총리가 됩니다.

아들 요셉이 짐승에게 찢겨 죽은 줄 알고 있던 22년의 세월 동안, 야곱은 숨은 쉬고 있지만 사실은 죽은 거나 다름없는 고통 속에 살아왔습니다. 그런데 요셉이 살아있다니, 믿기지 않는 겁니다. 하지만 얼마 후에 요셉이 애굽에서 보낸 롤스로이스급의 으리으리한 마차가 당도합니다. "아버지, 이거 타고 애굽에 나 보러 내려오세요"라는 소식을 듣고 '정말 요셉이 살아있구나' 하고 확인하지만, 야곱은 믿기지 않아 뺨을 꼬집습니다. 야곱의 삶에 새로운 활력이 솟구칩니다. "아들을 만나러 애굽에 갈거야!"

애굽에 내려가던 야곱은 가나안의 최남단인 브엘세바에 당도합니다. 브엘세바는 할아버지였던 아브라함이 하나님의 명을 받아 처음으로 가나안 땅에 장막을 쳤던 장소입니다. 그게 바로 브엘세바입니다. 이곳을 떠나면 가나안 땅을 떠나게 되는 것입니다. 거기서 야곱은 그 밤에 하나님께 희생 제사를 드립니다. 그러자 하나님이 야곱에게 말씀하십니다.

> ³하나님이 이르시되 나는 하나님이라 네 아버지의 하나님이니 애굽으로 내려가기를 두려워하지 말라 내가 거기서 너로 큰 민족을 이루게 하리라 ⁴내가 너와 함께 애굽으로 내려가겠고 반드시 너를 인도하여 다시 올라올 것이며 요셉이 그의 손으로 네 눈을 감기리라 하셨더라 _창 46:3-4

"애굽으로 내려가는 것을 두려워하지 말라"고 하시는 주님의 말씀을 통해, 아들 요셉이 보고 싶어 한순간이라도 달음박질쳐 애굽에 가려는 야곱의 급한 마음과 두려움을 함께 발견할 수 있습니다. 왜 그렇습니까? 과거 때문입니다. 과거에 그의 할아버지 아브라함은 기근 때문에 살기 힘들다고 자기 멋대로 애굽으로 내려갔습니다. 하나님이 명하신 가나안 땅을 떠나 애굽에 갔을 때, 할아버지 아브라함은 그의 아내 사래(사라)를 애굽 왕에게 빼앗깁니다. 나중에야 겨우 하나님의 은총으로 도로 찾습니다.

아버지 이삭도 마찬가지입니다. 가나안에 두 번째로 큰 기근이 밀어닥쳤을 때, 그 역시 살기 좋은 나일 삼각주가 있는 애굽으로 가려고 합니다. 하나님 뜻이 아니에요. 그러나 자기 멋대로 가겠다는 것입니다. 이런 이삭을 하나님이 만류하셔서, 겨우 마음을 돌려 블레셋 땅에 기거하게 합니다. 이삭도 거기서 아버지처럼 블레셋 왕에게 아내를 뺏길 뻔합니다. 부전자전이에요. 게다가 생명 같은 우물을 세 번이나 블레셋 사람에게 뺏깁니다.

이처럼 할아버지 아브라함이나 아버지 이삭이나, 다 하나님의 강권적인 은혜와 도우심이 없었다면 목숨을 잃을 수도 있었고 아내를 이방 왕에게 강제로 빼앗겼을 겁니다. 그랬다면, 이들을 통해 큰 민족을 이루고, 나중에 그리스도를 통해 온 세상에 복을 주리라 하신 하나님의 구원 역사는 물 건너가게 됐을지도 모릅니다.

이유야 어찌 됐든, 그 모든 문제의 발단이 무엇이었느냐? 가나안에 머물라고 하신 하나님의 말씀을 떠나 자기 멋대로 간 것입니다. 바로 그것 때문이라는 걸 야곱은 기억하고 있습니다. 그렇게 해서 브엘세바에서 맞이하는 가나안에서의 마지막 밤에, 그는 '내가 애굽에 가도 되는 것인가? 나도 조상들의 전철을 따라 잘못된 길을 가는 건 아닐까? 하나님이 정말 기뻐하시지 않는 일을 하고 있는 것은 아닐까?'라며 걱정하고 두려워했습니다. 그래서 그냥 내려가는 대신에, 한 템포 늦춰서 하나님 앞에 희생의 제사를 드리며, "하나님, 어찌 하오리까?" 하고 묻습니다.

우리는 야곱이 얼마나 인간적이고 자기중심적인 사람인지를 잘 압니다. 그런 그가 어떻게 이렇게 변할 수 있었을까요?

## 불에 대본 아이

저희 아이들이 어렸을 때 일입니다. 위의 두 아이와 조금 다르게 막내는 굉장히 호기심이 많고 활동성이 많았던 아이였습니다. 저희 부부가 막내를 키우면서, 첫째와 둘째를 키울 때는 경험하지 못한 일들을 참 많이 겪었습니다. 저희 집안 사람들은 조심성이 많아 어디 한 곳 부러진 사람을 찾기 어렵습니다. 그런데 막내아들은 롤러블레이드를 타다가 팔이 부러져 깁스를 한 일이 있습니다. 런닝머신에 올라갔다가 미끄러지면서 뒤에 있던 액자에 부딪혀 엉덩이가 찢어지고 유리가 박힌 일도 있었지요. 또 어느 날은 제 책상에 공업용 커터가 있었는데, 그게 신기했던 것 같아요. 제가 잠깐 자리를 비운 사이에 이 아이가 그 칼을 만지다가 그만 칼날이 부러져 버립니다. 아이가 그 위를 기어가다가 무릎에 칼날이 박혀 지금도 흉터가 남아 있습니다. 좋게 말해 호기심이 많은 아이였습니다.

한 번은 이 녀석이 자꾸 불 근처로 가는 겁니다. '이거 무슨 일 생기지, 큰일 나겠다. 혹시 얼굴에 화상을 입어 평생 흉터 나면 안 되지'라고 생각해서 이 아빠가 무식한 방법을 택했습니다. 아이를 꽉 끌어 안고 불 근처에 데리고 간 겁니다. 직접 불에 대지는 않았지만, 그래도 뜨거운 불 가까이까지 아이 손을 억지로 잡아 대 주었습니다. 애가 손을 빼려고 해도 계속 대고 있었더니 뜨겁다고 눈물을 뚝뚝 흘렸습니다. 그제야 놓아주면서 물었습니다.

"불은 이렇게 뜨거운 거야. 다시 해볼까?"

아이가 다시 해봤을까요, 안 해봤을까요? 안 해요. 도리질을 치는 겁니다. 지금도 뜨거운 곳에는 절대 안 갑니다. 제 아내는 남편이 과거에 그런 만행을 저지른 걸 지금도 알지 못해요.

불에 대본 아이는 불이 얼마나 뜨거운지 알게 돼 불 근처도 가지 않습니다. 야곱도 마찬가지입니다. 그는 인생의 모든 순간에 철저하고 뼈저리게 하나님을 체험했습니다. 형을 피해 도망치던 길에서 벧엘의 하나님을 경험했습니다. 외삼촌의 술수에도 불구하고 자신을 거부가 되게 해주신 능력의 하나님을 경험했습니다. 20년 만에 고향 가는 길에서 형에게 죽지 않을까 두려워했던 그에게 군대를 보여주시며, 평안을 주신 마하나임의 하나님을 체험했습니다. 압복강가에서 씨름하며 브니엘의 하나님을 만났습니다. 세겜성 학살 사건으로 인한 가문의 멸절 위기에서 건져주신 보호의 하나님도 체험했습니다.

이처럼 위기와 어려움의 순간마다 하나님의 은혜로 모면했던 야곱은, 아들 요셉이 있다 하여 멋대로 애굽에 내려가지 않더라는 겁니다. 대신에 하나님의 뜻을 구합니다.

야곱은 인생에서 겪은 실수와 실패의 체험을 통해서, 하나님의 말씀을 따르는 것이야말로 성도의 도리라는 걸 알게 됩니다. 주님이 서라 하면 서야 하고, 주님이 가라 할 때 가야 한다는 것을 분명히 경험했던 것입니다. 그래서 할아버지 아브라함과 아버지 이삭이 실패했던 부분에서 승리하는, 영적 청출어람의 사람이 될 수 있었던 것이지요. 그런 야곱에게 하나님이 응답하십니다.

"야곱아, 두려워하지 말아라. 애굽에 내려가라."

하나님이 내려가라는 거예요. 야곱 개인만을 위해서가 아니라, 이후로 메시아를 통하여 민족을 구원하고 열방을 구원하기 위해서는 야곱의 가문 70명이 불어나 거대한 민족이 되어야 하는데, 그것을 위해 애굽이라고 하는 인큐베이터가 필요하기 때문입니다. 하나님의 계획입니다.

## 실수와 실패마저 선으로 바꾸시다

사람은 누구나 살다 보면 실패와 실수를 저지를 때가 있습니다. 그럴 때 실망하고 좌절합니다. '내가 왜 그랬을까?' 과거의 실패와 실수를 자꾸 되새김질하며, 죄책감을 가지고 주저앉아 앞으로 나아가지 못합니다.

하지만 크리스천이 세상 사람과 다른 것이 무엇입니까? 예수님 안에만 있다면, 하나님은 크리스천의 실패와 실수마저도 합력하여 선을 이루실 수 있습니다. 야곱의 아들 요셉이 그렇지 않습니까? 형들이 요셉을 애굽에 종으로 팔아넘겼습니다. 이것은 혈육을 사지로 몰아넣는 패역하고 부도한 일입니다. 죽으라고 등 떠밀어 보낸 겁니다. 북한의 김정은이 지구상 가장 끔찍한 독성을 가진 물질로 이복형을 살해한 일이 요셉의 형들이 한 짓과 큰 차이가 없습니다. 실수 정도가 아니라 큰 잘못이었고, 요셉에게는 낭패였습니다. 그러나 하나님은 그걸 선으로 바꾸어 만민의 생명을 구원할 놀라운 일을 이루셨습니다. 그게 누구의 입에서 나온 고백입니까? 그 일을 경험한 요셉 자신의 고백이 아닙니까?

신사임당이 강릉에 살 때의 일입니다. 어떤 집에서 잔치가 열렸습니다. 지금도 파티라면 얼마나 좋습니까. 꼭 가보고 싶잖아요. 신사임당 시절에 잔치가 열렸다는 건 어쩌면 평생에 몇 번 볼까 말까 한 일이었을 겁니다. 모처럼 배불리 먹을 수 있는 날이고, 잘하면 남사당 패거리의 풍악과 공연도 볼 수 있는 기회입니다.

사람들이 많이 모였습니다. 왁자지껄 먹고 즐기는 가운데, 거기 모인 아낙네들 사이에서 비명이 들려옵니다. 어떤 새댁이 부엌에서 일을 도와주다 나오는 길에, 입고 있던 다홍색 비단 치마에 그만 오물이 튀어버린 겁니다. 옷이 더러워진 건 속상하겠지만, 그런 일 가지고 울기까지 하는 건 이상했습니다. 사람들이 새댁을 달래며 자초지종을 들어보니, 이런 사연이 있었습니다.

너무나 가난한 여자였어요. 마을에 잔치가 열렸다니 참석은 하고 싶은데, 행색이 말이 아닙니다. 잘 사는 친구에게 찾아가 "네가 아끼는 다홍색 비단치마 한 번만 입고 가게 해주렴" 하고 사정해서 그걸 빌려 입고 나온 거예요. 그런데 거기에 하필이면 오물이 묻어 버렸습니다. 울 만도 했습니다. 그 이야기를 전해 들은 신사임당이 그 새댁을 자기 방으로 불러들여 말합니다.

"그 치마 벗으세요."

신사임당이 그 치마를 펼쳐놓고, 오물 묻은 자리마다 먹물 듬뿍 적신 붓으로 덧칠하며 그림을 그립니다. 잠시 후, 한참 무르익어서 보기만 해도 침이 꿀꺽 나올 만큼 탐스러운 포도가 그려져 있더라는 겁니다. 다들 칭송하고, 울고 있던 새댁 얼굴에도 웃음꽃이 핍니다. 이 새댁이 그림이 그려진 그 치마를 팔아서 큰 돈을 받았습니다. 그 돈으로 다홍색 치마를 만들 수 있는 비단 치맛감을 사서 친구에게 돌려주었고, 옷감이 남아 자기 옷도 지을 수 있었습니다. 신사임당이 새댁의 위기를 기회로 바꾸어준 셈이지요.

하나님은 우리의 최선이십니다. 우리가 잘한 것, 우리가 뭔가 뛰어난 것만 합력해서 선을 이루시는 분이 결코 아니십니다. 그건 누구나 할 수 있겠지요. 오히려 하나님께서는 우리가 실패한 부분, 실족하고 실수하고 쓰러진 부분마저 선이 되게 하십니다. 인생이라는 오염된 화폭에 아름다운 걸작품을 만들어갈 수 있는 분이심을 믿기 바랍니다. 그래서 에베소서 2장 10절의 말씀 "우리는 그의 만드신 바라"를 원어대로 번역하면 "우리는 하나님의 마스터피스(masterpiece), 걸작품이다"라는 겁니다.

실패하셨습니까? 돌이킬 수 없는 실수를 저지르셨습니까? 그러나 좌절하지 마십시오. 주저앉지 마세요. 대신 이제는 야곱처럼 하나님의 말씀을 따라서 가라 할 때 가고, 서라 할 때 서는 법을 배우면 됩니다. 그럴 때 우리 인생을 통해서 선을 이루시고, 우리를 하나님의 계획을 이루는 도구로 삼아주실 줄 믿으시기 바랍니다.

### 하나님 말씀 따라 사는 법을 배우라

야곱은 하나님의 허락 하에 애굽에 내려갑니다. 죽은 줄 알았던 요셉을 끌어안고 볼을 비비며 "네가 정말 살아 있구나. 내 사랑하는 아들아!" 하며 얼마나 눈물을 흘렸겠습니까? 할렐루야 찬양을 얼마나 불렀겠습니까?

흥분됐던 감정을 어느 정도 추스른 후에, 요셉이 아버지 야곱을 바로에게 소개합니다. "우리 아버지십니다." 그때 야곱이 놀라운 행동을 합니다.

요셉이 자기 아버지 야곱을 인도하여 바로 앞에 서게 하니 야곱이 바로에게 축복하매 _창 47:7

야곱이 바로에게 축복하더라는 겁니다. 나올 때도 그랬습니다.

> 야곱이 바로에게 축복하고 그 앞에서 나오니라 _창 47:10

야곱이 축복했다는 게 뭐가 놀랍다는 겁니까? 히브리서 7장 7절 말씀을 보십시오. 논란의 여지 없이 축복은 낮은 자가 높은 자에게서 받는 겁니다. 연장자가 연소한 자에게, 지위가 높은 자가 지위가 낮은 자에게 축복을 베푸는 것이 정석입니다. 그런데 바로가 누굽니까? 당대 최강대국인 애굽의 왕이에요. 만민의 아버지라 불리고 살아있는 신의 아들이라고 추앙받은 사람입니다.

본문의 배경은 손가락 하나 까딱하면 목숨이 날아갈 수 있는 고대 이집트 왕조 시대입니다. 그런 바로에게 한낱 촌부요 히브리 이민자인 야곱이 축복을 했다니, 이런 일이 어떻게 가능합니까? 이것이 바로 영적 권세임을 믿으시기 바랍니다.

구약의 선지자 중에 이사야가 있습니다. 그는 왕족 출신입니다. 전설에 의하면, 이사야의 아버지는 아마샤 왕의 형제라고 합니다. 그렇기 때문에 이사야는 어렸을 때부터 큰아버지 혹은 작은아버지였을 왕과 함께 식사를 했겠지요. 왕족과 귀족들과 함께 시간을 보내면서 평민들이 왕과 귀족들을 대할 때 어떻게 굽신거리고 두려워하는지 잘 알았고, 왕의 위엄과 영광을 알고 있던 사람입니다. 그런데 이사야 6장 5절에서 하나님의 영광을 경험한 이사야가 뭐라고 고백합니까?

그 때에 내가 말하되 화로다 나여 망하게 되었도다 나는 입술이
부정한 사람이요 나는 입술이 부정한 백성 중에 거주하면서 만군
의 여호와이신 왕을 뵈었음이로다 하였더라 _사 6:5

자기도 왕족이었고 인간 왕들의 위엄을 보았지만, 천하 만물을
창조하고 인생의 생사화복을 주관하시는 하나님 앞에 서니 그건
아무것도 아니라는 것이지요. 애굽왕 바로 앞에 선 야곱의 마음이
바로 그런 것입니다.

"당신이 천하를 다스린다고 하지만, 당신의 생사화복을 주관하
시는 분은 바로 내가 믿는 여호와 하나님입니다."

### 주저않은 시간을 낭비하지 말라

야곱이 어떻게 이러한 영적 권세와 깊은 깨달음을 얻었습니까?
우리는 그 해답을 47장 8절과 9절에서 찾아볼 수 있습니다.

8바로가 야곱에게 묻되 네 나이가 얼마냐 9야곱이 바로에게 아뢰
되 내 나그네 길의 세월이 백삼십 년이니이다 내 나이가 얼마 못
되니 우리 조상의 나그네 길의 연조에 미치지 못하나 험악한 세월
을 보내었나이다 하고 _창 47:8-9

야곱은 태어날 때부터 형과의 출생 경쟁에서 뒤처진 실패한 사람이었습니다. 아버지의 사랑에서도 형에게 철저하게 패했습니다. 밧단아람에서 20년 동안 죽을고생을 했습니다. 외동딸 디나는 성폭행을 당하고, 분노한 아들들은 살인자가 되었습니다. 사랑하던 아내 라헬은 고향으로 가는 길에 죽어 번듯하게 장례도 치러주지 못했습니다. 그가 그 슬픔을 가지고서, 어떻게든 일어나 또다시 가나안을 향해 걸어가고 있는데, 장자 르우벤이 야곱의 첩 빌하와 간음을 저지릅니다. 사랑하는 요셉은 짐승에게 찢겨 죽은 줄로 알았습니다. 가슴 아팠던 그 세월을 생각해보세요. 정말 야곱의 일생은 험악한 세월이라 말하지 않을 수 없습니다.

그러나 그 모든 고통과 슬픔과 위기의 순간마다 하나님이 그를 찾아와 주셨습니다. 그에게 용기를 주셨고 그를 지켜 보호해주셨고, 그가 극복할 수 있도록 새로운 힘과 능력을 날마다 공급해주셨습니다. 그러므로 야곱이 바로 앞에서도 당당했던 이유는 다름 아닌 하나님 때문이었습니다. 야곱에게 임했던 하나님의 성령께서 우리 안에도 계심을 믿으시기 바랍니다. 그것이 우리 그리스도인의 정체성이 되어야 합니다. 당당하게 살면 됩니다.

그런데 왜 세상에 기죽어 삽니까? 하나님을 모신 내가 누군지 잊어버렸기 때문입니다. 나를 보면 흙수저밖에는 보이지 않습니다. 그러나 하나님을 바라보고 그분을 모시고 있는 나를 바라보면, 나는 그야말로 천국의 황금수저인 줄 믿으시기 바랍니다. 우리가 하나님을 기억하고 그분을 성령으로 모시고 있다는 사실을 기억할 수 있다면, 어떤 상황에서도 어깨 펴고 당당하게 살 수 있습니다.

비록 한때는 인간적으로 살았지만, 하나님께서 찾아와주셔서 하나님을 만났기에, 야곱의 험악한 세월은 오히려 하나님을 만난 간증의 세월이요 변장된 축복의 세월이 되었습니다. 하나님을 깊이 만났던 체험 때문에 야곱은 하나님이 누구신지에 대해 깊은 경험을 했습니다. 그것이 야곱의 일생에서 영적 권세의 기반이 되었습니다. 그래서 애굽의 바로 앞에서도 주눅들지 않고 그를 위하여 당당하게 축복할 수 있었던 것입니다.

혹시 지금 험악한 세월을 보내고 계십니까? 결혼에 실패했다, 자녀 양육에 실패했다, 사업에 실패했다, 승진에 실패했다, 이런 삶의 실패를 겪고 있는 분이 계십니까? 그렇다면 절망과 좌절 속에 주저앉은 채 그 시간을 낭비하지 말기를 바랍니다. 대신에 야곱이 그러했듯, 하나님 앞에 매달려 간절히 기도해보십시오. 얍복 강가에서 천사와 씨름하며 환도뼈가 위골되는 지경까지 매달렸던 야곱처럼, 강렬한 씨름의 기도를 주님 앞에 드려보지 않겠습니까? 그럴 때 우리의 험악한 세월 가운데 찾아와 주시는 하나님을 만나고, 살아계신 주님의 능력을 체험하게 될 줄 믿습니다. 그리고 우리 역시 남을 위해 축복하며 기도하는, 영적 권세를 소유하는 주님의 사람이 될 줄 믿습니다.

# 야곱을 닮아가는 기도

야곱은 할아버지 아브라함과 아버지 이삭을 뛰어넘는
영적 청출어람의 사람이 되었습니다. 험악한 세월을 보냈다는 야곱은
역시 험악한 세월을 살아가고 있는 우리의 스승일 수밖에 없습니다.
그런 점에서 하나님은 우리가 야곱을 능가하는 영적 청출어람의 사람이
되기를 간절히 바라고 계십니다.
"오늘 내 삶에서 그와 같은 하나님의 바람이 이루어지는
축복의 사람이 되게 해주시옵소서."

야곱이 실패와 실수의 삶 속에서 살아계신 하나님,
능력을 베풀어주시며 합력하여 선을 이루고 일으켜주시는
하나님을 체험했습니다.
그리하여 그가 영적 권세를 소유하게 되었고,
믿음의 사람으로 우뚝 설 수 있었습니다.
"지금 인생의 험악한 길을 걸어가고 있는 나 또한 하나님을 경험하며, 축복을
나누어 줄 수 있는 영적 권세자가 되게 해주시옵소서."

# 자손의 자손까지 보는
# 복을 소망하라

● 창 47:27-31, 48:8-22 ●

### 부모 때문에 무슨 고생이야?

'강남불패'라는 말이 있습니다. 강남 지역의 부동산 가치는 절대로 떨어지지 않는다는 말이지요. 가만 보면 실제로 그런 것 같습니다. 왜 이런 현상이 생길까요? 여러 이유가 있겠지만, 단순하게 말하면 많은 사람이 그곳에서 살고 싶어 하기 때문입니다. 또 다른 이유는 무엇이겠습니까? 장점이 많다는 것일 겁니다. 예를 들어 학군이 우수합니다. 생활 편의성도 좋습니다. 또한 고학력과 고소득자들이 몰려 사는 곳이니까, 나도 그곳에서 살면 동질 그룹에 들어갈 수 있다는 상징적인 기대가 있습니다. 그래서 형편만 좋아지면 '인(in) 강남' 하고 싶어하는 사람들이 부지기수입니다.

그런데 그런 강남에서 잘 살던 분이 어느 날 강남을 떠났다는 소문이 돕니다. 그것도 아주 낙후된 지방에, 촌구석도 그런 촌구석이 없다고 할 곳에 간다면 이웃들의 반응이 어떨까요? 대부분 이러겠죠. "정신 나갔나? 저 사람 왜 저래? 뻔하지 뭐. 쫄딱 망한 거야." 그렇게 수군대는 말에 누군가는 덧붙일 겁니다. "자식들이 불쌍하다. 부모 때문에 웬 고생이야."

우리가 읽은 이 성경 본문에서 그런 사람 하나를 보게 됩니다. 다름아닌 야곱입니다.

죽은 줄만 알았던 요셉이 20여 년 만에 애굽의 총리가 돼서 등장합니다. 요셉의 초청으로, 야곱의 가족 70명이 극심한 가뭄 피해를 입던 가나안에서 하나님의 허락을 받고 애굽으로 내려갔습니다. 풍요롭고 안락한 삶이 시작되었습니다.

> 이스라엘 족속이 애굽 고센 땅에 거주하며 거기서 생업을 얻어 생
> 육하고 번성하였더라 _창 47:27

마치 강남에서 사는 것처럼 잘 살았다는 것입니다. 꿈에 그리던 풍요로운 삶입니다. 그렇게 사는 애굽 생활 17년째에, 야곱의 나이가 147세 됐을 때 야곱이 요셉을 부릅니다. 그리고 당부합니다.

> <sup>29</sup>이스라엘이 죽을 날이 가까우매 그의 아들 요셉을 불러 그에게

이르되 이제 내가 네게 은혜를 입었거든 청하노니 네 손을 내 허
벅지 아래에 넣고 인애와 성실함으로 내게 행하여 애굽에 나를 장
사하지 아니하도록 하라 **30**내가 조상들과 함께 눕거든 너는 나를
애굽에서 메어다가 조상의 묘지에 장사하라 요셉이 이르되 내가
아버지의 말씀대로 행하리이다 _창 47:29-30

고대 중근동 사회의 사람들에게 허벅지 아래는 생명의 근원을
의미합니다. 그러므로 허벅지 아래에 손을 넣고 맹세한다는 건 맹
세의 절대성과 엄숙성을 강조하는 것입니다. 그러니 야곱은 요셉
에게 앞으로 반드시 지켜야 할 맹세를 시킨 것입니다. "내가 죽으
면 나를 절대로 애굽에 장사 지내지 말고, 가나안에 있는 조상들
의 묘지에 장사하라"는 겁니다. 이것은 강남 살다가 시골로 가자
는 말과 같습니다. 하지만 가야 할 곳은 조상들의 묘지입니다.
여기서 우리는 말년의 야곱이 가진 인생의 분명한 기준을 발견
합니다. 그것은 그가 육적인 것이 아니라, 영적인 것에 가치를 두
고 있다는 것입니다.

### 야곱의 확신
애굽은 나일강 삼각주의 비옥한 환경으로 인해 풍요롭습니다. 이
때문에 애굽은 정치, 경제, 군사, 문화 등 모든 방면에서 당대 세계
최고의 나라입니다. 한마디로 누구나 살고 싶어 하는 곳이지요.

거기다 야곱의 아들 요셉이 누구입니까? 애굽의 국무총리입니다. 그러니 야곱 가족은 애굽에 있으면 얼마든지 안락하고 평화롭고, 애굽 최고의 명문 가문을 이루고 떵떵거리며 살 수 있었습니다.

　호랑이는 죽어서 가죽을 남기고 사람은 죽어서 이름을 남긴다고 하지 않습니까? 사람이 마지막까지 남는 욕구 중에 결국 근본적인 것이 무엇이냐 하면 명예를 추구하는 것입니다. 그런 점에서 야곱이 만약 애굽에 묻힌다면, 물론 피라미드야 왕에게만 허락된 무덤이기에 할 수 없지만, 으리으리하고 화려한 무덤 하나쯤은 남겨 그의 이름을 후세에 전할 수 있지 않겠습니까? 그러나 야곱은 굳이 자신을 가나안에 있는 조상의 초라한 묘지에 장사해달라고 합니다. 왜 그렇습니까? 세상의 영광이라는 육적인 것이 아닌 하나님의 말씀이라는 영적인 것에 가치를 두었기 때문입니다.

　가나안은 그야말로 황량한 곳입니다. 아무것도 없습니다. 이스라엘 조상의 묘지는 화려한 봉분이 있는 것도 아닙니다. 그냥 대충 파놓은 굴이에요. 거기는 할아버지와 아버지와 할머니들의 뼈밖에 없습니다. 또, 그러면 애굽에서 대를 이어 살아가야 할 자손들은 뭐가 됩니까? 잘 나가던 애굽을 떠나 무슨 '사서 고생'이겠습니까?

　그러나 야곱에게는 확신이 있었습니다. 하나님이 주신 축복의 땅은 애굽이 아니라 오히려 황량하고 보잘것없어 보이는 가나안이라는 사실입니다. 또한 가나안에 발 디디고 살면서 하나님의 축복을 받고, 그 받은 축복을 온 세상에 나누는 것이 사명이라는 확신이 있었습니다. 이처럼 말년의 야곱은 당장 좋아 보이는 육적인 것보다, 하나님의 은혜와 축복이 담겨 있는 영적인 것에 가치를 둔 인생이 되었습니다.

> 야곱이 또 이르되 내게 맹세하라 하매 그가 맹세하니 이스라엘이 침상 머리에서 하나님께 경배하니라 _창 47:31

이스라엘은 보통 이름이 아닙니다. 하나님과의 언약 관계에서 하나님이 주신 특별한 이름입니다. 그러므로 지금 요셉과 대화하는 야곱에겐 가나안에 대한 하나님의 언약이 확신으로 가득 차 있습니다. 그래서 성경은 특별하게 그걸 알려주고자 일부러 야곱의 이름을 "이스라엘이 하나님께 경배했다"라고 썼습니다. 이런 야곱을 보면서 크리스천이 가져야 할 질문이 있습니다.

"나는 지금 무엇에 가치를 두고 살아가는가? 육적인 것이냐, 아니면 영적인 것이냐?"

### 어떤 가치를 가지고 있느냐?

2011년, 노르웨이가 발칵 뒤집힌 테러 사건이 있었습니다. 아네르스 브레이비크(Anders Behring Breivik)라고 하는 신나치주의자가 총기를 난사해서 무려 77명을 죽였습니다. 사망자 중 대다

수는 섬에서 수련회에 참가하고 있던 청소년들이었습니다. 그런데 몇 년 뒤인 2015년에 이 인간이 정부를 상대로 소송을 걸었습니다. 내용인즉슨, 정부가 자기를 6년 동안이나 독방에서 살게 만들어 아무도 만나지 못하는 인권 침해를 당했다는 겁니다. 철면피 아닙니까?

그런데 우리가 더 분개할 수밖에 없는 것은, 노르웨이의 교도소는 이미 전 세계에서 최고의 환경을 자랑하는 곳이기 때문입니다. 독방에 가두었다고 하지만, 그 독방이 사실은 독방이 아닙니다. 이 사람이 갇힌 감옥엔 방이 세 개입니다. 침실과 거실이 따로 있고 엔터테인먼트 방이 따로 있습니다. 그 방에는 러닝머신이 있어서 마음껏 뛸 수 있습니다. 냉장고와 텔레비전이 있습니다. 비디오 게임기까지 구비돼 있습니다. 그게 다 그가 인권 침해를 구실로 법무 당국에 요구한 결과라고 합니다. 그렇다고 노르웨이 교도소 가려고 비행기표 사지는 마세요.

그런데 법원의 판정이 어떻게 났을까요? 이 테러범의 손을 들어주었습니다. 법원의 판결문 내용이 이렇습니다. "비인간적이고 모멸적인 대우를 금지하는 것은 우리 민주사회의 기본 가치이다. 그것은 테러범이나 살인자에게도 동일하게 적용된다."

이 재판 결과에 사람들이 어마어마하게 분노했습니다. 황당하지 않았겠습니까? 그러나 테러 당시에 극적으로 살아남은 한 사람이 방송 인터뷰에서 이런 말을 했습니다. "법 제도의 원칙을 지키는 것이 중요합니다. 나는 법원의 결정을 존중합니다."

노르웨이의 모습에서 어떤 생각이 드십니까? '그 정부가 악당의 인권도 저렇게 존중한다면, 선량한 사람들에게는 과연 얼마나 잘할까?' 이런 확신이 들지 않습니까? 그러므로 '어떤 가치를 가지고 있느냐'는 이토록 중요합니다.

크리스천 역시 모든 사람과 마찬가지로 희로애락의 본성을 갖고 있습니다. 잘 먹고 잘 살고 싶습니다. 좋은 차 타고 싶고 좋은 옷 입고 싶습니다. 화려하게 살고 싶고 박수받고 싶습니다. 안락한 인생을 즐기고 싶은 건 누구나 마찬가지입니다. 그러면 이런 본성이 악한 겁니까? 아닙니다.

성경에 나오는 많은 인물들을 보십시오. 세상의 기준으로 보면 어마어마한 부와 풍요를 누리며 떵떵거리고 산 사람들이 깔려 있습니다. 믿음의 조상 아브라함은 어땠습니까? 왕의 반열에 설 정도로 대단한 부와 힘을 소유하고 있었습니다. 조카 롯이 머물고 있던 소돔 땅이 왕들의 연합군에게 점령당하여 포로로 끌려갔을 때, 자기가 기르던 군사를 이끌고 가서 연합군을 쳐부수고 조카 롯과 포로가 됐던 사람들을 구원한 사람입니다. 아브라함은 그럴 만큼 어마어마한 부와 권력을 갖고 있던 사람입니다. 이삭은 어땠습니까? 블레셋 왕이 두려워할 정도로 막대한 부를 소유했습니다. 야곱도 거부였습니다. 욥은 동방 사람 중에서 가장 큰 자였습니다. 다윗은 왕이니까 말할 필요도 없습니다.

중요한 것은 뭐냐? 이들은 물질의 복을 누렸지만, 육적인 것과 영적인 것, 세상의 영광과 하나님의 말씀 사이에서 선택해야 하는 순간에는 주저함 없이 영적인 것과 하나님의 말씀을 붙잡았다는 것입니다. 이것이 그들이 가진 가치의식이었습니다. 이 모습에서 우리는 그들의 깊은 신앙을 확인할 수 있습니다.

알래스카에 갔을 때 연어 양식장을 본 적이 있습니다. 대단하더라고요. 연어들이 바글바글한 양식장에 먹이를 뿌리면 한꺼번에 몰려오는 모습이 장관입니다. 이 연어들이 다 자라면 바다에 방류됩니다. 이쪽 바다 저쪽 바다, 여기저기 마음껏 돌아다니며 살다가, 알을 낳을 때가 되면 다시 알래스카로 돌아옵니다. 물결과 폭포까지 거슬러 고향으로 돌아옵니다. 그 모습을 보다가 생각했습니다.

'그렇구나. 우리 크리스천도 저렇게 살아야지. 비록 세상 속에 살고 있지만, 때가 되면 육적인 것을 뛰어넘어 영적인 것을 향해 나아가야 해.'

세상적인 걸 붙잡고 살다가도, 하나님이 말씀하시면 그 말씀을 굳게 붙잡아야 합니다. 이것이 성도의 가치이기 때문입니다.

### 하나님의 뜻대로 살면

야곱은 노년에, 요셉에게 자신을 가나안에 장사지내달라고 요구합니다. 이 요구에 대해 요셉의 맹세를 받은 후, 얼마 후에 병이 들어버립니다. 이 소식을 들은 요셉이 두 아들을 데리고 아버지에게 갑니다. 이 아이들은 애굽 여인 사이에서 낳은 아이들입니다. 그러니 이 아이들도 아브라함과 이삭과 야곱의 후예로서 언약 자손의 반열에 든다는 것을 아버지의 축복 기도를 통해 인증받으려는 것입니다. 야곱이 두 손자를 안고서 말합니다.

요셉에게 이르되 내가 네 얼굴을 보리라고는 생각하지 못하였더니 하나님이 내게 네 자손까지도 보게 하셨도다 _창 48:11

여기서 우리는 야곱이 깨달은 중요한 영적 지식을 확인할 수 있습니다. 하나님은 주시되 더 주시는 하나님이십니다.

야곱은 아들들의 거짓말에 속아서 요셉이 짐승에게 찢겨 죽은 줄 알았습니다. 다시는 볼 수 없다고 생각했지요. 그러나 하나님은 아들을 다시 만나게 해주시되, 애굽의 구원자로서 기근에서 그들을 구원해내 누구나 그 앞에 엎드려 머리를 조아릴 수밖에 없는 국무총리로 삼으신 다음 만나게 해주셨습니다. 야곱은 한량없는 하나님의 은혜에 감격하고 또 감격했을 겁니다. 그런데 거기에 머무르지 않습니다. 하나님께서는 요셉의 소생들마저 연로한 야곱의 품에 안게 해주셔서 하나님의 넓은 사랑과 더해주시는 은혜를 고백하도록 해주셨습니다. 이렇게 야곱의 생각을 뛰어넘는 은혜를 베푸신 분이 바로 하나님이십니다.

우리는 에베소서 3장 20절에서 이런 하나님을 확인합니다. "우리 가운데서 역사하시는 능력대로 우리가 구하거나 생각하는 모든 것에 더 넘치도록 능히 하실 이에게"(엡 3:20). 이분이 우리 하나님이신 줄 믿습니다. 우리가 구하고 생각하는 모든 것에 넘치도록 주시는 은혜의 하나님을 우리는 믿습니다. 이 하나님은 우리에게 얼마든지 더 주실 수 있는 하나님이십니다.

그런데 하나님 없이 억지로 내 수단과 방법으로 더 가지려 하면 처음에는 가질 수 있는 것 같지만, 나중에 보십시오. 부작용이 터지기 시작합니다. 우리는 한 치 앞을 알지 못하거든요. 내가 몸부림친 그것이 어떤 나비효과를 일으켜서 무슨 일을 일으킬지 모릅니다. 하나님의 뜻대로 살면 부작용이 없습니다. 그리고 우리에게 더해주십니다. 마태복음 6장 33절이 그 약속이 아닙니까?

그런즉 너희는 먼저 그의 나라와 그의 의를 구하라 그리하면 이 모든 것을 너희에게 더하시리라 _마 6:33

## 물이 끓기까지 기다리듯이

왕성교회 금요철야기도회는 명물입니다. 하나님 앞에서 부르짖어 기도하고, 간절히 땀 흘리며 찬양하고 하늘 문이 열려서 시원한 느낌으로 집에 돌아갔는데, 육신인지라 집에 가면 어떻습니까? 금요일에 집에 돌아가면 11시 40분에서 50분 사이가 되는데,

그때 잠이 잘 오시나요? 저는 잠이 잘 안 옵니다. 허기가 져요. 제가 그 시간에 꼭 시험에 드는 게 뭐냐 하면 라면이 먹고 싶은 겁니다. 그때부터 라면 끓여달라고 아내에게 하소연합니다. 하지만 아내는 "안 돼요" 하고 단칼에 잘라버립니다.

그러나 제가 누굽니까? 물러설 사람이 아니죠. 자꾸 달라고 합니다. 그래도 안 주면 그때부터 제가 비장의 무기를 꺼냅니다. 냉장고를 계속 열었다 닫았다, 코를 박았다 뺐다 하면서 "배고프다 뭐 먹고 싶다" 이러고 있습니다. 그럼 제 아내가 할 수 없이 "알았어" 하면서 라면을 끓여옵니다. 달걀까지 넣어가지고.

그런데 이상해요. 제가 몇십 년을 그 라면만 먹기 때문에 양을 아는데, 이상하게 아내가 끓여줄 때는 몇 젓가락 분량의 라면이 없어진 것 같습니다. 가만 보면 아내가 저쪽에서 먼저 후루룩 먹은 겁니다. 그러면서 나중에 꼭 한다는 소리가 이겁니다. "내가 당신 때문에 살쪄요."

라면은 팔팔 끓는 물에 넣어 부글부글 끓여야 가장 맛있습니다. 물은 98도에서 끓지 않습니다. 99도에서도 끓지 않습니다. 물의 임계점, 즉 끓어서 기화되기 시작하는 온도가 몇 도입니까? 100도입니다. 그때부터 물이 끓지요.

우리도 물이 끓기까지 몇 분을 기다리듯이, 하나님께서 넘쳐흐르도록 더 주시는 은혜를 누리기 위해서는 일정 기간 기다리는 시간이 필요합니다. 그러다 때가 되면 영적 임계점이 우리에게 다가옵니다. 그 임계점을 기다리는 시간이 야곱에게는 요셉을 잃어버린 줄 알았던 22년의 세월입니다.

문제는 많은 사람이 기다리지 못하는 것입니다. 영적 임계점이 오기까지 못 견디고 결국 포기해 버리고서 인간적인 수단과 방법에 손을 내밉니다. 그러면 부작용이 터지기 시작합니다. 그래서 구하는 것이나 생각하는 것에서 더 넘치게 주시는 하나님의 풍성한 은혜와 축복을 누리지 못합니다.

다윗을 보십시오. 골리앗을 죽이고 나라를 구해냈습니다. 돌아온 것은 사울 왕의 시기와 질투입니다. 나라를 구한 영웅이 하루아침에 도망자 신세로 전락합니다. 수년간 광야를 전전하는 모진 시련의 기간을 거치지요. 그러나 그 기간을 하나님만 붙잡고 의지하며 버팁니다. 사울 왕을 죽일 절호의 기회가 두 번이나 있었지만, 주님의 말씀이 있기에 인간적인 방법을 쓰지 않고 그냥 기다립니다. 어리석은 것이었나요? 아닙니다.

하나님은 다윗의 손에 피를 묻히지 않도록 사울이 블레셋과의 전투에서 죽도록 만드십니다. 그 결과 다윗은 평화롭게 왕이 됩니다. 있을 수 없는 일을 하나님은 은혜로 더해주셨습니다. 인내로 기다릴 때, 결국에는 더 주시는 하나님을 믿으시기를 바랍니다. 그 경험을 다윗은 시편 40편에서 찬양하지요.

[1]내가 여호와를 기다리고 기다렸더니 귀를 기울이사 나의 부르짖

음을 들으셨도다 ²나를 기가 막힐 웅덩이와 수렁에서 끌어올리시고 내 발을 반석 위에 두사 내 걸음을 견고하게 하셨도다 ³새 노래 곧 우리 하나님께 올릴 찬송을 내 입에 두셨으니 많은 사람이 보고 두려워하여 여호와를 의지하리로다 _시 40:1-3

사렙다 과부를 보십시오. 3년 동안 철저한 기근에 비도 안 내리고 이슬도 없습니다. 그녀는 겨우 한 끼밖에 안 남은 곡식을 먹고 아들과 함께 굶어 죽는 수밖에 없습니다. 그런데 얄궂게도 엘리야 선지자가 나타나더니 그걸 자기에게 달라는 겁니다. 먼저 먹게 해 달라는 거예요. "무슨 소리냐?"고, "이 곡식 한 줌 먹고 내 아들과 나는 죽으려는데, 이게 어떤 음식인데?" 항의하지요. 그러자 엘리야가 말합니다. "내 말대로 하면 하나님의 기적을 체험할 거야."

이것은 이미 다 말라버린 수건에서 물을 짜내는 것처럼 지나치게 가혹한 헌신의 요구가 아닙니까? 그러나 그녀는 믿음으로 응답합니다. 그럴 때 하나님은 하루이틀이나 한 달이 아니라, 3년 기근의 모든 기간에 음식이 끊어지지 않는 기적을 베풀어주셨습니다. 더 주시는 하나님이심을 입증한 것입니다.

'그런데 하나님께서는 내 일은 왜 안 풀어주시나? 아직도 사업이 어렵고 문제는 첩첩산중이고, 진로는 보이지 않고, 직장은 안 잡히고, 결혼 상대자는 나타나지 않고, 자녀는 방황하고, 건강은 나아질 기미가 보이지 않고, 인생은 여전히 꼬여 있는데' 하는 생각이 드세요? 그래서 하나님을 믿는 마음이 흔들리고 있습니까? 그럴 때일수록 마음 단단히 먹고 끝까지 믿음을 굳게 붙잡기 바랍니다. 그럴 때, 반드시 영적 임계점의 순간이 올 것입니다. 그러면 문제는 돌파될 것이고, 우리는 하나님의 더해주시는 은혜를 체험하고 증거하는 간증의 주인공이 될 것입니다.

## 이상한 방식의기도

요셉의 바람대로 야곱이 손자들에게 축복의 기도를 합니다. 그런데 이상한 방식으로 기도를 해줍니다.

> 이스라엘이 오른손을 펴서 차남 에브라임의 머리에 얹고 왼손을 펴서 므낫세의 머리에 얹으니 므낫세는 장자라도 팔을 엇바꾸어 얹었더라 _창 48:14

오른손이라는 것은 이스라엘 사람들에게 힘과 권세를 의미합니다. 그래서 대를 이을 장자에게만 오른손을 얹어 안수합니다. 그러나 야곱은 장자 므낫세에게 왼손으로 안수하고 차자인 에브라임에게는 오른손으로 안수해요. 엑스(X) 자로 팔을 엇갈려 안수한 것입니다. 그걸 본 요셉이 마음에 안 들었습니다.

"아버지, 그거 아니에요. 이게 아니고 이겁니다. 얘가 장자 므낫세에요. 오른손으로 해주셔야죠."

그렇지만 야곱은 거절합니다. 끝내 차자 에브라임에게 오른손으로 기도해줍니다. 왜입니까? 가문의 족장이요 영적 제사장인 야곱이 지금은 성령의 영감이 충만해서 예언적인 행동을 하고 있기 때문입니다.

> 그의 아버지가 허락하지 아니하며 이르되 나도 안다 내 아들아 나도 안다 그도 한 족속이 되며 그도 크게 되려니와 그의 아우가 그보다 큰 자가 되고 그의 자손이 여러 민족을 이루리라 하고
> _창 48:19

이 예언대로 나중에 에브라임 지파가 므낫세보다 크게 됩니다. 아니, 온 이스라엘에서 가장 번성한 지파가 되는 것이지요. 여기서 우리가 생각해야 할 것이 있습니다.

요셉이 누굽니까? 그 인품과 성품과 능력과 지위 등 모든 것이 아버지 야곱과 비교할 수 없이 우월하고 탁월한 사람 아닙니까? 당대 최고의 국가에서 국무총리가 되어 존경받으며 성공적으로 업무를 수행하는 중입니다. 그러나 그런 요셉도 알지 못했던 하나님의 계획을 야곱은 알고 있습니다. 어떻게요? 야곱은 147세가 되어서 육신의 눈은 멀었지만, 하나님의 성령에 감동돼 영안이 열려서, 하나님의 계획과 뜻을 바라보고 확신하고 있는 것입니다.

크리스천이 세상 사람보다 힘과 능력과 건강과 지식과 지위가

별 볼 일 없을 수 있습니다. 예수님도 불의한 청지기 비유에서 불신자들이 크리스천보다 똑똑할 수 있다고 말씀하셨습니다. 그러나 크리스천이 세상 사람보다 반드시 우월해야 할 부분이 있습니다. 바로 영적인 부분에서만큼은 앞서야 하는 것입니다. 왜요? 야곱의 하나님이 우리와 함께하시고, 야곱에게 감동을 주셨던 성령님께서 이제는 우리 안에서 동행해주시는데, 우리가 세상 사람들보다 영적으로 더 탁월하지 않으면 어떻게 하겠습니까?

## 영적 비밀을 아는 사람

영화 〈타이타닉〉 기억나세요? 그중에서 제가 정말 감동받은 장면이 있습니다. 타이타닉 호가 빙산과 충돌해서 서서히 물속에 잠겨가는 절망과 아비규환의 순간에 사람들이 난리가 납니다. "이제 죽는구나!" 비명을 지르고 이리 갔다 저리 갔다 합니다. 서로 배신하고, 자기가 먼저 타려고 다른 사람을 물에 빠뜨리기도 합니다. 이런 지옥 같은 상황에서 타이타닉 호의 갑판에 있던 연주자가 바이올린으로 찬송가 338장을 연주합니다. 그러자 먼저 떠나려던 단원 중 몇 사람이 돌아와 함께 연주합니다.

"내 주를 가까이 하려함은(Nearer, My God, to Thee)."

아비규환에 빠져 있던 사람들이 이 찬송가 멜로디를 듣고 마음을 추스릅니다. 어떤 사람은 함께 찬양하며 서서히 평안을 찾아갑니다.

이 장면은 영화를 위해 꾸민 이야기가 아니라, 타이타닉 호에서 실제로 있었던 일이었습니다. 그 바이올린 연주자가 월리스 하틀리(Wallace Hartley)라는 분이에요. 그때 그의 나이가 33살이었다고 합니다. 그의 시신은 사고가 일어난 지 약 2주만에 사고 해상에서 자신의 바이올린을 몸에 묶은 채 발견되었고, 고향으로 운구될 때 수만 명의 영국 사람들이 길가에서 그를 추모했습니다. 지금도 타이타닉 사건을 기릴 때는 대표적인 영웅으로 월리스 하틀리가 꼽힌다고 합니다. 그는 살아도 천국이요 죽어도 천국이라는 영적 비밀을 분명히 알았던 사람입니다.

우리 크리스천은 이와 같이 세상 사람이 결코 갖지 못한 영적인 비밀을 아는 사람들이 아닙니까. 우리는 세상에 주눅들지 말아야 합니다. 오히려 세상을 향해 당당하고 자신있게 살면서, 혼란과 어두움에 빠져 있는 이 시대의 사람들에게 하나님의 뜻을 증거해야 합니다. "진리는 이것입니다. 하나님이 이런 분이십니다. 여러분이 살길은 이것입니다"라며 진리의 빛을 비추고, 자신있게 영적 권세를 발휘해야 합니다. 그게 바로 우리 크리스천인 줄 믿으시기 바랍니다.

# 야곱을 닮아가는 기도

당신은 부모입니까? 자녀들이 제아무리 팔팔하고 최첨단 기술과 최신 지식으로 무장됐어도, 영적인 부분에서만큼은 야곱처럼 자녀를 압도하는 부모가 될 수 있기를 기도하십시오.

당신은 남편입니까? 아내에게 양보할 일이 있으면 다 양보하세요. 그러나 남편으로서 목에 칼이 들어와도 절대 놓치지 말아야 할 한 가지가 있습니다. 그것은 가정의 영적 제사장 역할입니다. 이것만큼은 감당하며, 그 영권을 놓치지 말아야 합니다.

당신은 아내입니까? 그런데 남편이 믿지 않습니까? 가정에서 유일하게 영안이 열린 사람인 만큼, 가정 구원을 위해 늘 기도하는 어머니, 기도하는 아내가 될 수 있기를 바랍니다.

당신은 직장인입니까? 일터를 위해서 기도하는 영적 기둥이 되어야만 합니다. 당신은 대한민국 국민입니까? 혼란스러운 작금의 현실에서 한숨만 쉴 것이 아니라, 이 나라의 회복과 부흥을 위해, 이 나라가 열방을 향한 제사장 국가가 될 수 있기를 기도하기 바랍니다.

# 사명을 완수하는 인생을 사모하라

● 창 49:1-2, 28-33 ●

### 가장 잘 산 인생은 어떤 것인가?

중국의 연길에 간 적이 있습니다. 일행이 식사 시간에 삼계탕이 먹고 싶다고 해서 한국 음식점들이 양쪽으로 줄지어 있는 한국 식당가의 삼계탕 식당에 들어갔습니다. 자리에 앉아서 음식을 주문하려 하다가 둘러보니 벽에 그림이 그려져 있고 그 위에 뭔가 글이 쓰여 있는데, 거기에 눈이 꽂혔습니다. 읽어보다 하도 어이가 없어서 '이런 건 우리 성도님들에게도 한번 보여드려야 하겠다' 생각하고 찍어왔어요. 그 글의 제목이 뭐냐 하면 주선(酒仙), 즉 '술로 세월을 보내는 신선 같은 사람의 길'이라고 하는 내용인데, 다섯 가지였습니다.

첫째, 술을 왜 마시는지 묻지 말라.

둘째, 술값을 묻지 말라.

셋째, 술의 종류를 묻지 말라.

넷째, 술자리에서의 일을 묻지 말라.

다섯째, 생사여부를 묻지 말라.


술을 먹다 보면 내가 술을 마시는지 술이 나를 마시는지 모르다가, 정신이 깜빡 나가버리는 일이 생기겠죠. 그래서 술자리에서의 일은 묻지 말아야 한다는 것입니다.

술에 취해 제멋대로 살다 갈 인생이 아니라면, 우리가 반드시 물어야 할 질문이 있습니다. "가장 잘 산 인생은 어떤 것인가?" 하는 질문입니다. 이 질문은 우리가 반드시 해야 합니다. 이 질문의 답을 찾는 일 역시 세상 기준을 따라서는 안됩니다. 하나님의 말씀을 기준으로 살펴보아야 합니다. 우리는 그 기준을 야곱 이야기를 통해 붙잡을 수 있습니다.

야곱은 죽음을 눈앞에 두고 있습니다. 조금 있으면 하나님의 부르심을 받고 천국으로 향하게 될 겁니다. 야곱이 당한 것처럼 인생의 마지막 순간에 선 사람들은 가지각색의 반응을 보입니다. '내가 그때 그 일을 하지 않았으면, 그 사람을 안 만났으면, 그 일을 왜 못했을까?' 하며 후회합니다. '내 인생이 총체적으로 잘못되었구나' 하고 안타까워하는 분도 있습니다. '죽으면 어떻게 될까'

하고 두려워하는 분도 계십니다. 특별히 불신자들은 죽음이라는 현실을 직면하면 그 순간에 이르러서야 영적인 두려움을 느끼고서 떨게 됩니다. "나 좀 살려달라. 더 살고 싶다"고 안간힘을 쓰는 분도 생깁니다. 우리나라 최고 기업의 창업자께서 돌아가시기 직전에 의사를 붙잡고서 이렇게 사정했다고 하지요. "나를 살려주면 내 전 재산의 절반을 당신에게 주겠소."

그러나 야곱의 마지막 모습에는 후회가 없습니다. 아쉬움도 두려움도 없습니다. 어떻게든 더 살아야 되겠다고 아등바등하는 모습도 없습니다. 그저 평안합니다. 왜입니까? 그는 사명을 완수한 사람이기 때문입니다.

### 평안할 수 있는 이유

디모데후서 4장 7절과 8절에서 우리는 사명을 완수한 사람이 왜 평안을 가질 수 있는지, 그 이유를 알게 됩니다.

> [7]나는 선한 싸움을 싸우고 나의 달려갈 길을 마치고 믿음을 지켰으니 [8]이제 후로는 나를 위하여 의의 면류관이 예비되었으므로 주 곧 의로우신 재판장이 그 날에 내게 주실 것이며 내게만 아니라 주의 나타나심을 사모하는 모든 자에게도니라 _딤후 4:7-8

주님께서 "너 수고 많았다. 고생했지? 잘 왔어" 하시며 의의 면

류관을 씌워주실 것을 알기 때문에, 사명완수자는 평안할 수 있다는 것입니다. 할렐루야!

야곱의 사명이 무엇이었습니까? 하나님은 형 에서를 피해서 밧단아람으로 도망가는 야곱에게 벧엘의 동산에서 꿈에 나타나 세 가지 언약을 주셨습니다. 사명을 주신 것이지요.

> 12꿈에 본즉 사닥다리가 땅 위에 서 있는데 그 꼭대기가 하늘에 닿았고 또 본즉 하나님의 사자들이 그 위에서 오르락내리락 하고 13또 본즉 여호와께서 그 위에 서서 이르시되 나는 여호와니 너의 조부 아브라함의 하나님이요 이삭의 하나님이라 네가 누워 있는 땅을 내가 너와 네 자손에게 주리니 14네 자손이 땅의 티끌 같이 되어 네가 서쪽과 동쪽과 북쪽과 남쪽으로 퍼져나갈지며 땅의 모든 족속이 너와 네 자손으로 말미암아 복을 받으리라 15내가 너와 함께 있어 네가 어디로 가든지 너를 지키며 너를 이끌어 이 땅으로 돌아오게 할지라 내가 네게 허락한 것을 다 이루기까지 너를 떠나지 아니하리라 하신지라 _창 28:12-15

땅의 언약, 자손의 언약, 또 "너와 네 자손으로 말미암아 온 민족의 복의 근원이 되게 하겠다"는 축복의 언약 등 세 가지 언약이었습니다. 이것을 이루는 통로가 되는 것이 야곱의 사명인 것입니다. 그런데 죽음을 앞둔 야곱이 열두 아들에게 예언 겸 유언을 남깁니다.

> 이들은 이스라엘의 열두 지파라 이와 같이 그들의 아버지가 그들에게 말하고 그들에게 축복하였으니 곧 그들 각 사람의 분량대로 축복하였더라 _창 49:28

야곱의 열두 아들이 야곱 앞에 서 있는데, 이들을 일컬어 열두 지파라고 말합니다. 르우벤 지파, 갓 지파, 므낫세 지파, 유다 지파 등등, 각각 하나의 부족으로 표현하는 것입니다. 야곱은 열두 지파를 이룰 열두 아들을 낳았으니 자손의 축복을 이룬 것이라는 말씀입니다. 또한 3절에서 27절을 보면 각각의 아들을 향한 예언을 주십니다. 그중에서 유다에게 한 예언인 10절을 보십시오.

> 규가 유다를 떠나지 아니하며 통치자의 지팡이가 그 발 사이에서 떠나지 아니하기를 실로가 오시기까지 이르리니 그에게 모든 백성이 복종하리로다 _창 49:10

메시아가 유다의 혈통을 통하여 이 땅에 오셔서, 온 열방과 백성들을 구원하시고 다스리시며 복을 주신다는 예언을 야곱이 하고 있습니다. 이 예언처럼, 유다 지파의 후손으로 이 땅에 오신 예수 그리스도께서는 그를 믿는 모든 자들을 백성으로 삼아주시고,

그들을 통하여 온 세상에 복음을 전하는 구원과 은혜와 축복을 주신 줄 믿습니다. 그걸 야곱이 성령의 감동을 통해 믿음의 눈으로 바라보면서 예언하는 것입니다. 29절 말씀도 보시기 바랍니다.

> 그가 그들에게 명하여 이르되 내가 내 조상들에게로 돌아가리니 나를 헷 사람 에브론의 밭에 있는 굴에 우리 선조와 함께 장사하라 _창 40:29

앞장에서 살펴보았듯이, 야곱은 병이 들었을 때 요셉에게 맹세하라고 합니다. "내가 죽거든 여기 애굽에 묻지 말고 가나안 땅에 장사해다오" 하는 개인적인 부탁이었습니다. 그런데 죽음을 눈앞에 둔 지금, 열두 아들 전체에게 이 유언을 통해서 가나안이 본향이라고 공식적으로 선언하는 것입니다. "내가 묻혀야 할 곳은 애굽이 아니라 가나안이다. 고로 너희들도 가서 살아야 하고 묻혀야 할 곳은 이곳 애굽이 아니라 가나안 땅이다." 이 예언은 430년 후 출애굽 사건을 통하여 완벽하게 실현됩니다.

## 세상 성공과 사명 성공의 차이

야곱은 인생을 통해 이루어야 할 사명을 전부 완수한 사람이었습니다. 사명을 완수했다는 것이 세상적인 기준의 성공을 의미하는 것은 아닙니다. 세상에서는 성공했어도 사명에서는 실패할 수 있습니다. 반대로, 세상에서는 실패했어도 사명에서는 얼마든지 성공할 수 있는 것입니다.

예수님이 말씀하신 누가복음 12장의 부자 이야기를 보십시오. 이 부자가 큰 수확을 거둡니다. 쌓아놓을 곳이 없을 정도가 됩니다. 사업 능력이 탁월하고, 곡식 창고를 더 건축하리라는 사업 계획과 미래의 전략까지 짤 수 있는 아주 스마트한 사업가라는 겁니다. 그래서 이제는 노후 걱정은 없고, 평안히 먹고 즐기고 세계 여행이나 하면서 성공한 사람의 대명사처럼 살겠다고 한 것입니다.

이 부자는 세상 기준으로는 그야말로 엄청난 성공을 거둔 사람입니다. 하지만 누가복음 12장 20절 말씀을 보십시오. "하나님은 이르시되 어리석은 자여 오늘 밤에 네 영혼을 도로 찾으리니 그러면 네 준비한 것이 누구의 것이 되겠느냐 하셨으니"(눅 12:20).

하나님이 그를 뭐라고 부르십니까? "어리석은 자여." 한마디로 "너 잘못 살았어" 하는 말씀입니다. 왜요? 누가복음 12장 21절에 해답이 나옵니다. "자기를 위하여 재물을 쌓아 두고 하나님께 대하여 부요하지 못한 자가 이와 같으니라"(눅 12:21).

이 부자는 잘 먹고 잘사는 일에는 누구보다 뛰어난 성과를 거두었습니다. 사업 잘했습니다. 돈 많이 벌었습니다. 그러나 하나님께는 인색했습니다. 하나님의 나라와 의를 위하여, 주님이 맡기신 사명 감당에는 눈꼽만큼의 관심도 없던 사람입니다. 세상적인 성공에 취해 살았던 이 부자는 성공은 했지만 사명에는 실패했던 사람입니다. 오늘날 이렇게 사는 사람이 얼마나 많은지 모릅니다.

톨스토이가 썼던 단편소설 〈사람은 무엇으로 사는가〉에 이런 이야기가 나오지 않습니까? 바움이라고 하는 농부가 "아침에 태양이 떠오르는 순간부터 태양이 지는 시간까지 발로 밟는 곳은 다 당신에게 주겠다"라는 말에 신이 나서, '준비 땅' 하는 순간부터 뛰어서 정오의 태양빛이 정수리를 뜨겁게 달구는 때에도 쉬지 않고 뛰었습니다. 하루 종일 밥도 안 먹고 물도 안 마시며 만족할 만큼 발로 밟은 다음, 해가 지는 순간에 다시 돌아오자마자 헉헉거리면서 심장마비로 죽고 맙니다. 쉬지 않고 뛰었기 때문입니다. 이 소설에서 톨스토이가 마지막으로 이런 말을 남깁니다.

"결국 그가 가질 수 있었던 땅은 한 평 무덤뿐이었다."

예수님을 보십시오. "예수께서 이르시되 여우도 굴이 있고 공중의 새도 집이 있으되 인자는 머리 둘 곳이 없도다 하시고"(눅 9:58). 우리 주님은 한평생 떠돌아다니셨습니다. 제자들을 떼거리처럼 이끌고, 좀 방정맞게 말하면 거지같이 유랑 생활을 하셨습니다. 죽으실 때는 철저하게 배신당하고 버림당하셨습니다. 그리고 십자가 위에서 벌거벗은 수치를 당하고 인간이 고안해낼 수 있는 가장 극악하고 고통스러운 죽음으로 인생이 끝나지 않습니까? 유대 종교 지도자들이 예수님을 사람들의 기억에서 지워버리려고 죄인의 이미지를 뒤집어씌운 겁니다. 이렇듯 그 당시에, 예수님은 세상의 시각으로는 철저하게 실패한 분입니다. 그러나 태어나시면서부터 죽으시는 마지막 순간에 이르기까지, 우리 예수님은 하나님께서 부여하신 인류 구원의 사명에 집중하시고 그 사명을 완수하는 인생을 사셨습니다.

예수님이 숨지실 때를 기억하십니까? 예수님이 마지막에 남기신 말씀이 무엇입니까? "다 이루었다." 거기에는 어떠한 후회도 아쉬움도 없습니다. 사명을 다 이루셨으니까요. 사명 완수의 인생은 후회가 없습니다.

우리도 한 번 사는 인생을 후회 없이 살기를 원합니다. 어떻게요? 사명을 감당하고 그 사명에 집중하는 삶을 살면 됩니다. 여기에는 후회가 없는 것입니다.

야곱을 보십시오. 33절을 보면 아마도 성경 전체에서, 예수님과 고통스럽게 죽은 스데반 빼고, 임종하는 모습이 소개된 인물 중에서 가장 구체적으로 묘사된 사람은 야곱뿐일 겁니다.

> 야곱이 아들에게 명하기를 마치고 그 발을 침상에 모으고 숨을 거두니 그의 백성에게로 돌아갔더라 _창 49:33

야곱이 죽는 모습이 얼마나 단아한지 모릅니다. 침상에 앉아 1번 아들에서 12번 아들까지 예언적인 유언을 남깁니다. 유언을 마치고 나서는 다시 침상에 누워서 발을 모으고, 마지막 숨을 내쉬며 하나님의 부르심을 받아 천국으로 소천합니다. 참 평안한 모습이지요.

우리 모습이 야곱의 일생과 대조되지 않습니까? 야곱은 굉장히 번잡스럽고 허둥대고 정신없는 인생을 살았습니다. 태어날 때부터 쌍둥이 형보다 먼저 태어나려고, 형이 먼저 나가니까 발뒤꿈치 끌어당기려다가 붙잡고 나온 야곱입니다. 장자권을 뺏으려고 형의 식욕을 자극해서 팥죽 끓이던 야곱입니다. 눈 먼 아버지를 속여서 형이 받아야 할 축복의 기도를 대신 따낸 야곱이야말로 온갖 난리법석을 폈던 인생이 아닙니까? 그러나 세상을 떠나갈 때는 그 누구보다 정결한 모습으로 갔습니다.

야곱은 시작보다 나중이 훨씬 좋은 인생입니다. 인생도 그렇고 인격도 그렇고, 그의 신앙도 그렇습니다. 사명을 위해 살아가는 사람은 이처럼 후회 없는 인생을 살게 됩니다. 우리도 이런 인생을 살아야 하지 않을까요?

## 비교의식에서 자유해진다

또한 사명 완수의 인생은 비교의식에서 자유롭습니다. 우리의 비교의식이 주로 무엇에 관한 것입니까? 돈 많이 버느냐, 아이는 좋은 학교 갔느냐, 잘생겼느냐, 부인은 예쁘냐, 남편은 성공했느냐, 얼마나 큰 집을 가졌느냐, 차는 뭘 타고 다니느냐 하는 세상적이고 물질적인 구조 안에서 비교의 틀이 맞춰집니다. 이런 비교의식은 사람을 불행하게 합니다. 비교의식의 노예가 되는 탓입니다.

그러면 돈이 많으면 비교의식이 없을까요? 들어보니 백억 가진 사람은 천억 가진 사람이 부럽답니다. 천억 가진 사람은 재벌이 부럽답니다. 국내 재벌은 빌 게이츠가 부럽답니다. 권력을 가진 사람 중에 최고봉은 대통령이 아닙니까? 그런데 전 세계의 대통령들은 미국의 대통령이 부럽다고 합니다. 막강한 권력을 가진 미국의 대통령은 비교의식이 없을까요? 미국의 역대 대통령 중에서 가장 뛰어난 대통령이 부럽습니다. 자기가 그들과 비교된다는 겁니다. 목사는 비교의식이 없을까요? 누구 못지않게 비교의식에 시달립니다.

그러나 사명은 고유합니다. 한 달란트가 있고, 두 달란트가 있고, 다섯 달란트가 있고, 각자의 분량을 따라 하나님의 뜻을 통해 주어지는 것입니다. 하나님은 우리 각자를 향한 고유한 칭찬을 우리에게 허락해 주십니다. 내게 주신 사명을 완수하면 하나님은 "잘하였도다. 착하고 충성된 종아. 너 참 수고 많았다"라고 하실 겁니다. 다른 사람과 비교해서가 아니에요. 내가 그 일에 충성했느냐, 그렇지 않았느냐가 유일한 기준입니다.

만약에 야곱이 처음부터 사명에 초점을 맞춘 인생을 살았더라면 비교의식에 사로잡혀서 쌍둥이 형 에서와 불필요한 경쟁에 휩싸이지 않았을 겁니다. 그러면 인생이 순탄했을 것입니다. 싸울 일도 없었고, 형을 속일 일도 아버지를 속일 일도 없었습니다. 밧단아람에 가서 20년 죽을고생할 필요도 없었습니다. 집에서 부모님께 효도하고 부모님의 사랑을 받고, 형과 우애롭게 살면서 하나님이 맡기신 고유한 사명을 감당해나갔을 것입니다. 그리고 때가 되면 하나님께서 야곱이 태어나기 전에 어머니 리브가에게 주셨던 예언이 그의 삶을 통하여 이루어졌을 겁니다. 마치 소금이 물에 스며들어가 짠맛을 내듯, 하나님께서는 그의 인생에 그 예언이 스며들어 성취되도록 순탄하게 이루어주셨을 거예요. 그러나 '내가 형보다 잘해야지. 저 형은 다 가졌는데' 하는 비교의식 때문에 인생 중반부까지 고생합니다. 그러다가 사명에 초점을 맞춘 인생이 된 후반부터는 드디어 비교의식에서 자유로워집니다.

우리도 비교의식에서 자유한 인생을 살 수 있기를 바랍니다. 사명 따라 사는 삶은 그렇습니다.


### 사명을 알고 사명대로 사는 모델

후회하지 않는 인생, 비교의식의 노예가 되지 않는 삶이 사명의 사람에게 주시는 하나님의 은총입니다.

후회할 것 많고 비교의식으로 가득 차 있던 야곱이 벧엘에서 하나님을 만났을 때 사명을 깨닫습니다.

아직 사명을 발견하지 못하셨습니까? 하나님을 만나십시오. 하나님께 구하십시오. 주님께서 사명을 깨닫게 해주실 줄 믿습니다. 그러면 발견한 그 사명을 따라 살아갈 수 있기를 바랍니다.

우리도 평생 야곱처럼 사명완수자로서 복된 인생의 길을 걸어가면서, 때가 되어 주님께서 부르실 때 "하나님, 저 사명 완수했습니다"라고 말할 수 있어야 할 것입니다. 그러면 "잘하였도다. 착하고 충성된 종아" 하고 불러주시는 주님의 빛나는 얼굴을 은혜 가운데 뵐 수 있을 것입니다. 그렇게 되는 우리가 될 수 있기를 주님의 이름으로 축원드립니다.

# 야곱을 닮아가는 기도

당신은 후회 많은 인생을 살아가고 있지 않습니까? 나중에 주의 부르심을
받을 때, 예수님이 그러셨듯이, 야곱처럼 사명을 완수한 자의 모습으로
나아갈 수 있을까요? 부지런히 살았고, 땀 흘리며 열심히 뛰기는 했지만,
그러나 주님이 계획하신 사명의 길을 걷지 못하여, 때로는 반대 방향으로
가면서 시간과 에너지를 낭비하며 살아가고 있는 모습은 혹시 아닌지요.
스스로 자신을 돌아보십시오.

비교의식에 부딪히고 갈등하면서 비교의식의 노예로 살아가던 야곱이
사명을 발견하는 순간부터 하나님의 언약을 붙잡는 삶이 되었습니다.
그가 인생에 마무리하는 시점에는 사명완수자의 영광스러운 모습을
우리에게 보여주었습니다.

"주님이 나에게 부여하신 사명을 발견하게 해주옵소서. 그 사명을 위해
헌신하는 자가 되게 하시고, 주님이 어느 때든 부르신다면 주신 사명을
완수했다고 고백할 수 있으며, 주님께서 '잘하였도다'라고 칭찬해주시는
하나님의 사람이 될 수 있도록 은혜를 베풀어주옵소서."